JLPT

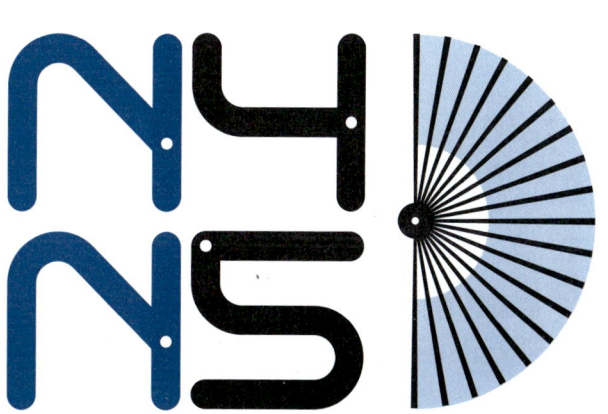

임승진·원영순 공저

임승진

저서
너도 일본애들처럼 말해봐
짧은 표현으로 거침없이 말하는 일본어
판타스틱 일본백서
야금야금 공부해 한번에 합격 JLPT N4/N5
야금야금 공부해 한번에 합격 JLPT N3/N4
야금야금 공부해 한번에 합격 JLPT N2
야금야금 공부해 한번에 합격 JLPT N1

원영순

저서
야금야금 공부해 한번에 합격 JLPT N4/N5
야금야금 공부해 한번에 합격 JLPT N3/N4
야금야금 공부해 한번에 합격 JLPT N2
야금야금 공부해 한번에 합격 JLPT N1

야금야금 공부해 한번에 합격 JLPT
新 경향 실전 대비집 N4/N5

개정판 3쇄 2021년 9월 1일

지은이 임승진 · 원영순
펴낸곳 ㈜글로벌21
출판등록 2019년 1월 3일
주소 서울시 강남구 논현로76길 24
전화 02)6365-5169
팩스 02)6365-5179
www.global21.co.kr

ISBN 978-89-8233-172-5 13730

- 이 책에 실린 모든 내용, 디자인, 편집 구성의 저작권은 ㈜글로벌21에 있습니다.
  허락 없이 복제하거나 다른 매체에 옮겨 실을 수 없습니다.
- 잘못된 책은 구입하신 곳에서 바꿔 드립니다.

머리말

新 일본어 능력시험 JLPT는 단편적인 문법지식이나 어휘를 묻는 출제방식이 아니라 좀 더 종합적으로 일본어를 이해하고 있는가에 초점을 맞추고 있습니다. 따라서 일본어에 관한 지식과 실제 운용 가능한 일본어 능력을 중시합니다. 이 책은 기존의 일본어능력시험에서 다루었던 핵심적인 문법을 철저히 분석함과 동시에, 2010년부터 도입된 새로운 출제패턴에 맞추어 커뮤니케이션 상의 과제수행능력을 향상시킬 수 있는 문제들을 예상하여 제시하고 있습니다.

기존 능력시험은 자격증을 가지고 있어도 실제 회화수준이 거기에 못 미친다는 지적이 있었습니다. 새로운 시험유형은 그러한 단점을 보완한다는 취지에서 회화능력을 간접적으로 평가할 수 있는 문제들로 변화했습니다. 그리고 합격평가기준도 절대평가에서 과락제로 바뀌면서 파트별로 골고루 점수를 취득하지 못하면 합격이 어렵게 되었습니다. 이러한 흐름에 맞춰 수험자에게 꼭 필요한 교재가 있어야 한다고 판단했습니다.

이 책은 기존의 문제집과 달리 각 파트가 실제 시험문제 같이 언어지식(문자/어휘, 문법), 독해, 청해 순으로 구성되어 있습니다. 그러므로 이 한 권만으로도 시험의 모든 영역을 준비할 수 있습니다. 또한 N3, N4, N5 수준의 문제를 폭넓게 다루고 있습니다. 전반부는 N5로 시작하지만 후반부로 갈수록 점차 난도가 높아져 N3까지 대비할 수 있도록 만들었습니다. 문자/어휘에서는 품사별로 설명하여 문자와 어휘를 쉽게 정리할 수 있도록 했고, 청해와 독해는 스크립트를 통해 혼자서도 충분히 학습할 수 있도록 했습니다.

아무쪼록 본 교재가 일본어 능력시험을 준비하는 여러분들에게 도움이 되길 바라며, 합격을 진심으로 바랍니다.

일본어 능력 시험 개요

1. **목적**

   일본 국내 및 해외에서 일본어를 모국어로 하지 않는 사람을 대상으로 일본어 능력을 측정하고 인정하는 것을 목적으로 한다.

2. **주최 및 시험일시**

   일본 국내는 재단법인 일본국제교육협회가 주최한다.
   일본 국외는 독립행정법인 국제교류기금이 주최한다.
   시험은 매년 2회, 7월과 12월에 전 세계에서 동시에 실시한다.

인터넷 접수	www.jlpt.or.kr (시험장 선택 가능)
방문 접수	당 사무국 또는 방문접수처 (시험장 선택 불가)

3. **시험과목과 시험시간**

   시험은 1급 ~ 5급으로 나뉘어져 있어 수험자의 능력에 맞는 급수를 선택한다.
   각 급마다 문자, 어휘/문법, 독해/청해 세 부분으로 나뉜다.

레벨	시험과목(시험시간)	
N1 (기존 1급보다 다소 높은 레벨)	언어지식(문자, 어휘, 문법), 독해/110분	청해(65분)
N2 (기존 2급과 비슷)	언어지식(문자, 어휘, 문법), 독해/105분	청해(55분)
N3 (기존 2급과 3급의 사이 레벨)	언어지식(문자,어휘)/30분 언어지식(문법), 독해/70분	청해(45분)
N4 (기존 3급과 비슷)	언어지식(문자,어휘)/30분 언어지식(문법), 독해/60분	청해(40분)
N5 (기존 4급과 비슷)	언어지식(문자,어휘)/25분 언어지식(문법), 독해/50분	청해(35분)

   * 시험시간은 변경되는 경우도 있습니다. 또한 청해는 시험문제의 녹음 길이에 따라 시험시간이 다소 변하기도 합니다.
   * N1과 N2의 시험과목은 [언어지식(문자, 어휘, 문법), 독해]와 [청해]로 2과목입니다.
   * N3, N4, N5의 시험과목은 [언어지식(문자, 어휘)][언어지식(문법), 독해][청해]로 3과목입니다.

구성 및 특징

1. 구성
각 과는 문자, 어휘/문법, 독해/청해로 구성되어 있다.

2. 특징(각 파트별)

문자/어휘: N1 신경향 문제 유형에 맞춰 Practice Test를 제시한다.

문자 1번 문제(한자 읽기)
문자 파트에 해당된다. 한자 읽기문제로서 한자로 쓰여 있는 말의 읽는 법을 묻는 문제이다.

문자 2번 문제(문맥규정)
어휘 파트에 해당된다. 문맥에 따라 의미적으로 규정되어진 말이 무엇인지 묻는 문제이다.

어휘 3번 문제(바꾸어 말하는 유의어)
어휘파트에 해당된다. 출제 되어진 말이나 표현과 의미적으로 가까운 말이나 표현을 묻는 문제이다.

어휘 4번 문제(용법)
어휘파트에 해당된다. 출제어가 문장 안에서 어떻게 사용되는지를 묻는 문제이다.

문법/독해: N1에서 나올 가능성이 높은 문법 패턴정리하고 신경향 문제 유형에 맞춰 Practice Test를 제시한다.

문법 1번 문제   문법형식판단문제 (문장 내용에 맞는 바른 문법형식 찾기)
문법 2번 문제   문장구조문제 (문장을 문법에 맞게 배열하는 문제)
문법 3번 문제   문장문법문제 (단문 속에서 바른 문법형식 찾기)

독해 1번 문제(내용이해/ 단문)
생활이나 일 등 다양한 화제가 포함된 설명문이나 지시문 등 200자정도의 텍스트를 읽고 내용을 이해할 수 있는지를 묻는 문제이다

독해 2번 문제(내용이해/ 중문)
비교적 쉬운 내용의 평론, 해설, 에세이 등 500자정도의 텍스트를 읽고, 인과관계나 이유, 개요나 필자의 생각 등을 이해할 수 있는지를 묻는 문제이다

독해 3번 문제(내용이해/ 장문)
해설, 에세이, 소설 등 1000자정도의 텍스트를 읽고 개요나 필자의 생각 등을 이해할 수 있는지를 묻는 문제이다.

독해 4번 문제(통합이해)
비교적 쉬운 내용의 복수의 텍스트(600자정도)를 비교해서 읽어보고, 비교·통합해 가면서 이해할 수 있는지를 묻는 문제이다.

독해 5번 문제(주장이해/장문)
사설, 평론 등 논리전개가 비교적 명쾌한 1000자정도의 텍스트를 읽고, 전체적으로 전달하고자하는 주장이나 의견을 파악할 수 있는지를 묻는 문제이다.

독해 6번 문제(정보검색)
광고, 팸플릿, 정보지, 비즈니스문서 등의 정보소재(700자정도)중에서 필요한 정보를 찾아낼 수 있는지를 묻는 문제이다.

* 본권의 1과부터 5과까지는 신유형인 정보검색 문제와 통합이해 문제, 6과부터 12과까지는 기존의 시험유형과 변동이 없는 단문/중문 문제, 13과부터 15과까지는 장문 문제를 중심으로 다루었다. 그리고 16과에서는 유형별로 골고루 연습할 수 있도록 종합문제를 실었다.

청해

청해 1번 문제
과제 이해 문제이다. 문장을 들려주고 내용을 이해했는가를 묻는 문제로서 구체적인 과제해결에 필요한 정보를 듣고 다음에 어떤 행동을 취해야하는지를 묻는 문제가 출제된다.

청해 2번 문제
포인트 이해 문제이다. 문장 속에서 핵심 포인트를 집어낼 수 있는 가를 묻는 문제가 출제된다.

청해 3번 문제
개요 이해 문제이다. 문장을 들려주고 내용을 이해했는가를 묻는 문제로서 화자의 의도나 주장을 이해했는지를 묻는 문제가 출제된다.

청해 4번 문제
즉시 응답 문제이다. 짧은 질문을 듣고 적절한 대답을 신속하게 선택하는 문제가 출제된다.

청해 5번 문제
통합 이해 문제이다. 비교적 긴 텍스트를 들려주고 여러 가지 정보를 비교 통합하면서 내용을 이해했는가를 묻는 문제가 출제된다.

목차

머리말 ·· 003
일본어 능력 시험 ·· 004
구성과 특징 ·· 005

N5

Part 01 ·· 011
- chapter 01 문자/어휘 1자 한자/명사
- chapter 02 문법/독해 명사/지시대명사
- chapter 03 청해 대상물의 위치 파악 문제

Part 02 ·· 035
- chapter 01 문자/어휘 1자 한자/명사
- chapter 02 문법/독해 중요 의문사
- chapter 03 청해 숫자, 수량 파악 문제

Part 03 ·· 061
- chapter 01 문자/어휘 2자 한자/동사
- chapter 02 문법/독해 중요조사
- chapter 03 청해 대상물의 모양, 인상착의 파악 문제

Part 04 ·· 089
- chapter 01 문자/어휘 동사/동사
- chapter 02 문법/독해 い형용사 기본활용
- chapter 03 청해 교통수단, 장소, 길 찾기 문제

Part 05 ·· 113
- chapter 01 문자/어휘 い형용사/동사
- chapter 02 문법/독해 な형용사 기본활용
- chapter 03 청해 날짜, 요일, 시간 파악 문제

Part 06 ·· 135
- chapter 01 문자/어휘 な형용사/い형용사
- chapter 02 문법/독해 동사 기본활용 1
- chapter 03 청해 쇼핑, 주문, 메뉴선택 문제

Part 07 ----- 161
- chapter 01 　문자/어휘 숫자/な형용사
- chapter 02 　문법/독해 동사 기본활용 2
- chapter 03 　청해 스케줄 파악 문제

Part 08 ----- 187
- chapter 01 　문자/어휘 조수사/부사
- chapter 02 　문법/독해 변화/희망표현
- chapter 03 　청해 행동 예측 문제

Part 09 ----- 211
- chapter 01 　문자/어휘 カタカナ(외래어)/カタカナ(외래어)
- chapter 02 　문법/독해 기타 문법
- chapter 03 　청해 발화 표현 문제(청해 문제 3번 패턴)

Part 10 ----- 237
- chapter 01 　문자/어휘 기타 종합/기타(가족)
- chapter 02 　문법/독해 N5문법 종합 문제
- chapter 03 　청해 즉시 응답 문제(청해 문제 4번 패턴)

N4

Part 11 ----- 261
- chapter 01 　문자/어휘 1자 한자/명사
- chapter 02 　문법/독해 동사의 ます형 주요문형
- chapter 03 　청해 인상착의 파악 문제

Part 12 ----- 287
- chapter 01 　문자/어휘 1자 한자/명사
- chapter 02 　문법/독해 동사의 ない형 주요문형
- chapter 03 　청해 보고 있는 대상물 찾기

Part 13 ----- 313
- chapter 01 　문자/어휘 1자 한자/명사
- chapter 02 　문법/독해 동사의 て형 주요문형
- chapter 03 　청해 일의 진행순서 파악 문제

Part 14 ·· 339
- chapter 01 문자/어휘 2자 한자/명사
- chapter 02 문법/독해 동사의 た형 주요문형
- chapter 03 청해 그림, 사진 파악 문제

Part 15 ·· 365
- chapter 01 문자/어휘 2자 한자/명사
- chapter 02 문법/독해 비교표현
- chapter 03 청해 스케줄 파악 문제

Part 16 ·· 393
- chapter 01 문자/어휘 2자 한자/명사
- chapter 02 문법/독해 가능표현
- chapter 03 청해 교통수단 파악 문제

정답과 독해해설 ·· 423

N5

뉴 일본어 능력시험

Part 01

문자/어휘 **chapter 01**
필수 1자 한자/필수 명사

문법/독해 **chapter 02**
필수 문형 – 명사/지시대명사

청해 **chapter 03**
대상물의 위치 파악 문제

chapter 01 문자/어휘

N5 1교시

필수 1자 한자

雨 あめ 비	父 ちち 아버지	母 はは 어머니
左 ひだり 왼쪽	右 みぎ 오른쪽	山 やま 산
川 かわ 강	上 うえ 위	下 した 아래
空 そら 하늘	北 きた 북쪽	南 みなみ 남쪽
西 にし 서쪽	東 ひがし 동쪽	中 なか 안, 속, 가운데
外 そと 밖	前 まえ 앞	後 うしろ 뒤
水 みず 물	車 くるま 차, 자동차	男 おとこ 남자
女 おんな 여자	店 みせ 가게	

필수 명사

そば 곁, 가까이	写真 しゃしん 사진
野菜 やさい 야채	一台 いちだい 한 대
結婚 けっこん 결혼	紅茶 こうちゃ 홍차
質問 しつもん 질문	一本 いっぽん 영화나 연극 한 편
風邪 かぜ 감기	風 かぜ 바람
手紙 てがみ 편지	おば 자신의 이모, 고모
おじ 자신의 삼촌	おばさん 상대방의 이모, 고모
おじさん 상대방의 삼촌, 외삼촌	図書館 としょかん 도서관
八百屋 やおや 야채가게	郵便局 ゆうびんきょく 우체국

PRACTICE TEST

もんだい1 ＿＿＿の ことばは どう よみますか。1・2・3・4から
いちばん いい ものを ひとつ えらんで ください。

1　雨が ふって いますね。
　　1　くも　　　2　あめ　　　3　ゆき　　　4　かぜ

2　父は たばこを すって います。
　　1　あね　　　2　はは　　　3　あに　　　4　ちち

3　母と がいこくへ りょこうしたいです。
　　1　ちち　　　2　はは　　　3　あね　　　4　あに

4　左の はこに りんごが あります。
　　1　ひたり　　2　みき　　　3　ひだり　　4　みぎ

5　つくえの 右に あります。
　　1　みに　　　2　みぎ　　　3　ひたり　　4　ひだり

6　山の うえに レストランが あります。
　　1　かわ　　　2　やま　　　3　むら　　　4　みち

7　おおきい 川が あります。
　　1　いけ　　　2　うみ　　　3　やま　　　4　かわ

13

8　北の　くにで　うまれました。
　　1　にし　　　2　きた　　　3　みなみ　　　4　ひがし

もんだい2　＿＿＿の　ことばは　どう　かきますか。1・2・3・4から
　　　　　　いちばん　いい　ものを　ひとつ　えらんで　ください。

1　ビルの　にしに　ぎんこうが　あります。
　　1　東　　　2　北　　　3　南　　　4　西

2　アパートの　まえに　こうえんが　あります。
　　1　先　　　2　前　　　3　間　　　4　後

3　みなみの　ほうへ　100メートルぐらい　いって　ください。
　　1　北　　　2　南　　　3　西　　　4　東

4　ひがしの　そらが　とても　きれいです。
　　1　池　　　2　空　　　3　川　　　4　風

5　わたしは　まいにち　くるまに　のります。
　　1　束　　　2　東　　　3　車　　　4　革

PRACTICE TEST

6 あの おとこの ひとは だれですか。
　　1 女　　　2 安　　　3 男　　　4 勇

7 くるまの うしろに こどもが います。
　　1 盾ろ　　2 係ろ　　3 系ろ　　4 後ろ

8 その みせの かどを みぎに まがって ください。
　　1 店　　　2 床　　　3 圧　　　4 点

もんだい3　（　　　）に なにを いれますか。1・2・3・4から いちばん いい ものを ひとつ えらんで ください。

1 にほんごで みじかい （　　　）を かきました。
　　1 いろ　　2 にもつ　　3 てがみ　　4 え

2 きれいな はなの まえで （　　　）を とりました。
　　1 はがき　　2 しゃしん　　3 フイルム　　4 ポスト

3 この （　　　）は とても おいしいです。
　　1 とけい　　2 かびん　　3 やさい　　4 めがね

15

4 こうばんの まえに じてんしゃが （　　　　） とまって います。
　　1　いちだい　　2　いっぴき　　3　いっさつ　　4　いちまい

5 5ねんまえに （　　　　）しました。いま こどもは ふたりです。
　　1　けっこん　　2　さんぽ　　3　しつもん　　4　けんか

6 わたしは まいにち （　　　　）を のみます。
　　1　おべんとう　　2　ちゃわん　　3　テーブル　　4　こうちゃ

7 あの ひとは せんせいに よく （　　　　）します。
　　1　れんしゅう　　2　じゅぎょう　　3　べんきょう　　4　しつもん

8 （　　　　）を ひいて、なにも たべたく ありません。
　　1　くち　　2　かぜ　　3　おなか　　4　びょうき

PRACTICE TEST

もんだい 4 　　_____の　ぶんと　だいたい　おなじいみの　ぶんが　あります。1・2・3・4から　いちばん　いい　ものを　ひとつ　えらんで　ください。

|1| この　ひとは　おばです。

　　1　この　ひとは　あにの　ははです。
　　2　この　ひとは　あねの　ちちです。
　　3　この　ひとは　ははの　あねです。
　　4　この　ひとは　ちちの　あにです。

|2| ここは　としょかんです。

　　1　ここは　コーヒーを　のむ　ところです。
　　2　ここは　ほんを　よむ　ところです。
　　3　ここは　えを　みる　ところです。
　　4　ここは　てを　あらう　ところです。

|3| ここは　やおやです。

　　1　この　みせでは　ほんや　ノートを　うって　います。
　　2　この　みせでは　くつや　スリッパを　うって　います。
　　3　この　みせでは　ハンバーガーや　ジュースを　うって　います。
　　4　この　みせでは　やさいや　くだものを　うって　います。

chapter 02 문법/독해

N5 2교시

01 명사 で ~이고, ~로

「명사+で」는 명사의 연결형으로 「~이고, ~로」라는 뜻이다.

> あには いま 35さいで、けっこんして います。
> 형(오빠)은 지금 35세로, 결혼했습니다.

02 동사현재형+명사 ~하는 명사/~할 명사

동사가 명사를 수식할 경우 동사의 현재형을 사용하면 현재의 뜻인 「~하는 명사」와 미래의 뜻인 「~할 명사」라는 두 가지 뜻이 된다. 「~할 명사」의 경우 보통 あした(내일)과 来週(다음주)와 같은 미래를 나타내는 명사와 함께 쓰인다.

> あした 山田さんが あう 人は だれですか。
> 내일 야마다씨가 만날 사람은 누구입니까?
> 来週 国へ 帰る 人は いますか。 다음 주 귀국할 사람은 있습니까?

03 동사과거형+명사 ~한 명사

「동사과거형+명사」는 「~한 명사」라는 뜻이다. 보통 きのう(어제), 先週(지난 주), きょねん(작년)과 같은 과거를 나타내는 명사와 함께 쓰인다.

> これは 先週 友だちの いえで とった しゃしんです。
> 이것은 지난주 친구 집에서 찍은 사진입니다.
> わたしが きのう かった カメラは どこに ありますか。
> 내가 어제 산 카메라는 어디에 있습니까?

04 명사 をください ~을(를) 주세요

> りんごを 3つ ください。 사과를 세 개 주세요.
> すみません、お水を ください。 미안합니다. 물을 주세요.

문법 필수 문형 – 명사/지시대명사

05 これ/それ/あれ/どれ 이것, 그것, 저것, 어느 것

지시대명사「これ/それ/あれ/どれ」는「이것/그것/저것/어느 것」이라는 뜻이다.

> 木村さんの ノートは どれですか。 키무라씨의 노트는 어느 것입니까?

06 この/その/あの/どの 이, 그, 저, 어느

「この/その/あの/どの」는「이/그/저/어느」라는 뜻으로 뒤에 명사를 수식하게 된다.
보통 あの와 どの의 형태가 자주 출제된다.

> どれが えきに いく バスですか。 あの バスです。
> 어느 것이 역에 가는 버스입니까? 저 버스입니다.
> どの かさが 山田さんのですか。 어느 우산이 야마다씨의 것입니까?

07 ここ/そこ/あそこ/どこ 이곳, 그곳, 저곳, 어느 곳

「ここ/そこ/あそこ/どこ」는 장소를 나타내는 지시대명사이다.「どこの+명사」는「어디」보다는「어느」로 해석이 되어「どの」와 헷갈리기 쉬우니 조심하자.

> それは どこの 国の 車ですか。 日本の 車です。
> 그것은 어느 나라의 차입니까? 일본차입니다.
> どこで えいがを 見ますか。 어디에서 영화를 봅니까?

08 こちら/そちら/あちら/どちら 이쪽, 그쪽, 저쪽, 어느 쪽

「こちら/そちら/あちら/どちら」는 방향을 나타내는 지시대명사이다.
「どちら」는 방향뿐만 아니라「どこ」와 같이「어디」라는 장소를 나타내기도 한다.

> すみません、トイレは どちらですか。 실례합니다만, 화장실은 어디입니까?

もんだい1　（　　　）に 何を 入れますか。1・2・3・4から いち
　　　　　　ばん いい ものを 一つ えらんで ください。

1　これは きのう わたしが（　　　）しゃしんです。
　　1　とる　　　2　とって　　　3　とった　　　4　とります

2　すみません、でぐちは（　　　）ですか。
　　1　どの　　　2　なに　　　3　どちら　　　4　なんの

3　あねは いま かいしゃいん（　　　）、東京に すんで います。
　　1　だ　　　2　に　　　3　の　　　4　で

4　来週（　　　）人は だれですか。
　　1　休み　　　2　休む　　　3　休んで　　　4　休んだ

5　（　　　）じしょは だれの ですか。
　　1　あの　　　2　あれ　　　3　あちら　　　4　あそこ

6　これは わたしが 先週（　　　）カメラです。
　　1　買って　　　2　買う　　　3　買った　　　4　買わない

7　きょうしつは（　　　）です。
　　1　その　　　2　どんな　　　3　こちら　　　4　どうして

PRACTICE TEST

8 これは 日本語の（　　　）、あれは 英語の じしょです。

1　じしょや　　　2　じしょと　　　3　じしょで　　　4　じしょが

9 おかあさんは （　　　） でんしゃで 来ますか。

1　どの　　　2　どれ　　　3　どこ　　　4　どちら

10 お国は （　　　）ですか。

1　何　　　2　どの　　　3　どこか　　　4　どちら

11 これは わたしが （　　　） おかしです。どうぞ 食べて ください。

1　つくり　　　2　つくる　　　3　つくって　　　4　つくった

12 （　　　）が えきに いく バスですか。

1　だれ　　　2　どこ　　　3　どれ　　　4　なに

13 （　　　） レストランは 古いです。

1　あの　　　2　あれ　　　3　あちら　　　4　あそこ

14 その えんぴつ（　　　） ください。

1　や　　　2　を　　　3　で　　　4　と

15 わたしは かいしゃいんでは （　　　）。

1　ありません　　　2　いません　　　3　なりません　　　4　しません

もんだい2 ＿＿★＿＿に 入る ものは どれですか。1・2・3・4から
いちばん いい ものを 一つ えらんで ください。

1 どの ＿＿＿＿ ＿★＿＿ ＿＿＿＿ ＿＿＿＿か。
   1 田中さん　　2 ひと　　　　3 が　　　　　4 です

2 きのう ＿＿＿＿ ＿＿＿＿ ＿★＿＿ ＿＿＿＿ この 本です。
   1 としょかん　2 本は　　　　3 から　　　　4 かりた

3 この えは わたしが ＿＿＿＿ ＿＿＿＿ ＿＿＿＿ ＿★＿＿です。
   1 こうえんで　2 きのう　　　3 かいた　　　4 え

4 「それは ＿＿＿＿ ＿＿＿＿ ＿★＿＿ ＿＿＿＿ですか。」
   「日本のです。」
   1 の　　　　　2 どこ　　　　3 国の　　　　4 きって

5 「コーヒーと ＿＿＿＿ ＿★＿＿ ＿＿＿＿ ＿＿＿＿。」
   「コーヒーのほうが すきです。」
   1 すきですか　2 どちら　　　3 こうちゃと　4 が

PRACTICE TEST

もんだい3　1から 5に 何を 入れますか。1・2・3・4から いちばん いい ものを 一つ えらんで ください。

ポールさんと キムさんは あした じこしょうかいを します。2人は じこしょうかいの ぶんしょうを 書きました。

(1)

はじめまして。イギリスから ⬜1 ポールスミスです。
わたしは おんがくが 好きです。⬜2 日本の おんがくは あまり 知りません。
日本では、日本の おんがくを たくさん ⬜3 。
どうぞ よろしく おねがいします。

(2)

みなさん、こんにちは。キムです。
わたしは 日本語学校で 日本語を べんきょうして います。
今、学校の 近くに ⬜4 りょうに 住んで います。友だちが いないから さびしいです。 わたしは 日本で たくさんの 友だちが ほしいです。みなさん、 ⬜5 。
どうぞ よろしく おねがいします。

| 1 | 1 行く | 2 行った | 3 来る | 4 来た |

| 2 | 1 そして | 2 だから | 3 でも | 4 では |

| 3 | 1 ききたいです | | 2 きいて います |
| 3 きくからです | | 4 ききました |

| 4 | 1 ある | 2 あの | 3 あれ | 4 あそこ |

| 5 | 1 友だちと あそびましたか。
   2 うちに あそびに 来て ください
   3 うちで まいにち あそびたいです
   4 学校に 行きましょう。

PRACTICE TEST

もんだい 4　つぎの ぶんを 読んで しつもんに こたえて ください。こたえは 1・2・3・4から いちばん いい ものを 一つ えらんで ください。

リサさんの 手紙

大田さんへ
昨日は どうも ありがとう。雨が たくさん ふりましたから、大田さんに かさを かりて よかったです。かりた かさは ドアの ところに おいて おきます。それから 今朝 つくった おかしも おいて おきます。どうぞ 食べて ください。
では また。

12月 3日 午後 7時 リサより

---

[1]　リサさんは 12月 3日に 何を しましたか。

1　おかしを 買いました。
2　かさを かりました。
3　かさを かえしました。
4　おにぎりを つくりました。

もんだい 5 つぎの ぶんを 読んで しつもんに こたえて ください。
こたえは 1・2・3・4から いちばん いい ものを 一つ えらんで ください。

学校の 生活

4月から 学校が はじまりました。にほんごの じゅぎょうは まいにち 9時から はじまります。ひるやすみは 12時からです。
わたしたちは ちかくの レストランで ひるごはんを 食べます。ときどき きょうしつで 食べます。ごごの じゅぎょうは 3時まで あります。じゅぎょうの あとは、よく 図書館で 本を 読みます。わたしは、いつも、6時ごろ うちに 帰ります。友だちは よるおそくまで べんきょうして いますが、私は、あまり べんきょうしません。
学校は 7月 21日までです。それから 夏休みに なります。あと 一ヶ月で 夏休みです。夏休みには 友だちの チンさんと ヤンさんと 北海道へ 行く つもりです。

1 何月に この 文を 書きましたか。

　1　4月　　　2　5月　　　3　6月　　　4　7月

2 北海道へ 何人で 行きますか。

　1　ひとり　　2　ふたり　　3　さんにん　　4　よにん

PRACTICE TEST

もんだい 6　つぎの　ぶんを　読んで、「電車の時間」と「バスの時間」を　見ながら、しつもんに　こたえて　ください。こたえは　1・2・3・4から　いちばん　いい　ものを　一つ　えらんで　ください。

電車と　バスの　時刻表

あした　いちご山へ　行きます。東京駅から　中川駅まで　電車で　行って、中川駅から　いちご山まで　バスで　行きます。いちご山に　ごぜん　11時ごろ　つきたいです。そして、電車は　安い　ほうが　いいです。

1　電車は　どれに　乗りますか。

1　ふじ　1
2　さくら　1
3　ふじ　3
4　さくら　3

電車の時間

電車	東京駅	→	中川駅
ふじ1	8:20		10:20
さくら1	9:10		10:10
ふじ3	9:20		11:20
さくら3	10:10		11:10

（お金）　ふじ　：　3,000円
　　　　　さくら　：　5,000円

バスの時間

中川駅	→	いちご山
10:30		11:00
11:30		12:00

（お金）　800円

chapter 03 청해

N5 3교시

대상물의 위치 파악 문제

N5 청해에서는 대상물의 위치를 파악하는 문제가 출제될 수 있다.
위치를 나타내는 표현을 확실히 알고 있어야 당황하지 않고 문제를 풀 수 있다.

上 うえ 위	下 した 아래
中 なか 안, 속, 가운데	真ん中 まんなか 한 가운데
前 まえ 앞	後 うしろ 뒤
横 よこ 옆	隣 となり 이웃, 옆
側 そば 옆, 곁	間 あいだ 사이
右 みぎ 오른쪽	左 ひだり 왼쪽
一番上 いちばんうえ 제일 위	一番下 いちばんした 제일 아래
一番右 いちばんみぎ 제일 오른쪽	一番左 いちばんひだり 제일 왼쪽
右 みぎ から一番目 いちばんめ 오른쪽에서 첫 번째	
左 ひだり から二番目 にばんめ 왼쪽에서 두 번째	

1ばん

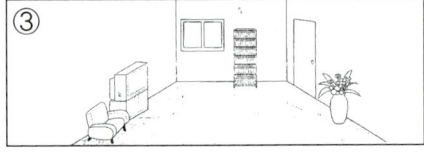

2ばん

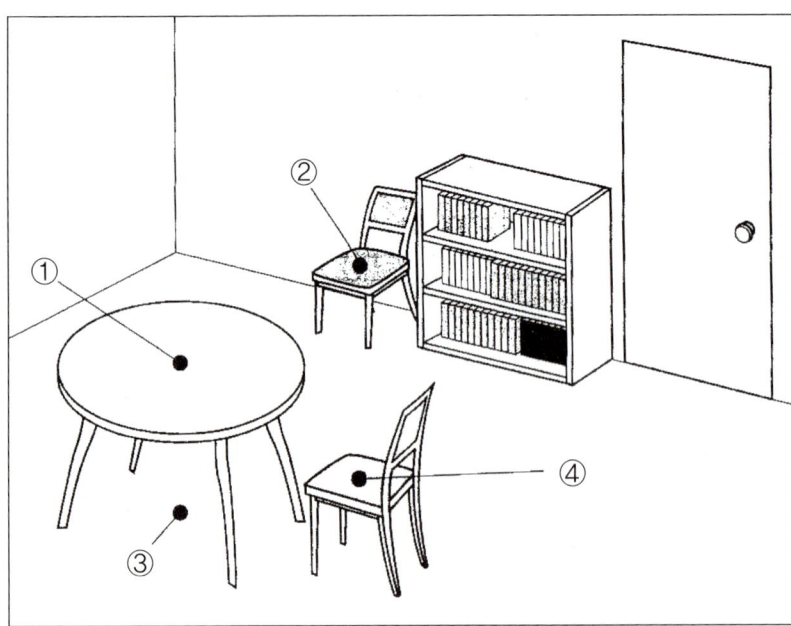

PRACTICE TEST

3 ばん

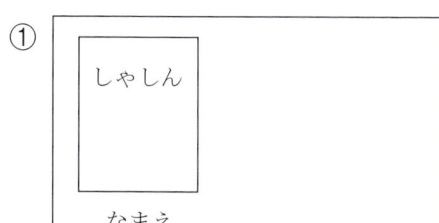

4 ばん

스크립트

문제 1

質問　男(おとこ)の人(ひと)と女(おんな)の人(ひと)が話(はな)しています。へやはどうなりましたか。

女：ええと、椅子(いす)はテレビの前(まえ)においてください。
男：テレビの前ですね。ね、花(はな)は。
女：そうね。花はまどのそばにおいてください。
男：はい。
女：それから。本(ほん)だなはドアのよこに。
男：はい。わかりました。

질문　남자와 여자가 이야기를 하고 있습니다. 방은 어떻게 되었습니까?

여 : 저어, 의자는 텔레비전 앞에 놓아주세요.
남 : 텔레비전 앞이요? 그럼 꽃은?
여 : 글쎄요, 꽃은 창문 옆에 놓아주세요.
남 : 예
여 : 그 다음에 책장은 문 옆에.
남 : 예. 알겠습니다.

중요표현
おいてください ~놓으세요(두세요) おく(두다, 놓다)+てください(해 주세요)의 문형으로 물건을 어느 위치에 ~놓으세요 라는 뜻이 된다.

문제 2

質問　男(おとこ)の人(ひと)が鍵(かぎ)を探(さが)しています。鍵はどこにありましたか。

男：あれ、鍵(かぎ)がない。
女：自転車(じてんしゃ)の鍵？
男：うん、見(み)た？
女：さっき、テーブルの上(うえ)にあったけど。
男：ないよ。
女：あ、椅子(いす)の上においたんだ。ほら、本(ほん)だなの横(よこ)の椅子。
男：あ、あった。

질문　남자가 열쇠를 찾고 있습니다. 열쇠는 어디에 있었습니까?

남 : 어라, 열쇠가 없네.
여 : 자전거열쇠?
남 : 응, 봤어?
여 : 아까 테이블 위에 있었는데.
남 : 없어.
여 : 아, 의자 위에 놔뒀어. 저기 봐. 책장 옆의 의자.
남 : 아, 있다.

중요표현
1. けど는「…만, …는데」라는 뜻으로 분명하게 말하지 않고 에둘러서 말하는 느낌을 나타낸다. 여기에서는「テーブルの上にあったけど」라고 했으므로 테이블위에 있었는데 지금은 없다는 뉘앙스를 나타낸다.
2. おいたんだ는 おいたのだ의 회화체이다. 보통 ~のだ=~んだ 는 설명하거나 강조를 할 때 주로 사용한다.

문제 3

質問 男(おとこ)の人(ひと)が話(はな)しています。写真(しゃしん)と名前(なまえ)はどうしますか。

男：写真(しゃしん)は紙(かみ)の左(ひだり)に貼(は)ってください。それから名前(なまえ)は写真の下(した)に書(か)いてください。

질문 남자가 이야기를 하고 있습니다. 사진과 이름은 어떻게 합니까?

사진은 종이 왼쪽에 붙여 주세요. 그리고 나서 이름은 사진 아래에 써 주세요.

> **중요표현**
> 위치 파악 문제에서는 위치 관련 단어를 잘 외워두는 것이 키포인트다. 左(ひだり)는 왼쪽, 下(した)는 아래.

문제 4

質問 男(おとこ)の人(ひと)と女(おんな)の人(ひと)が話(はな)しています。テーブルはどうなりましたか。

女：じゃ、お皿(さら)を並(なら)べてください。
男：はい。
女：大(おお)きいお皿をおいて、右側(みぎがわ)にナイフ、左側(ひだりがわ)にフォーク。
男：おはしは。
女：そうね、ナイフの隣(となり)に。あ、コーヒーカップはまだいいわ。

질문 남자와 여자가 이야기를 하고 있습니다. 테이블은 어떻게 되었습니까?

여 : 그럼, 접시 좀 놓아주세요.
남 : 예.
여 : 큰 접시를 놓고, 오른쪽에 칼, 왼쪽에 포크.
남 : 젓가락은?
여 : 글쎄, 칼 옆에. 아, 커피 잔은 아직 됐어요.

> **중요표현**
> 1. 側(がわ)는 편, 쪽, 측, ~방면이라는 뜻이다. 따라서 右側(みぎがわ)는 오른쪽, 左側(ひだりがわ)는 왼쪽, 向(む)こう側(がわ)는 건너 편, こちら側(がわ)는 이쪽 이라는 뜻이 된다.
> 2. お皿(さら), おはし처럼 명사 앞에 접두사 お를 붙여 쓰는 경우가 있다. 보통 접두사 お는 미화나 존경의 뜻을 나타낸다.

N5

뉴 일본어 능력시험

Part 02

문자/어휘 chapter 01
필수 1자 한자/필수 명사

문법/독해 chapter 02
필수 문형 – 중요 의문사

청해 chapter 03
숫자, 수량 파악 문제

chapter 01 문자/어휘

N5 1교시

필수 1자 한자

人 ひと 사람	顔 かお 얼굴	傘 かさ 우산
横 よこ 옆	駅 えき 역	先 さき 먼저
本 ほん 책	朝 あさ 아침	道 みち 길
耳 みみ 귀	下 した 아래, 밑	海 うみ 바다
女 おんな 여자	足 あし 발, 다리	花 はな 꽃
魚 さかな 물고기, 생선	国 くに 나라	木 き 나무
手 て 손	春 はる 봄	

필수 명사

帽子 ぼうし 모자	パン 빵	切手 きって 우표
明日 あした 내일	手紙 てがみ 편지	天気 てんき 날씨
机 つくえ 책상	猫 ねこ 고양이	赤 あか 빨강
家庭 かてい 가정	喫茶店 きっさてん 찻집	家内 かない 아내
銀行 ぎんこう 은행	入り口 いりぐち 입구	車 くるま 차, 자동차

PRACTICE TEST

もんだい1　＿＿＿の　ことばは　どう　よみますか。1・2・3・4から
いちばん　いい　ものを　ひとつ　えらんで　ください。

1　この　道を　まっすぐ　いって　ください。
　　1　みち　　　　2　まち　　　　3　にわ　　　　4　かど

2　7じに　顔を　あらいました。
　　1　かお　　　　2　て　　　　　3　かみ　　　　4　あし

3　傘は　どこに　ありますか。
　　1　かぜ　　　　2　ゆき　　　　3　かさ　　　　4　あめ

4　くるまの　横に　おとこの　ひとが　います。
　　1　ななめ　　　2　あいだ　　　3　となり　　　4　よこ

5　駅の　まえに　おおきい　かわが　あります。
　　1　いえ　　　　2　えき　　　　3　まち　　　　4　はし

6　お先に　のんで　ください。
　　1　すぐ　　　　2　せん　　　　3　つぎ　　　　4　さき

7　きのうから　耳が　いたい。
　　1　かお　　　　2　あたま　　　3　みみ　　　　4　からだ

8 げつようびの 朝、あめが たくさん ふりました。

　　1　よる　　　2　ばん　　　3　ひる　　　4　あさ

もんだい2　＿＿＿の ことばは どう かきますか。1・2・3・4から いちばん いい ものを ひとつ えらんで ください。

1 しつもんが ある ひとは、てを あげて ください。

　　1　目　　　2　手　　　3　足　　　4　顔

2 なつやすみに かぞくと うみへ いきます。

　　1　海　　　2　悔　　　3　毎　　　4　無

3 あたらしい おんなの せんせいが きました。

　　1　文　　　2　天　　　3　女　　　4　又

4 わたしの いぬは あしが しろいです。

　　1　題　　　2　是　　　3　促　　　4　足

5 ははの たんじょうびですから、はなを かいます。

　　1　草　　　2　花　　　3　鼻　　　4　木

PRACTICE TEST

6 わたしは　<u>さかな</u>りょうりが　だいすきです。
    1　魚　　　　2　鯖　　　　3　肉　　　　4　漁

7 <u>おくに</u>は　どこですか。
    1　道　　　　2　県　　　　3　町　　　　4　国

8 <u>はる</u>やすみは　いつですか。
    1　春　　　　2　夏　　　　3　秋　　　　4　冬

もんだい3　（　　　）に　なにを　いれますか。1・2・3・4から　いちばん　いい　ものを　ひとつ　えらんで　ください。

1 あの　（　　　）を　かぶって　いる　ひとが　わたしの　おとうとです。
    1　めがね　　2　とけい　　3　てぶくろ　　4　ぼうし

2 わたしの　すきな　たべものは　（　　　）です。
    1　ミルク　　2　パン　　3　コーヒー　　4　ジュース

3 ふうとうに　（　　　）を　はりましょう。
    1　はがき　　2　てがみ　　3　きって　　4　きっぷ

4 (　　　)の ときは おうだんほどうを わたらないで ください。
　　1　あめ　　　　2　あさ　　　　3　あか　　　　4　あお

5 ゆうべ ともだちに (　　　)を かけました。
　　1　はがき　　　2　メール　　　3　でんわ　　　4　てがみ

6 きのうは (　　　)が わるかったから、いえで やすみました。
　　1　かぜ　　　　2　そら　　　　3　てんき　　　4　でんき

7 かぎは (　　　)の ひきだしに いれて あります。
　　1　さいふ　　　2　かばん　　　3　ポケット　　4　つくえ

8 さいきんは がいしょくを する (　　　)が おおい。
　　1　かびん　　　2　かぎ　　　　3　かてい　　　4　かがみ

PRACTICE TEST

もんだい 4 　　＿＿＿＿＿の ぶんと だいたい おなじいみの ぶんが あります。1・2・3・4から いちばん いい ものを ひとつ えらんで ください。

|1| ここは きっさてんです。
　　1　ここで はなを かいます。
　　2　ここで おかねを だします。
　　3　ここで えいがを みます。
　　4　ここで おちゃを のみます。

|2| なかに はいる ところは ここです。
　　1　いりぐちは ここです。
　　2　でぐちは ここです。
　　3　にしぐちは ここです。
　　4　ひがしぐちは ここです。

|3| ぎんこうは なにを する ところですか。
　　1　ほんを かう ところです。
　　2　おかねを おろす ところです。
　　3　コーヒーを かう ところです。
　　4　ダンスを する ところです。

chapter 02 문법/독해   N5 2교시

01 何(なに)/何(なん)/なにも/なにか 무엇/무엇(몇)/아무것도/뭔가

何는 무엇이라는 뜻으로 なに와 なん으로 발음된다. ~ですか의 앞이나 何時(なんじ)(몇 시), 何回(なんかい)(몇 번)처럼 조수사와 같이 쓰이면 なん으로 발음된다.
なにも는 직역하면 '무엇도'이지만 '아무것도'라고 해석되는 경우가 많다. 조사 か가 불확실한 뜻을 나타내는 'ㄴ가'라는 기능이 있으므로 なにか는 '무엇인가' 즉 '뭔가'라는 뜻이 된다.

何を 読んで いますか。
무엇을 읽고 있습니까?

あれは 何ですか。
저것은 무엇입니까?

教室には 何も ありません。
교실에는 아무것도 없습니다.

何か 食べませんか。
뭔가 먹지 않겠습니까?

02 だれ/どなた/だれも/だれにも/だれか 누구/어느 분/아무도/아무에게도/누군가

だれ는 누구, どなた는 어느 분이라는 뜻이다. だれ보다 どなた가 공손하다. だれも는 직역하면 '누구도'이지만 '아무도'라고 해석되는 경우가 많다. 조사 に가 ~에게(한테)라는 기능이 있으므로 だれにも는 '누구에게도', '아무에게도', 조사 か가 불확실한 뜻을 나타내는 'ㄴ가'라는 기능이 있으므로 だれか는 '누구인가'라는 뜻이 된다.

あの 人は だれですか。
저 사람은 누구입니까?

社長は どなたですか。
사장님은 어느 분입니까?

昨日は だれも 来ませんでした。
어제는 아무도 오지 않았습니다.

だれにも 話さないで ください。
아무에게도 말하지 말아주세요.

家に だれか いますか。
집에 누군가 있습니까?

문법 필수 문형 – 중요 의문사

03 いくつ 몇 개, 몇 살

いくつ는 '몇 개'라는 뜻과 나이를 묻는 '몇 살'이라는 뜻이 있다. 보통 몇 살입니까 라고 공손하게 물어볼 때에는 おいくつですか라고 앞에 お를 붙이기도 한다.

りんごは 全部(ぜんぶ)で いくつですか。
사과는 전부 몇 개입니까?

木村(きむら)さんは 今年(ことし) いくつですか。
기무라씨는 올해 몇 살입니까?

04 いくら 얼마

いくら는 상품의 가격을 물어보는 의문사로 '얼마'라는 뜻이다.

この はこの みかんは いくらですか。
이 상자의 귤은 얼마입니까?

05 いつ 언제

いつ는 때를 나타내는 의문사로 '언제'라는 뜻이다.

いつ 山田(やまだ)さんに 会(あ)いましたか。
언제 야마다씨를 만났습니까?

06 どこ/どこかへ/どこにも/どこへも 어디/어딘가에/어디에도/아무데도

どこ는 장소를 묻는 의문사로 '어디'라는 뜻이다. 조사 へ는 방향을 나타내며 '~로'라는 뜻이므로 どこかへ는 어딘가로/어딘가에. どこにも는 보통 ある(있다), いる(있다)같은 동사가 뒤에 오며 '어디에도'라는 뜻이다. どこへも는 보통 いく(가다), でかける(외출하다)같은 동사가 뒤에 오며 '어디에도' '아무데도' 가지 않았다는 표현으로 주로 쓰인다.

トイレは　どこですか。
화장실은 어디입니까?

夏休みに　どこかへ　行きますか。
여름방학에 어딘가에 갑니까?

本が　どこにも　ありません。
책이 어디에도 없습니다.

昨日は　どこへも　行きませんでした。
어제는 아무데도 가지 않았습니다.

07　どう/いかが 어떻게

どう, いかが 둘 다 '어떻게' 라는 뜻이지만 いかが 가 좀 더 공손한 표현이다.

日本の　天気は　どうですか。
일본의 날씨는 어떻습니까?

こちらは　いかがですか。
이쪽은 어떻습니까?

08　どうして/なぜ 왜, 어째서

どうして, なぜ 둘 다 '왜', '어째서' 라는 이유를 묻는 의문사이다.

どうして　仕事を　やめましたか。
왜 일을 그만두었습니까?

昨日は　なぜ　来ませんでしたか。
어제는 왜 오지 않았습니까?

09 どのくらい/どれぐらい 어느 정도

どのくらい, どれぐらい 모두 '어느 정도'란 뜻으로 수량이나 시간을 물을 때 사용된다.
どのくらい는 どのぐらい라고 발음해도 된다.

駅（えき）まで　どのくらい　かかりますか。
역까지 어느 정도 걸립니까?

毎日（まいにち）　どれぐらい　勉強（べんきょう）しますか。
매일 어느 정도 공부합니까?

もんだい1　(　　　)に 何を 入れますか。1・2・3・4から いちばん いい ものを 一つ えらんで ください。

① きのう わたしは どこ(　　　) でかけませんでした。
1　で　　　　2　へ　　　　3　でも　　　　4　へも

② A「きのうは (　　　) はしりましたか。」
B「5キロ はしりました。」
1　どのくらい　2　どうして　　3　どうやって　　4　どんな

③ A「いもうとさんは (　　　)ですか。」
B「19さいです。」
1　なんこ　　　2　いくつ　　　3　いくら　　　4　なんにん

④ だれ(　　　) てつだって ください。
1　に　　　　2　か　　　　3　を　　　　4　が

⑤ ぎんこう(　　　) デパート(　　　) いきませんでした。
1　へも　　　2　もへ　　　3　へは　　　4　はへ

⑥ パーティーは (　　　)が いいですか。
1　いつ　　　2　なん　　　3　どうして　　4　どう

PRACTICE TEST

7 （　　　　）うんどうを して いますか。
1　どれ　　　2　だれ　　　3　いかが　　　4　何か

8 （　　　　）で えいがを みますか。
1　どこ　　　2　どんな　　　3　どう　　　4　どうか

9 わたしは （　　　　）買いませんでした。
1　どれを　　　2　いくら　　　3　何か　　　4　何も

10 ゆうべは （　　　　）ねましたか。
1　どんな　　　2　どのぐらい　　　3　いくつ　　　4　どちら

11 すみません、トイレは （　　　　）ですか。
1　どこ　　　2　どこか　　　3　どの　　　4　どなた

12 きのうは （　　　　）早く かえりましたか。
1　いかが　　　2　いくつ　　　3　どうして　　　4　どちら

13 毎日 （　　　　）ぐらい ねますか。
1　どんな　　　2　どう　　　3　いつ　　　4　どれ

14 「先週の 日曜日に どこかへ いきましたか。」
「いいえ、雨が ふったから （　　　　）いきませんでした。」
1　どこかへ　　　2　どこへも　　　3　どこへへ　　　4　どこへ

| 15 | りんごは　（　　　）　ありますか。

1　なに　　　　2　いくつ　　　　3　どれ　　　　4　どの

もんだい2　＿＿＿★＿＿＿に　入る　ものは　どれですか。1・2・3・4から
　　　　　いちばん　いい　ものを　一つ　えらんで　ください。

| 1 | ＿＿＿　＿＿＿　＿★＿　＿＿＿ですか。

1　は　　　　　2　はる休み　　　3　から　　　　4　いつ

| 2 | ＿＿＿　＿＿＿　＿＿＿　＿★＿　かかりますか。

1　バスで　　　2　ここから　　　3　どのくらい　　4　会社まで

| 3 | ＿＿＿　＿＿＿　＿★＿　＿＿＿。

1　昨日　　　　　　　　　　　　2　会いませんでした
3　は　　　　　　　　　　　　　4　だれにも

| 4 | 田中さんは　今朝　＿＿＿　＿★＿　＿＿＿　＿＿＿。

1　どこ　　　　2　行きましたか　3　か　　　　　4　へ

| 5 | 「＿★＿　＿＿＿。」「＿＿＿、＿＿＿。」

1　なにか　　　　　　　　　　　2　たべましょう
3　たべませんか　　　　　　　　4　ええ

PRACTICE TEST

もんだい 3 　　1 から 5に 何を 入れますか。1・2・3・4から いちばん いい ものを 一つ えらんで ください。

(1)

まち子さんは 4年前に おんがくを べんきょう ☐1 外国へ 行きました。それまで ぎんこうに つとめて いました。2年前に 日本に 帰ってきました。それから ☐2 行かないで 日本で ずっと ギターを おしえて います。

(2)

わたしたちは まいあさ うたの れんしゅうを します。けさの れんしゅうは 9時20分 ☐3 1時間でした。山川さんと 大山さんは 来ませんでした。☐4 来なかったのかは わかりません。高木さんは 30分 ☐5 。

☐1　1　する　　　2　しに　　　3　します　　　4　して

☐2　1　なぜ　　　2　だれにも　　3　どこへも　　4　いつ

☐3　1　と　　　　2　に　　　　3　から　　　　4　で

☐4　1　いくら　　2　いくつ　　3　どうして　　4　なにで

49

5　1　おそい　きました
　　2　おそく　きました
　　3　おそく　きません
　　4　おそく　きませんでした

PRACTICE TEST

もんだい 4　つぎの ぶんを 読んで しつもんに こたえて ください。こたえは 1・2・3・4から いちばん いい ものを 一つ えらんで ください。

お母さんからの 手紙

太郎へ

おかえりなさい。お母さんは スーパーへ 行きます。3時ごろ かえります。おかしは れいぞうこに 入って います。あぶないから ガスレンジは つかわないでね。
よろしく。

母より

1　お母さんは いつ かえりますか。
　1　朝 かえります。　　　　　2　ごご かえります。
　3　7時ごろ かえります。　　　4　寝る 前に かえります。

2　おかしは どこに ありますか。
　1　れいぞうこの 中
　1　れいぞうこの 上
　3　れいぞうこの 横
　4　れいぞうこの 下

もんだい 5 つぎの ぶんを 読んで しつもんに こたえて ください。こたえは 1・2・3・4から いちばん いい ものを 一つ えらんで ください。

わたしの 一日(いちにち)

わたしは いつも 小学校(しょうがっこう) 1年生(いちねんせい)の 妹(いもうと)と 一緒(いっしょ)に 家(うち)へ 帰(かえ)ります。4時半(よじはん)に ようちえんへ 弟(おとうと)を むかえに 行(い)きます。母(はは)は スーパーマーケットで はたらいて います。ですから、むかえに 行く ことが できません。
父(ちち)は 月曜日(げつようび)から 金曜日(きんようび)まで 会社(かいしゃ)で はたらいて います。父の 会社(かいしゃ)は ごぜん 10時(じ)から 8時(じ)までです。うちへ かえるのは とても 遅(おそ)いです。日曜日(にちようび)には ときどき 父と いっしょに こうえんへ あそびに 行きます。

1 わたしの かぞくは 何人(なんにん)ですか。

   1 4人   2 5人   3 6人   4 7人

2 にちようびに ときどき どこへ 行きますか。

   1 ようちえん
   2 スーパーマーケット
   3 かいしゃ
   4 こうえん

PRACTICE TEST

もんだい 6　先生が テストに ついて 話して います。学生が ただしく とった メモは どれですか。1・2・3・4から いちばん いい ものを 一つ えらんで ください。

明日の テストに ついて

あしたの テストに ついて 話します。
ばしょは ここ 310番じゃなくて、410番の きょうしつです。かならず 必要な 物は ノートと えんぴつと けしゴムです。でも、じしょは 必要じゃあ りません。
それから、学生証も わすれないで ください。

1　学生が ただしく とった メモは どれですか。

　　1　A　　　　2　B　　　　3　C　　　　4　D

A
明日のテスト

310番教室
必要な 物
ノート、えんぴつ、けしゴム、学生証

B
明日のテスト

410番教室
必要な 物
ノート、えんぴつ、けしゴム、学生証

C
明日のテスト

410番教室
必要な 物
ノート、えんぴつ、けしゴム、じしょ

D
明日のテスト

410番教室
必要な 物
ノート、えんぴつ、けしゴム、学生証、じしょ

chapter 03 청해

N5 3교시

숫자, 수량 파악 문제

숫자를 파악하는 문제에서 나올 수 있는 패턴으로는 전화번호, 가격, 수량을 파악하는 문제가 있다. 가격이나 개수를 묻는 문제에서는 보통 "물건을 사오라"는 주문을 하고 구체적인 수량이나 가격을 제시한다. 또한 대화 후반부에 물건이나 수량 등이 추가될 수 있으므로 끝까지 꼼꼼히 숫자를 메모하면서 듣는 것이 중요하다. 그리고 물건을 세는 필수 조수사들도 반드시 외워놓도록 하자.

1 ばん

① 8 1 1
② 8 1 8
③ 9 8 1 1
④ 9 8 1 8

2 ばん

①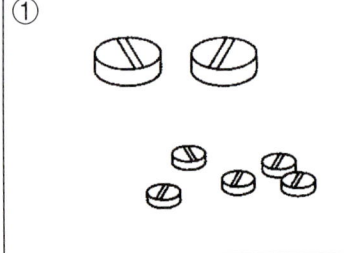
②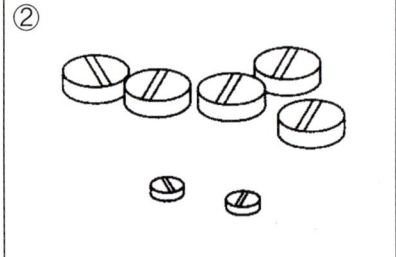
③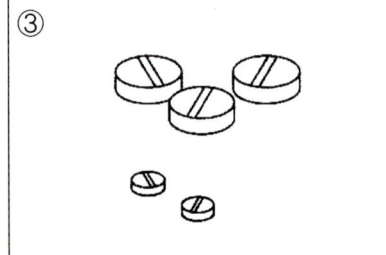
④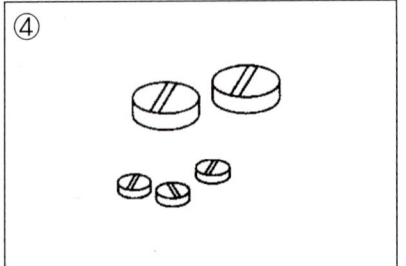

PRACTICE TEST

3 ばん

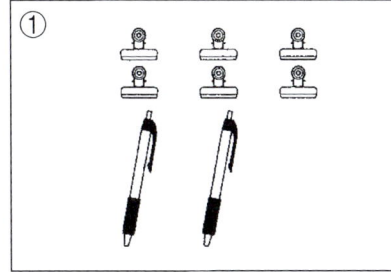 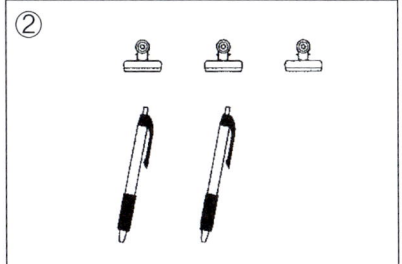

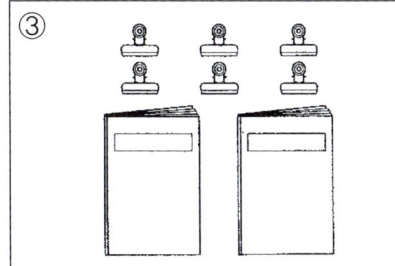 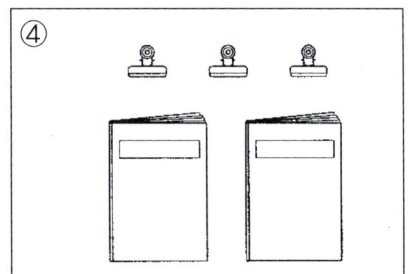

4 ばん

①

②

③

④

えなどは　ありません。

스크립트

문제 1

質問　男(おとこ)人(ひと)と女(おんな)の人(ひと)が話(はな)しています、男の人に電話(でんわ)するときは、何番(なんばん)を押(お)しますか。

男：田中(たなか)さん、部屋(へや)の番号(ばんごう)は何番(なんばん)ですか。
女：811です。
男：あ、私の部屋番号は818です。
　　困(こま)ったときは電話(でんわ)してください。電話するときは、始(はじ)めに9を押(お)して、それから、部屋番号を押してください。
女：わかりました。どうもありがとうございます。

질문　남자와 여자가 이야기를 하고 있습니다. 남자에게 전화를 할 때는 몇 번을 누릅니까?

남 : 타나까씨 방번호는 몇 번입니까?
여 : 811입니다.
남 : 아. 내 방 번호는 818입니다. 힘든 일이 있으면 전화주세요. 전화 할 때는 먼저 9를 누르고, 그런 다음에 방 번호를 눌러주세요.
여 : 알겠습니다. 감사합니다.

중요표현
1. 始(はじ)めに 처음에. 먼저이라는 뜻. 이 문제에서 전화 거는 방법을 알 수 있는 중요 키포인트.
2. 押(お)してください는 押(お)す(누르다)+てください(해 주세요)의 문형으로 눌러주세요 라는 뜻이다.

문제 2

質問　女(おんな)の人(ひと)と 男(おとこ)の人(ひと)が 病院(びょういん)で 話(はな)して います。男の人の 薬(くすり)は どれですか

女：この薬(くすり)は寝(ね)る前(まえ)に飲(の)んでください。
男：はい。
女：大(おお)きいのが二(ふた)つと小(ちい)さいのが三(みっ)つです。
男：はい。
女：全部(ぜんぶ)で五(いつ)つです。
男：ありがとうございます。

질문　여자와 남자가 병원에서 이야기를 하고 있습니다. 남자의 약은 어느 것입니까?

여 : 이 약은 자기 전에 드세요.
남 : 예.
여 : 큰 것 2개와 작은 것이 3개입니다.
남 : 예.
여 : 전부 합쳐서 5개입니다.
남 : 감사합니다.

중요표현

1. 일본어에서는 한국어랑 달리 약을 먹다 라고 하지 않고 마신다는 표현을 쓴다. 따라서 薬(くすり)を たべる가 아니라 薬をのむ가 된다.
2. 동사현재형＋前(まえ)に ～하기 전에 라는 뜻. 寝(ね)る前に(자기 전에), 行(い)く前に(가기 전에), 話 (はな)す前に(말하기 전에)

문제 3

質問　男(おとこ)の人(ひと)と女(おんな)の人(ひと)が話(は な)しています。女の人が買(か)ったものは、ど れですか

男：いらっしゃいませ。
女：これを三(みっ)つください。
男：はい、三つですね。
女：ええ、それから、これを2本(にほん)ください。
男：2本ですね。ありがとうございます。

질문　남자와 여자가 이야기를 하고 있습니다. 여자 가 산 것은 어느 것 입니까?

남 : 어서 오세요.
여 : 이것을 세 개 주세요.
남 : 예. 세 개요?
여 : 예. 그리고 이것을 두 자루 주세요.
남 : 두 자루요? 감사합니다.

중요표현

1. **いらっしゃいませ** 어서 오세요. 보통 손님에게 하는 인사말이다.
2. 종조사 **ね**는 문장 끝에 붙어 상대방에게 동의를 구하거나 재차 확인할 때 쓰이며, ～이지요? 라는 뜻 이다. 三(みっ)つですね. 세 개요?
3. 조수사 **本(ほん)**는 주로 병, 자루, 그루처럼 가늘고 긴 것을 셀 때 쓰인다.

스크립트

문제 4

質問　男(おとこ)の人(ひと)と女(おんな)の人(ひと)が、学校(がっこう)で話(はな)しています。男の人は何枚(なんまい)コピーしますか。

男：先生(せんせい)、このテストの 問題(もんだい)は、何枚(なんまい)コピーしますか。
女：そうですね、学生(がくせい)は全部(ぜんぶ)で30人(にん)ですが、それより１０枚多(おお)くコピーしてください。
男：わかりました。

1．10枚です。
2．20枚です。
3．30枚です。
4．40枚です。

질문　남자와 여자가 학교에서 이야기를 하고 있습니다. 남자는 몇 장 복사합니까?

남 : 선생님. 이 테스트 문제는 몇 장 복사합니까?
여 : 글쎄요. 학생이 전부 30명이지만, 그것 보다 10장 많이 복사해 주세요.
남 : 알겠습니다.

1. 10장입니다.
2. 20장입니다
3. 30장입니다.
4. 40장입니다.

중요표현

1. 커피는 コーヒー 복사는 コピー이다. 발음에 조심하자.
2. より는 ~보다는 뜻으로 비교를 할 때 쓰인다. 昨日(きのう)より今日(きょう)があつい。 어제보다 오늘이 덥다. 犬(いぬ)よりねこがすきです。 개보다 고양이를 좋아합니다.
여기서 それより는 그것보다는 뜻으로 それ(그것)은 보통 앞문장에서 제시되므로 주의해서 듣도록 하자.

N5

뉴 일본어 능력시험

Part 03

문자/어휘 chapter 01
필수 2자 한자/필수 동사

문법/독해 chapter 02
필수 문형 – 중요조사

청해 chapter 03
대상물의 모양, 인상착의 파악 문제

chapter 01 문자/어휘

필수 2자 한자

毎日 まいにち 매일	友達 ともだち 친구	学校 がっこう 학교
外国 がいこく 외국	大学 だいがく 대학	電車 でんしゃ 전철
電気 でんき 전기, 전깃불	半分 はんぶん 반	銀行 ぎんこう 은행
時間 じかん 시간	会社 かいしゃ 회사	天気 てんき 날씨
午後 ごご 오후	新聞 しんぶん 신문	英語 えいご 영어
名前 なまえ 이름	日本 にほん 일본	電話 でんわ 전화
子供 こども 어린이		

필수 동사

登 のぼる (산을) 오르다	覚 おぼえる 외우다, 암기하다
遊 あそぶ 놀다	シャワーを浴 あびる 샤워를 하다
返 かえす 돌려주다, 반환하다	閉 しめる (문을) 닫다
飛 とぶ 날다	かかる (시간) 걸리다
洗 あらう 씻다	歩 あるく 걷다
勤 つとめる 근무하다	シャツを 洗 あらう 셔츠를 빨다
いただく 먹다, 마시다, 받다(たべる、のむ、もらう의 겸양어)	
習 ならう 배우다	散歩 さんぽする 산책하다

PRACTICE TEST

もんだい 1 　＿＿＿の　ことばは　どう　よみますか。1・2・3・4から　いちばん　いい　ものを　ひとつ　えらんで　ください。

|1| わたしは　毎日　うんどうを　します。
　　1　まいとし　　2　まいつき　　3　まいしゅう　　4　まいにち

|2| まいにち　2時間ぐらい　テレビを　みます。
　　1　じっかん　　2　じかん　　3　しっかん　　4　しかん

|3| 学校は　げつようびから　どようびまで　じゅぎょうが　あります。
　　1　がっこう　　2　かっこう　　3　ぎゃっこう　　4　きゃっこう

|4| かぞくと　外国へ　あそびに　いきます。
　　1　かいがい　　2　がいがい　　3　がいこく　　4　かいこく

|5| わたしの　ちちは　銀行に　つとめて　います。
　　1　きんごう　　2　きんこう　　3　ぎんごう　　4　ぎんこう

|6| いもうとは　ときどき　電車に　のります。
　　1　でんしゃ　　2　てんしゃ　　3　でんじゃ　　4　てんじゃ

|7| へやの　電気を　けして　ください。
　　1　てんき　　2　でんき　　3　てんぎ　　4　でんぎ

63

8 ビールを まだ 半分しか のんで いません。
   1 はんぶん   2 ばんぶん   3 はんふん   4 ばんふん

もんだい 2　＿＿＿の ことばは どう かきますか。1・2・3・4から
　　　　　　いちばん いい ものを ひとつ えらんで ください。

1 くるまの なかに こどもが います。
   1 仔共   2 仔供   3 子共   4 子供

2 きょうの てんきは どうですか。
   1 天気   2 天候   3 大気   4 夫気

3 きのうの ごご としょかんで べんきょうを しました。
   1 午後   2 午前   3 牛後   4 牛前

4 いつも あさ しんぶんを よんで います。
   1 新門   2 新文   3 新分   4 新聞

5 じゅくで えいごを おしえて います。
   1 英語   2 英話   3 英詞   4 英記

PRACTICE TEST

6 ノートに　なまえを　かいて　みましょう。
　　1　名煎　　　2　各煎　　　3　名前　　　4　各前

7 ゆうべ　りょうしんに　てがみを　かきました。
　　1　手紙　　　2　手糸　　　3　手彼　　　4　手枚

8 こうこうの　ともだちに　でんわを　かけました。
　　1　電池　　　2　電車　　　3　電気　　　4　電話

もんだい3　（　　　）に　なにを　いれますか。1・2・3・4から　いちばん　いい　ものを　ひとつ　えらんで　ください。

1 せんしゅうは　かいしゃの　どうりょうと　やまに　（　　　）。
　　1　のりました　　2　のぼりました　　3　あげました　　4　あけました

2 あたらしい　たんごを　（　　　）。
　　1　おきました　　2　おりました　　3　おぼえました　　4　おもいました

3 こどもが　てを　（　　　）　ごはんを　たべました。
　　1　せんたくしないで　　　　　2　そうじしないで
　　3　あらわないで　　　　　　　4　みがかないで

4 わたしは いつも あさ シャワーを（　　　）。
　　1 あびます　　2 おきます　　3 たべます　　4 のみます

5 きょうは としょかんに ほんを（　　　）つもりです。
　　1 かえる　　2 かえす　　3 かす　　4 かける

6 きょうしつの まどを（　　　）ください。
　　1 けして　　2 きえて　　3 しめて　　4 しまって

7 はとが そらを（　　　）います。
　　1 すわって　　2 あるいて　　3 はしって　　4 とんで

8 うちから えきまで じっぷん（　　　）。
　　1 かかります　　2 かけます　　3 かきます　　4 かります

PRACTICE TEST

もんだい 4　＿＿＿＿＿の　ぶんと　だいたい　おなじいみの　ぶんが　あります。1・2・3・4から　いちばん　いい　ものを　ひとつ　えらんで　ください。

1　わたしは　かいしゃに　つとめて　います。
　　1　わたしは　かいしゃで　はしって　います。
　　2　わたしは　かいしゃで　コーヒーを　のんで　います。
　　3　わたしは　かいしゃで　パンを　つくって　います。
　　4　わたしは　かいしゃで　はたらいて　います。

2　いま　ちゅうごくごを　ならって　います。
　　1　いま　ちゅうごくごを　かいて　います。
　　2　いま　ちゅうごくごを　べんきょうして　います。
　　3　いま　ちゅうごくごを　はなして　います。
　　4　いま　ちゅうごくごを　よんで　います。

3　いただきます。
　　1　おいしく　「たべる」という　いみです。
　　2　さきに　「いく」という　いみです。
　　3　よく　「あう」という　いみです。
　　4　たのしく　「あそぶ」という　いみです。

chapter 02 문법/독해   N5 2교시

01 は ~은, ~는

図書館は どちらですか。
도서관은 어느 쪽입니까?

きのう、本は 買わなかった。
어제, 책은 사지 않았다.

姉は めがねを かけて います。いもうとは めがねを かけて いません。
언니(누나)는 안경을 쓰고 있습니다. 여동생은 안경을 쓰고 있지 않습니다.

02 が ~이, ~가 / ~을, ~를

が는 일반적으로 주격조사 '이/가'의 뜻이지만 일부 형용사나 동사 앞에서는 '을/를'의 뜻을 가진다.

が +	すきだ ~를 좋아하다	きらいだ ~를 싫어하다
	上手だ ~를 잘하다	下手だ ~를 못하다
	できる ~를 할 수 있다	わかる ~를 알다

あれが わたしのです。
저것이 나의 것입니다.

歌が 上手です。
노래를 잘합니다.

どの ひとが 木村さんですか。
어떤 사람이 기무라씨입니까?

문법 필수 문형 – 중요조사

03　を ~을, ~를

を는 '을/를'로 타동사의 목적격조사로 쓰이며, 명사(장소)+を+자동사 의 패턴으로도 많이 쓰인다.

まいあさ　コーヒーを　のみます。(を+타동사)
매일아침 커피를 마십니다.

公園を　散歩します。(명사(장소)+を+자동사)
공원을 산책합니다.

何時に　家を　でましたか。(명사(장소)+を+자동사)
몇 시에 집을 나왔습니까?

04　に ~에 / ~에게 / ~하러

3時に　あいましょう。(시간, ~에)
3시에 만납시다.

今、どこに　いますか。(장소, ~에)
지금 어디에 있습니까?

この　かばんは　ちちに　もらいました。(대상, ~에게)
이 가방은 아버지에게 받았습니다.

週に　2回　運動します。(기간, ~에)
일주일에 2번 운동합니다.

映画を　見に　行きます。(목적, ~하러, 동사ます형+に)
영화를 보러 갑니다.

買い物に　行きます。(목적, ~하러 명사+に)
쇼핑을 하러 갑니다.

先生に　会う。(기타, ~을)
선생님을 만나다.

電車に　乗る。(기타, ~을)
전철을 타다.

05 で ~에서 / ~으로 / ~때문에

きょうしつ
教室で べんきょうして います。(장소, ~에서)
교실에서 공부를 하고 있습니다.

バスで 行きました。(도구, 수단, 방법, ~으로, ~로)
버스로 갔습니다.

なに
何で つくりますか。(도구, 수단, 방법, ~으로, ~로)
무엇으로 만듭니까?

かぜ そうたい
風邪で 早退しました。(원인, 이유, ~ 때문에)
감기로 조퇴했습니다.

ほん   えん
5本で 1000円です。(수량, ~에)
5병에 1000엔입니다.

ぜんぶ
全部で いくつですか。(기타)
전부 몇 개입니까?

ひとり き
一人で 来ました。(기타)
혼자서 왔습니다.

06 か ~이나 /~인지/~할지 안 할지

かいぎ   かようび   すいようび
会議は 火曜日か 水曜日です。(선택, AかB=A이나 B)
회의는 화요일이나 수요일입니다.

なんにん く
何人 来るか わかりません。(의문사+か ~인지,~일지)
몇 명 올지 모르겠습니다.

い   い
行くか 行かないか まだ わかりません。(~か ~ないか, 할지 안 할지)
갈지 안 갈지 아직 모르겠습니다.

07 や ~이나, ~이랑

かし   か
お菓子や ケーキなどを 買いました。(열거, ~이나,~이랑)
과자나 케이크 등을 샀습니다.

08 へ ~으로, ~에

へ는 방향을 나타내는 조사로 주로 뒤에 行(い)く(가다), 来(く)る(오다), 帰(かえ)る(돌아오다/돌아가다), 戻(もど)る(되돌아가다/되돌아오다) 같은 동사가 온다.

土曜日(どようび)も 会社(かいしゃ)へ 行(い)きますか。
토요일도 회사에 갑니까?

09 と ~와, ~랑

くつと かばんを 買(か)いました。
구두랑 가방을 샀습니다.

友(とも)だちと いっしょに 遊(あそ)びました。
친구와 같이 놀았습니다.

10 から ~부터 / ~한테

ここから 遠(とお)いですか。(장소, 「~에서」로 해석된다.)
여기에서 멉니까?

どこから 来(き)ましたか。(장소, 「~에서」로 해석된다.)
어디에서 오셨습니까?

アルバイトは 2時(じ)から 9時(じ)までです。
아르바이트는 2시부터 9시까지입니다.

弟(おとうと)から ききました。
남동생한테 들었습니다.

11 まで ~까지

会社(かいしゃ)まで バスで 行(い)きます。
회사까지 버스로 갑니다.

12 も ~도

ラーメンを 食べました。それから ぎょうざも 食べました。
라면을 먹었습니다. 그리고 만두도 먹었습니다.

ボールペンも 鉛筆も ある。
볼펜도 연필도 있다.

なにも ありません。
아무것도 없습니다.

だれも いません。
아무도 없습니다.

どちらも 好きじゃありません。
어느 쪽도 좋아하지 않습니다.

13 격조사+も ~도

彼は だれとも 話しません。
그는 누구하고도 이야기하지 않습니다.

家でも 勉強しますか。
집에서도 공부합니까?

中国からも 友だちが 来た。
중국에서도 친구가 왔다.

14 など ~등

病院や 銀行などが あります。
병원이랑 은행 등이 있습니다.

15 ぐらい ~정도

パーティーに 100人ぐらい きました。
파티에 100명정도 왔습니다.

電車で 30分ぐらい かかります。
전철로 30분 정도 걸립니다.

16 だけ ~만, ~뿐

水だけ 飲みました。
물만 마셨습니다.

17 しか ~밖에

一つしか ありません。
하나밖에 없습니다.

5時間しか 寝ませんでした。
5시간밖에 안잤습니다.

18 の ~의/~의 것/~인

今、日本語の 勉強を して います。
(명사와 명사를 연결, 한국어로 해석이 생략되는 경우가 많음)
지금 일본어 공부를 하고 있습니다.

これは 父の かばんです。(소유, ~의)
이것은 아버지의 가방입니다.

あの 傘は 私のです。(~의 것)
저 우산은 나의 것입니다.

こちらは 友だちの 村田さんです。(동격, ~인)
이쪽은 친구인 무라타씨입니다.

もんだい1　（　　　）に　何を　入れますか。1・2・3・4から　いちばん　いい　ものを　一つ　えらんで　ください。

1　学校の　そば（　　）　ゆうびんきょくが　あります。
　　1　と　　　　2　が　　　　3　に　　　　4　で

2　ごはんも　パン（　　）　よく　食べます。
　　1　に　　　　2　も　　　　3　が　　　　4　を

3　ドア（　　）　あきませんでした。
　　1　が　　　　2　を　　　　3　に　　　　4　へ

4　びょういんへ　ひとり（　　）　行きました。
　　1　で　　　　2　か　　　　3　へ　　　　4　を

5　じてんしゃ（　　）　かいものに　行きます。
　　1　に　　　　2　が　　　　3　と　　　　4　で

6　きのう　わたしは　どこ（　　）　でかけませんでした。
　　1　で　　　　2　へ　　　　3　でも　　　4　へも

7　ノートは　5さつ（　　）　300円です。
　　1　を　　　　2　で　　　　3　に　　　　4　と

74

PRACTICE TEST

8 いつ（　　）また 日本へ 来たいです。

  1　か   2　は   3　に   4　の

9 つぎの えいがは 5時（　　）はじまります。

  1　まで   2　から   3　で   4．の

10 きのう だれ（　　）いっしょに かえりましたか。

  1　で   2　に   3　と   4　を

11 トイレ（　　）そうじは いつも わたしが します。

  1　の   2　が   3　を   4　に

12 えいがは 何時（　　）おわりますか。

  1　ぐらい 2　から   3　まで   4　に

13 やまださんは テニスは しますが、ゴルフ（　　）しません。

  1　は   2　と   3　が   4　も

14 日曜日は そうじ（　　）せんたくを します。

  1　を   2　や   3　も   4　で

15 一人（　　）はやく かえりました。

  1　しか   2　だけ   3　から   4　まで

もんだい2　___★___に　入(はい)る　ものは　どれですか。1・2・3・4から
　　　　　　いちばん　いい　ものを　一(ひと)つ　えらんで　ください。

1　_____　_____　__★__　_____　つかいます。

　　1　この　　　　　　　　　2　ぎゅうにくと
　　3　りょうりは　　　　　　4　ぶたにくを

2　田中(たなか)さん　__★__　_____　_____　_____　です。

　　1　日(ひ)は　　2　火曜日(かようび)　　3　の　　4　来(く)る

3　きのう　おとうとは　_____　__★__　_____　_____。

　　1　で　　2　びょうき　　3　休(やす)みました　　4　学校(がっこう)を

4　としょかんで　3時間(じかん)　べんきょうしました。
　　_____　__★__　_____　_____。

　　1　うち　　　　　　　　　2　では
　　3　しませんでした　　　　4　でも

5　あした　_____　_____　__★__　_____。

　　1　わかりません　　　　　2　ふらないか
　　3　雨(あめ)が　　　　　　4　ふるか

76

PRACTICE TEST

もんだい3　1から 5に 何を 入れますか。1・2・3・4から いちばん いい ものを 一つ えらんで ください。

(1)

河口さんは 五人家族です。けっこんして、こどもが 二人 [1]。女の子と 男の子です。
女の子は 5歳 [2]、男の子は 3歳です。河口さんの おくさんの おかあさんも いっしょに すんで います。河口さんの りょうしんは とおい 町 [3] います。

(2)

サングラス [4] いうのは ふつう なつの てんきの いい 日に かける めがねだが、わたしは ふゆに よく つかう。日本では ふゆに 風 [5] よく ふくからだ。

[1]　1 います　　2 あります　　3 いました　　4 ありました

[2]　1 と　　2 で　　3 や　　4 に

[3]　1 に　　2 を　　3 も　　4 で

[4]　1 は　　2 や　　3 と　　4 が

[5]　1 は　　2 が　　3 も　　4 へ

もんだい4　つぎの　ぶんを　読んで　しつもんに　こたえて　ください。こたえは　1・2・3・4から　いちばん　いい　ものを　一つ　えらんで　ください。

サンドイッチの　作り方

やさいを　きれいに　洗って、うすく　切ります。パンに　バターを　ぬります。　パンの　上に　すきな　やさいを　ならべます。　その　上に　もういちまい　パンを　おきます。　やさいと　一緒に　たまごや　ハムを　入れても　美味しいです。

1　サンドイッチの　なかに　入れない　ものは　何ですか。

　　1　やさい
　　2　さかな
　　3　ハム
　　4　たまご

2　パンには　なにを　ぬりますか。

　　1　マヨネーズを　ぬります。
　　2　チーズを　ぬります。
　　3　あぶらを　ぬります。
　　4　バターを　ぬります。

PRACTICE TEST

もんだい 5 つぎの ぶんを 読んで しつもんに こたえて ください。こたえは 1・2・3・4から いちばん いい ものを 一つ えらんで ください。

旅行先(りょこうさき)での ハプニング

私は 3年前(ねんまえ) ひとりで ヨーロッパを 旅行(りょこう)しました。そのとき かばんを なくして パスポートも お金(かね)も なくて たいへんでした。

それで、たいしかんに 行(い)って パスポートを つくりました。お金は 親(おや)が 送(おく)って くれました。

でも、旅行は とても おもしろかったです。イタリアでは おいしい パスタを 食(た)べて、フランスでは はくぶつかんにも 行(い)きました。

かばんを なくして たいへんでしたけど、でも いい おもいでに なりました。

1 この ひとは ヨーロッパで なにを なくしましたか。
1 ヨーロッパ　　2 ノートパソコン
3 ふく　　　　　4 かばん

2 ヨーロッパでは どんな 国(くに)へ 行きましたか。
1 イタリアと イギリス
2 イタリアと フランス
3 フランスと スイス
4 フランスと スペイン

もんだい 6 　つぎの 文を 読んで 天気予報を 見ながら 質問に こたえて ください。こたえは 1・2・3・4から、いちばん いい ものを 一つ えらんで ください。

東京の 週間天気予報です。木曜日は くもった あとに ごごから 晴れます。金曜日は 晴れで、土曜日は 晴れた あとに くもります。日曜日も 土曜日と おなじで 晴れた あとに くもります。

1　東京で 一日中 晴れの 日は いつですか。

1　11月　5日です。
2　11月　6日です。
3　11月　7日です。
4　11月　8日です。

週間天気予報

関東甲信地方の週間天気予報			11月5日　気象庁5時発表
日付／都道府県	群馬	埼玉	東京
11月5日（木）	晴れ後曇り	曇り後晴れ	曇り後晴れ
11月6日（金）	晴れ	晴れ	晴れ
11月7日（土）	晴れ後曇り	晴れ後曇り	晴れ後曇り
11月8日（日）	晴れ後曇り	晴れ後曇り	晴れ後曇り
11月9日（月）	曇り後晴れ	曇り後晴れ	曇り後晴れ
11月10日（火）	曇り	曇り	曇り
11月11日（水）	曇り後雨	曇り後雨	曇り後雨

chapter 03 청해

N5 3교시

대상물의 모양, 인상착의 파악 문제

대상물의 모양을 파악하는 문제에서는 보통 의복이나, 소지품의 모양을 묻는 패턴이 나올 수 있다. 대상물을 설명할 때 大(おお)きい(크다), 小(ちい)さい(작다), 長(なが)い(길다), 短(みじか)い(짧다), ある(있다), ない(없다)와 같은 단어와 대상물의 색깔이 키포인트가 될 수 있다. 또한 인물의 인상착의를 파악하는 문제에서는 髪(かみ)が長(なが)い(머리가 길다), 髪(かみ)が短(みじか)い(머리가 짧다), 背(せ)が高(たか)い(키가 크다), 背(せ)が低(ひく)い(키가 작다), 眼鏡(めがね)をかけている(안경을 쓰고 있다) 와 같은 외모를 설명하는 단어도 주의해서 듣도록 하자.

1ばん

2ばん

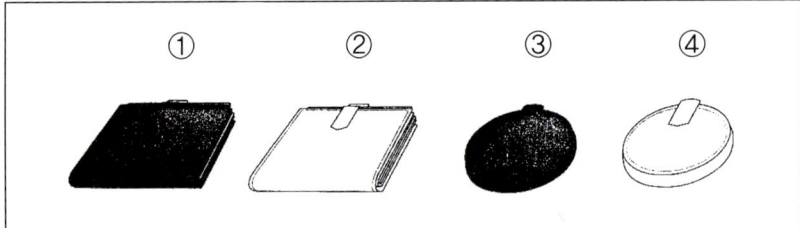

PRACTICE TEST

3 ばん

4 ばん

 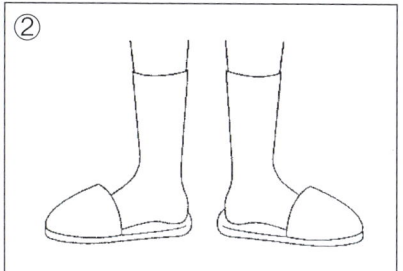

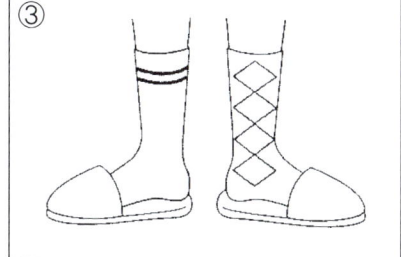 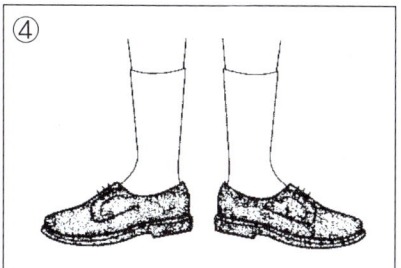

스크립트

문제 1

質問　女(おんな)の人(ひと)と男(おとこ)の人(ひと)が話(はな)しています。女の人のコートはどれですか。

女：じゃあ、わたしは先(さき)に帰(かえ)ります。
男：そうですか。じゃ、コートを…。山田(やまだ)さんのコートはどれですか。
女：それです。その、白(しろ)くて、長(なが)いのです。
男：ああ、これですか。
女：いいえ、その、ポケットがないほうです。

질문　여자와 남자가 이야기를 하고 있습니다. 여자의 코트는 어느 것입니까?

여：그럼. 저는 먼저 돌아가겠습니다.
남：그래요? 그럼, 코트를…. 야마다씨의 코트는 어느 것입니까?
여：그것입니다. 그 희고 긴 코트입니다.
남：아. 이것입니까?
여：아니요. 그 호주머니가 없는 쪽입니다.

> **중요표현**
> 1. 先(さき)에는 먼저 라는 뜻이다. 먼저 하세요라고 권할 땐 お先(さき)にどうぞ. 먼저 가보겠다는 인사말은 先(さき)に失礼(しつれい)します, 先(さき)に帰(かえ)ります같은 표현이 있다.
> 2. ほう는 둘 이상의 사물 중 그 하나를 가리키는 말이다. 편. 쪽.

문제 2

質問　女(おんな)の人(ひと)がお店(みせ)の人(ひと)と話(はな)しています。女の人はどの財布(さいふ)を買(か)いましたか。

女：すみません。3千(ぜん)円(えん)ぐらいの財布(さいふ)はありませんか。
男：3千円ですか。この四(よっ)つですね。色(いろ)は、黒(くろ)と白(しろ)だけですが。この丸(まる)いのがかわいいですよ。
女：うーん。丸いのはあまり好(す)きじゃないから、これかこれですね。じゃあ、この黒いのをください。
男：ありがとうございます。

질문　여자가 가게 직원과 이야기를 하고 있습니다. 여자는 어느 지갑을 샀습니까?

여：여기요. 3천 엔 정도의 지갑은 없습니까?
남：3천 엔이요? 이 네 가지네요. 색깔은 검정과 흰색뿐입니다만. 이 둥근 것이 예뻐요.
여：아니. 둥근 것은 별로 좋아하지 않으니까 이것 아니면 이것이네요. 그럼, 이 검은 것을 주세요.
남：감사합니다.

> **중요표현**
> 1. すみません은 미안합니다 라는 사과의 뜻 이외에 점원을 부를 때도 사용된다.
> 2. だけ 한정・한도를 나타내는 표현이다. …만, …뿐

문제 3

質問 女(おんな)の人(ひと)と男(おとこ)の人(ひと)が話(はな)しています。山田(やまだ)さんのお姉(ねえ)さんはどの人(ひと)ですか。

女：あ、あそこで話(はな)している人(ひと)、山田(やまだ)さんのお姉(ねえ)さんよ。
男：え、どの人？
女：ほら、あの長(なが)いスカートをはいている人。
男：眼鏡(めがね)をかけている人？
女：ううん。
男：ああ、あの人。

질문 여자와 남자가 이야기를 하고 있습니다. 야마다씨의 누나는 누구입니까?

여 : 아, 저기서 이야기하고 있는 사람, 야마다씨의 누나야.
남 : 어, 누구?
여 : 봐, 저 긴 스커트를 입고 있는 사람.
남 : 안경을 쓰고 있는 사람?
여 : 아니.
남 : 아~, 저 사람.

> **중요표현**
> 1. 옷을 입다고 할 때 쓰는 동사는 두 가지가 있다. 상의나 원피스 같이 붙은 옷은 **着(き)る**, 하의는 **はく**를 쓴다. 신발이나 양말을 신다고 할 때도 **はく**를 쓴다.
> 2. 안경을 쓰다는 **眼鏡(めがね)をかける**이다.

문제 4

質問 女(おんな)の人(ひと)と男(おとこ)の人(ひと)が話(はな)しています。男の人は、今(いま)、何(なに)をはいていますか。今です。

女：あれ。
男：え？何(なに)か。
女：よく見(み)てください。足(あし)。
男：会社(かいしゃ)まで靴(くつ)をはいてきましたよ。着(つ)いてからスリッパをはきました。
女：スリッパの話(はなし)じゃありません。右(みぎ)と左(ひだり)、違(ちが)う靴下(くつした)をはいていますよ。
男：あっ。

질문 여자와 남자가 이야기를 하고 있습니다. 남자는 지금 무엇을 신고 있습니까? 지금입니다.

여 : 어머나.
남 : 어? 왜요?
여 : 잘 보세요. 발.
남 : 회사까지 구두를 신고 왔어요. 도착해서 슬리퍼를 신었습니다.
여 : 슬리퍼 이야기가 아니에요. 오른쪽이랑 왼쪽, 다른 양말을 신고 있어요.
남 : 앗.

스크립트

중요표현
1. **あれ** 놀라거나 이상해하거나 할 때 내는 소리. 어. 아니. 어머나. 저런. 아이고머니나.
2. 동사て형+**から**는 ～하고 나서, 한 다음에 라는 뜻이다. 그러니까 着(つ)いてから는 도착하고 나서.
3. **違(ちが)う**는 아니다. 다르다 라는 뜻. 여기서는 이 문제를 푸는 핵심단어이다.

N5

뉴 일본어 능력시험

Part 04

문자/어휘 chapter 01
필수 동사/필수 동사

문법/독해 chapter 02
필수 문형 - い형용사 기본활용

청해 chapter 03
교통수단, 장소, 길 찾기 문제

chapter 01 문자/어휘

필수 동사

買かう 사다	聞きく 듣다	食たべる 먹다
休やすむ 쉬다	行いく 가다	来くる 오다
見みる 보다	読よむ 읽다	生うまれる 태어나다
立たつ 일어서다	持もつ 가지다, 들다	話はなす 이야기 하다
入いれる 넣다	飲のむ 마시다	会あう 만나다
出だす (편지를) 부치다	入はいる 들어가다	見みせる 보여주다
言いう 말하다	上あげる 손을 올리다, 들다	

필수 동사

切手きってを 貼はる 우표를 붙이다	歯はを 磨みがく 이를 닦다
傘かさを さす 우산을 쓰다	覚おぼえる 기억하다, 암기하다
泳およぐ 수영하다	降おりる (차에서) 내리다
疲つかれる 피곤하다, 지치다	ついている (전기불이) 켜져 있다
閉しまっている (문이) 닫혀 있다	滞在たいざいする 체류하다
泊とまる 묵다, 머무르다	並ならべる 나열하다
置おく 놓다, 두다	出でかける 외출하다
消けす (불을) 끄다	

PRACTICE TEST

もんだい1　＿＿＿の　ことばは　どう　よみますか。1・2・3・4から
　　　　　　いちばん　いい　ものを　ひとつ　えらんで　ください。

1　きのう　ベットを　買いました。
　　1　かいました　　2　つかいました　　3　いいました　　4　よいました

2　ラジオを　聞きます。
　　1　さきます　　2　ときます　　3　ききます　　4　かきます

3　ちこくした　ひとは　立って　ください。
　　1　すって　　2　とって　　3　まって　　4　たって

4　あしたは　いえで　休む　つもりです。
　　1　よむ　　2　たのむ　　3　のむ　　4　やすむ

5　かわいい　おんなのこが　生まれた。
　　1　うまれた　　2　よまれた　　3　たのまれた　　4　かまれた

6　もくようび　7じまでに　来て　ください。
　　1　にて　　2　いて　　3　きて　　4　みて

7　テレビで　ニュースを　見ます。
　　1　します　　2　みます　　3　います　　4　ねます

8 じむしょで しょるいを 読みました。
1 たのみました　　　2 のみました
3 すみました　　　　4 よみました

もんだい2 ＿＿＿の ことばは どう かきますか。1・2・3・4から いちばん いい ものを ひとつ えらんで ください。

1 あしたは ノートを もって きて ください。
1 待って　2 持って　3 特って　4 寺って

2 ともだちと はなしてから べんきょうを しました。
1 討して　2 語して　3 話して　4 詰して

3 さいふに なにを いれましたか。
1 入れましたか　　　2 人れましたか
3 八れましたか　　　4 凡れましたか

4 てを あげて しつもん して ください。
1 曲げて　2 上げて　3 投げて　4 下げて

5 えいごで いって ください。
1 切って　2 行って　3 待って　4 言って

PRACTICE TEST

6 てがみを だしに ゆうびんきょくへ いきます。

1 指しに　　2 貸しに　　3 話しに　　4 出しに

7 だいがくを そつぎょうして だいがくいんに はいります。

1 八ります　　2 入ります　　3 人ります　　4 大いります

8 せんせいに かぞくの しゃしんを みせました。

1 見せました　　2 乗せました　　3 着せました　　4 通せました

もんだい3　（　　）に なにを いれますか。1・2・3・4から いちばん いい ものを ひとつ えらんで ください。

1 その てがみに きってを （　　） ください。

1 はって　　2 かいて　　3 とって　　4 おいて

2 かおを あらってから、はを （　　）。

1 します　　2 あびます　　3 みがきます　　4 あらいます

3 おいが せんげつ （　　）。きょうで にかげつに なります。

1 きました　　　　　2 うまれました
3 おきました　　　　4 つきました

93

4 あめが ふって かさを （　　　） あるいて います。
　　1　いれて　　　2　たたんで　　　3　かって　　　4　さして

5 でんしじしょを みながら かんじを （　　　）。
　　1　すわります　2　かります　　　3　おぼえます　4　はなします

6 へやの でんきが （　　　） います。
　　1　つけて　　　2　ついて　　　　3　あいて　　　4　さいて

7 つぎの バスていで （　　　）。
　　1　だしましょう　　　　2　つきましょう
　　3　はしりましょう　　　4　おりましょう

8 しごとが いそがしかったから、とても （　　　）。
　　1　つとめました　　　　2　つくりました
　　3　つかれました　　　　4　つかいました

PRACTICE TEST

もんだい 4　　_____の　ぶんと　だいたい　おなじいみの　ぶんが　あります。1・2・3・4から　いちばん　いい　ものを　ひとつ　えらんで　ください。

1. ドアが　しまって　いないです。
   1. ドアが　しまって　います。
   2. ドアが　かけて　あります。
   3. ドアが　しめて　あります。
   4. ドアが　あいて　います。

2. とうきょうでは　えきまえの　ホテルに　たいざいしました。
   1. とうきょうでは　えきまえの　ホテルに　かよいました。
   2. とうきょうでは　えきまえの　ホテルに　あそびました。
   3. とうきょうでは　えきまえの　ホテルに　とまりました。
   4. とうきょうでは　えきまえの　ホテルに　ならびました。

3. りょうしんは　でかけて　います。
   1. あにも　あねも　いえに　いません。
   2. おじも　おばも　いえに　いません。
   3. おとうとも　いもうとも　いえに　いません。
   4. ちちも　ははも　いえに　いません。

chapter 02 문법/독해

01 い형용사의 현재형

현재 긍정: ~い+です
현재 부정: ~い+くありません = ~い+くないです
단 いい(좋다)는 よい가 활용을 하므로 부정형은「よくありません=よくないです(좋지 않습니다)」

> この 車は 高いです。 이 차는 비쌉니다.
> この 車は 高く ありません。 = この 車は 高く ないです。
> 이 차는 비싸지 않습니다.

02 い형용사의 과거형

과거 긍정: ~い+かった(과거형) / ~い+かったです(공손한 과거형)
과거 부정: ~い+くなかったです = ~い+くありませんでした
단 いい(좋다)는 よい가 활용을 하므로 과거형은「よかったです(좋았습니다)」
과거 부정형은「よくなかったです=よくありませんでした(좋지 않았습니다)」

> きのうは 暑かった(暑かったです)。 어제는 더웠다(더웠습니다).
> きのうは 暑く なかったです。 = きのうは 暑く ありませんでした。
> 어제는 덥지 않았습니다.

03 い형용사의 연결형

い형용사의 연결형은「い+くて」이다. 연결형은 단순연결인「~이고」의 뜻과 원인과 이유인「~이어서」의 2가지 뜻이 있다.
단 いい(좋다)는 よい가 활용을 하므로 연결형은「よくて(좋고, 좋아서)」

> この りんごは 赤くて 大きいです。(단순연결)
> 이 사과는 빨갛고 큽니다.
> 値段が 安くて よく 行きます。(원인, 이유)
> 가격이 싸서 자주 갑니다.

문법 필수 문형 - い형용사 기본활용

お金が なくて 友達に 借りました。(원인, 이유)
돈이 없어서 친구에게 빌렸습니다.

04　い형용사의 부사화

い형용사는 직접 동사를 수식할 수 없기 때문에 부사의 형태로 바꿔야 한다.
い형용사의 부사 형태는 「い̸+く」이다.

ゆうべは はやく 寝ました。
어제저녁에는 일찍 잤습니다.

字を 大きく 書いて ください。
글자를 크게 써 주세요.

05　い형용사의 명사 수식형

い형용사는 명사를 수식할 경우 어미의 변화 없이 「い형용사+명사」형태로 수식한다.

これは おもしろい 映画です。
이것은 재미있는 영화입니다.

難しい 本では ありません。
어려운 책이 아닙니다.

06　い형용사+の ~인 것

昨日 買った かばんは 小さいのです。
어제 산 가방은 작은 것입니다.

もうすこし 安いのは ありませんか。
조금 더 싼 것은 없습니까?

もっと 大きいのを ください。
더 큰 것을 주세요.

もんだい1　（　　　）に 何を 入れますか。1・2・3・4から いち
　　　　　　ばん いい ものを 一つ えらんで ください。

1　きのうは 天気が （　　　） ですね。
　　1　よくなかった　　　　　　2　よいなかった
　　3　いいくなかった　　　　　4　いいなかった

2　この 道は （　　　） あぶないです。
　　1　くらい　　2　くらくて　　3　くらいで　　4　くらいて

3　パンを （　　　） きります。
　　1　うす　　2　うすい　　3　うすいで　　4　うすく

4　先週は しゅくだいが （　　　） 大変でした。
　　1　多い　　2　多く　　3　多くて　　4　多いで

5　あの ケーキは （　　　）よ。
　　1　おいしくなかった　　　　　2　おいしいくなかった
　　3　おいしいじゃなかった　　　4　おいしくないだった

6　きょうの テストは （　　　） なかったです。
　　1　むずかし　　2　むずかしい　　3　むずかしくて　　4　むずかしく

PRACTICE TEST

7 きょねんの ふゆは（　　　　）。
　1　さむいです　　　　　　　2　さむいだった
　3　さむかったです　　　　　4　さむくでした

8 あにの 新しい カメラは（　　　　）かるい。
　1　小さいくて　　2　小さいで　　3　小さいと　　4　小さくて

9 きのうは あたたかかったですが、きょうは（　　　　）。
　1　あたたかかったです　　　　2　あたたかいでした
　3　あたたかくないです　　　　4　あたたかくではありません

10 ひるごはんの 時間を もっと（　　　　）しませんか。
　1　おそく　　2　おそい　　3　おそいに　　4　おそくて

11 もうちょっと（　　　　）を、見せて ください。
　1　やすいな　　2　やすいも　　3　やすいの　　4　やすくて

12 この 映画は（　　　　）よ。
　1　おもしろくないかった　　　2　おもしろくなかった
　3　おもしろいじゃなかった　　4　おもしろいなかった

13 あしたは 風が（　　　　）でしょう。
　1　つよかった　　2　つよくて　　3　つよい　　4　つよく

99

14 （　　　）とき、つめたい　コーヒーを　飲みます。
　　1　あつい　　　2　あついの　　　3　あついだ　　　4　あついかった

15 へやを　もっと（　　　）して　ください。
　　1　あかるい　　2　あかるく　　　3　あかるくて　　4　あかるいに

もんだい2　＿＿★＿＿に　入る　ものは　どれですか。1・2・3・4から
　　　　　　いちばん　いい　ものを　一つ　えらんで　ください。

1　＿＿＿＿　＿＿＿＿　＿＿★＿＿　＿＿＿＿か。
　　1　はやく　　　2　きょう　　　3　は　　　　　4　ねます

2　時間が　＿＿＿＿。＿★＿＿　＿＿＿＿　＿＿＿＿。
　　1　して　　　　2　ください　　3　はやく　　　4　ありません

3　＿★＿＿　＿＿＿＿　＿＿＿＿　＿＿＿＿。
　　1　この　　　　2　ないですよ　3　りょうりは　4　からく

4　この　へやは、＿＿＿＿　＿＿＿＿　＿＿★＿＿　＿＿＿＿。
　　1　きれいです　2　あたらしく　3　が　　　　　4　ありません

PRACTICE TEST

5 まど ＿＿＿ ★ ＿＿＿ ＿＿＿はいりますよ。

　　1　すずしい　　2　かぜ　　　3　が　　　　4　から

もんだい 3　1から 5に 何を 入れますか。1・2・3・4から いちばん いい ものを 一つ えらんで ください。

(1)

ヤンさんへ
きょうは 先に かえります。
ヤンさんに かりた ノートは 　1　 。
それから わたしの 本は まだ つかいませんから どうぞ 　2　 読んで ください。

(2)

おとといの 夜 12時まで 友だちと お酒を 飲みました。　3　 食べ物も たくさん 食べました。きのうは あさごはんを 　4　 会社へ 行きました。あさ おなかが 　5　 元気では ありませんでした。

1.
   1 きょう もって きます
   2 あした もって きます
   3 おととい もって きます
   4 先週(せんしゅう) もって きます

2. 1 ゆっくり   2 はやく   3 たくさん   4 あまり

3. 1 辛(から)く   2 辛(から)くて   3 辛(から)いの   4 辛(から)い

4. 1 たべないで   2 たべなくて   3 たべなくで   4 たべたいで

5. 1 いたくて   2 いたいに   3 いたくで   4 いたく

PRACTICE TEST

もんだい 4 つぎの ぶんを 読んで しつもんに こたえて ください。こたえは 1・2・3・4から いちばん いい ものを 一つ えらんで ください。

教室に 15人の 学生が いました。授業が 終わったので 12人 帰りましたが、傘を 忘れたから 二人 また 教室へ もどりました。

1 今 教室に 何人 いますか。
1　2人
2　3人
3　4人
4　5人

2 傘を 忘れた 人は 何人ですか。
1　1人
2　2人
3　3人
4　4人

103

もんだい5　つぎの　ぶんを　読んで　しつもんに　こたえて　ください。
　　　　　こたえは　1・2・3・4から　いちばん　いい　ものを　一つ　えらんで　ください。

学校の　としょかんで

としょかんで　本を　かりる　ときは　紙に　名前と　じゅうしょを　書きます。じしょの　ばあいは　としょかんの　中では　つかっても　いいですが、持って　かえっては　いけません。
学生は　よんさつまで　かりる　ことが　できます。それから、本は　1週間で、ざっしは　2週間で　かえして　ください。

[1] としょかんで　本を　かりる　ときは　紙に　なにを　書きますか。
　1　なまえと　でんわばんごう
　2　なまえと　じゅうしょ
　3　じゅうしょと　ほんの　ねだん
　4　じゅうしょと　ほんの　なまえ

[2] じしょは　家に　持って　かえっても　いいですか。
　1　だいじょうぶです。
　2　かまいません。
　3　いいです。
　4　いけません。

PRACTICE TEST

もんだい 6　美術館の　入場料に　ついて　はなしを　しています。入場料は　ぜんぶで　いくらですか。1・2・3・4から　いちばん　いい　ものを　一つ　えらんで　ください。

美術館の　入場料

大人が　三人と　中学生が　一人、6歳の　子供が　一人です。中学生はわりびき料金で　はいる　ことが　できます。
あ、それと　今日は　子供の　日だから、子供は　むりょうです。

[1] 入場料は　全部で　いくらですか。

1　580円
2　600円
3　780円
4　800円

上野美術館　入場料

大人　　　　　　　　　　200円
子供　　　　　　　　　　100円
学生割引　　　　　　　　180円

単体割引（15名　以上）　大人　　180円
　　　　　　　　　　　　子供　　 90円

chapter 03 청해

N5 3교시

교통수단, 장소, 길 찾기 문제

약속장소를 설명해주거나 길을 가르쳐주는 문제가 출제 될 수 있다. 장소를 찾는 문제에서는 장소명이 키포인트이므로 외워두자. 또한 길을 찾는 문제에서는 真(ま)っ直(す)ぐ行(い)ってください(쭉 가세요, 직진하세요), 右(みぎ)に曲(ま)がってください(우회전 하세요), 左(ひだり)に曲(ま)がってください(좌회전 하세요), 渡(わた)ってください(건너세요) 와 같은 표현들을 주의해서 듣도록 하자.

대화를 잘 듣고 맞는 답을 하나 고르시오.

1ばん

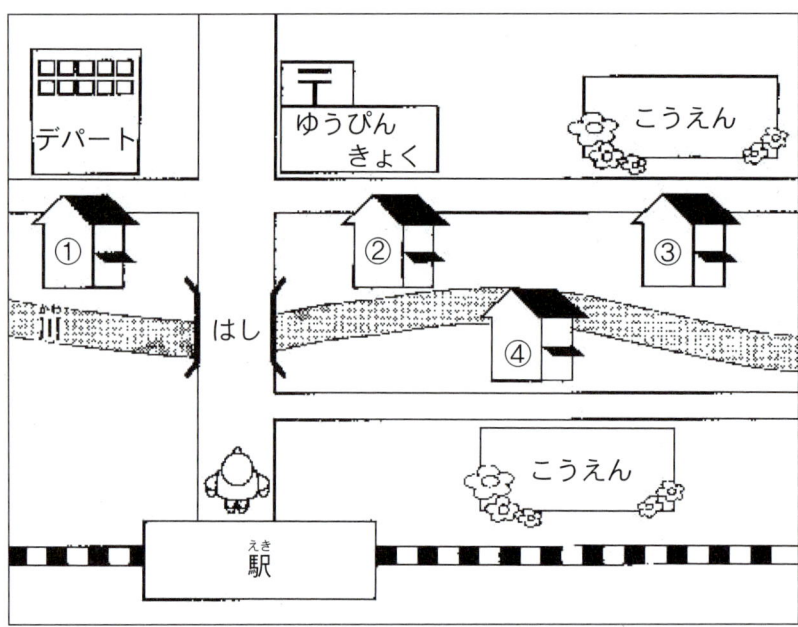

2ばん

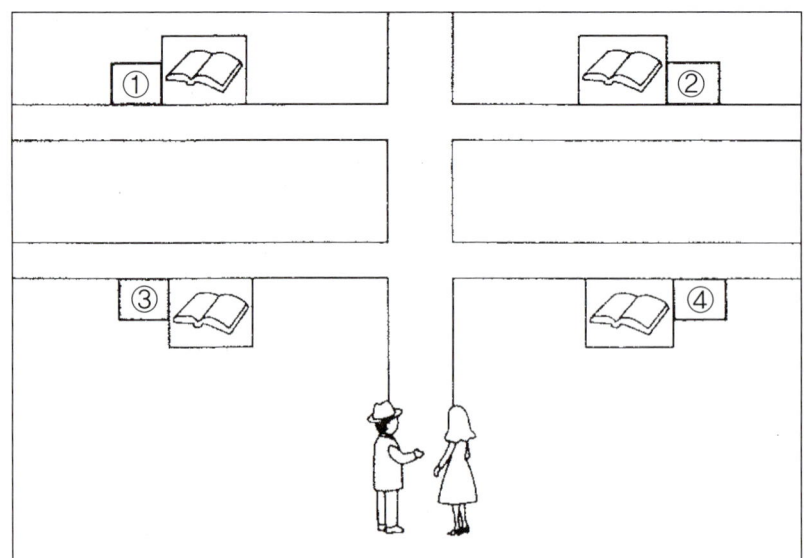

PRACTICE TEST

3 ばん

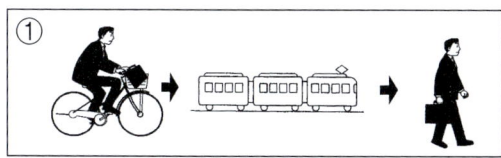

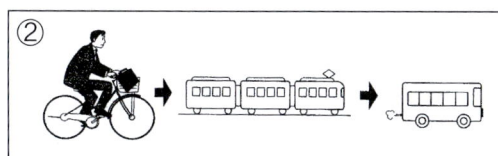

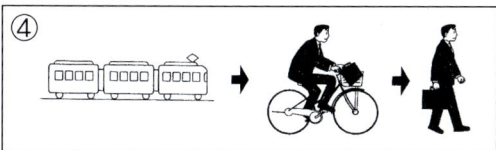

4 ばん

①

②

③

④

えなどは ありません。

스크립트

문제 1

質問　男(おとこ)の人(ひと)と女(おんな)の人(ひと)が話(はな)しています。女の人の家(いえ)はどこですか。

男：もしもし、田中(たなか)さん。駅(えき)に着(つ)きました。今(いま)から行(い)きますから、道(みち)を教(おし)えてください。

女：はい。駅を出(で)て、橋(はし)を渡(わた)ってください。

男：はい。

女：橋を渡って、右(みぎ)に曲(ま)がってください。私の家(いえ)は、公園(こうえん)の前(まえ)にあります。

男：はい、わかりました。ありがとうございます。

질문　남자와 여자가 이야기를 하고 있습니다. 여자의 집은 어디입니까?

남：여보세요. 타나카씨. 역에 도착했습니다. 지금부터 갈 거니까 길을 가르쳐 주세요.

여：예. 역을 나와서 다리를 건너세요.

남：예.

여：다리를 건너서 우회전 하세요. 저희 집은 공원 앞에 있어요.

남：예. 알았습니다. 감사합니다.

> **중요표현**
> 1. 渡(わた)ってください는 '건너세요'라는 뜻, 보통 橋(はし)(다리), 横断歩道(おうだんほどう)(횡단보도), 信号(しんごう)(신호)라는 단어와 함께 쓰이는 경우가 많다.

문제 2

質問　男(おとこ)の人(ひと)が道(みち)を聞(き)いています。薬局(やっきょく)はどこですか。

男：あの、この辺(へん)に薬局(やっきょく)はありませんか。

女：ああ、ありますよ。この道(みち)をまっすぐ行(い)って。

男：はい。

女：二(ふた)つ目(め)の交差点(こうさてん)を右(みぎ)に曲(ま)がってください。

男：右ですね。

女：大(おお)きい本屋(ほんや)が見(み)えます。

男：はい。

女：本屋の隣(となり)が薬局です。

男：ありがとうございます。

질문　남자가 길을 묻고 있습니다. 약국은 어디입니까?

남：저기요, 이 근처에 약국은 없습니까?

여：아~,있습니다. 이 길을 쭉 가서.

남：예.

여：두 번째 사거리에서 우회전하세요.

남：오른쪽이지요?

여：큰 서점이 보일 겁니다.

남：예.

여：서점 옆이 약국이에요.

남：감사합니다.

중요표현

1. 辺(へん)은 근처, 근방, 언저리 라는 뜻으로 단독으로는 쓰이지 않고 보통 この辺(へん)(이 근방), その辺(へん)(그 근방), あの辺(へん)(저 근방), どの辺(へん)(어느 근처)와 같은 형태로 쓰인다.
2. 目(め) 순서·순번을 나타내는 말로 ~째라는 뜻이다. 길을 찾는 문제에서 一(ひと)つ目(め)の信号(しんごう)(첫 번째 신호), 二(ふた)つ目(め)の交差点(こうさてん)(두 번째 교차로) 같은 표현이 자주 나온다.

문제 3

質問　女(おんな)の人(ひと)と男(おとこ)の人(ひと)が話(はな)しています。男の人は毎日(まいにち)会社(かいしゃ)までどうやって行(い)きますか。

女：毎日(まいにち)会社(かいしゃ)までどうやって行(い)きますか。
男：駅(えき)まで自転車(じてんしゃ)で行って、えー、それから、電車(でんしゃ)で南駅(みなみえき)まで行きます。
女：南駅から会社までは歩(ある)いて行きますか。
男：いいえ、少(すこ)し遠(とお)いですからバスで行きます。

질문　여자와 남자가 이야기를 하고 있습니다. 남자는 매일 회사까지 어떻게 갑니까?

남 : 매일 회사까지 어떻게 가십니까?
여 : 역까지 자전거로 가서, 그리고 나서 전철로 미나미역까지 갑니다.
남 : 미나미역에서 회사까지 걸어서 갑니까?
여 : 아니요, 조금 멀기 때문에 버스로 갑니다.

중요표현

1. どうやって는 어떻게 라는 뜻으로 방법을 물을 때 쓰인다. 따라서 どうやって行(い)きますか는 어떻게 갑니까? 즉 가는 방법을 묻고 있다.
2. 조사 で는 도구나 수단 방법을 나타낸다. 따라서 自転車(じてんしゃ)で(자전거로), 電車(でんしゃ)で(전철로)와 같이 교통수단을 나타낼 때도 자주 쓰인다.

스크립트

문제 4

質問 女(おんな)の人(ひと)と男(おとこ)の人(ひと)が電話(でんわ)で話(はな)しています。明日(あした)、二人(ふたり)はどこで会(あ)いますか。

女：明日(あした)、どこで会(あ)いましょうか。
男：お昼(ひる)に駅(えき)の出口(でぐち)で会いましょう。
女：外(そと)は寒(さむ)いですよ。中(なか)の方(ほう)が…。
男：では、駅の前(まえ)にある喫茶店(きっさてん)はどうですか。
女：そうですね。そうしましょう。

1．駅の出口で会います。
2．駅の中で会います。
3．喫茶店の前で会います。
4．喫茶店の中で会います。

질문 여자와 남자가 전화로 이야기를 하고 있습니다. 내일 두 사람은 어디에서 만납니까?

여 : 내일 어디서 만날까요?
남 : 정오에 역 출구에서 만납시다.
여 : 바깥은 추워요. 안이….
남 : 그러면 역 앞에 있는 커피숍은 어떻습니까?
여 : 그래요! 그렇게 합시다.

1. 역 출구에서 만납니다.
2. 역 안에서 만납니다.
3. 커피숍 앞에서 만납니다.
4. 커피숍 안에서 만납니다.

중요표현
1. **～ましょうか** 권유나 부드럽게 제안할 때 쓰임. ~할까요? 할래요?
2. **お昼(ひる)**는 일반적으로 낮, 점심이라는 뜻이지만, 정오. 또는 정오에 가까운 시각을 나타내기도 한다. 따라서 이 문장에서는 정오에 만나자고 약속을 하고 있는 것이다.

N5

뉴 일본어 능력시험

Part 05

문자/어휘 **chapter 01**
필수 い형용사/필수 동사

문법/독해 **chapter 02**
문법 필수 문형 – な형용사 기본활용

청해 **chapter 03**
날짜, 요일, 시간 파악 문제

chapter 01 문자/어휘

N5 1교시

필수 い형용사

高 たか い 비싸다, 높다, (키가)크다		小 ちい さい 작다
長 なが い 길다	赤 あか い 빨갛다	新 あたら しい 새롭다
多 おお い 많다	青 あお い 파랗다	明 あか るい 밝다
安 やす い 싸다	大 おお きい 크다	黒 くろ い 검다
暑 あつ い 덥다	熱 あつ い 뜨겁다	厚 あつ い 두껍다
短 みじか い 짧다	細 ほそ い 가늘다	悪 わる い 나쁘다
古 ふる い 오래되다	速 はや い (속도) 빠르다	早 はや い 이르다, 빠르다
遅 おそ い 느리다	低 ひく い 낮다, (키가)작다	

필수 동사

家 いえ を出 で る 집을 나오다	並 なら べる 나열하다
並 なら ぶ 늘어서다, 줄서다	写真 しゃしん を撮 と る 사진을 찍다
眼鏡 めがね をかける 안경을 쓰다	帽子 ぼうし を被 かぶ る 모자를 쓰다
とる (물건을) 집다	はく (하의를) 입다
飛 と ぶ 날다	開 あ ける 열다
座 すわ る 앉다	掃除 そうじ をする 청소를 하다
きれいにする 깨끗하게 하다	教 おし える 가르치다
外出 がいしゅつ する 외출하다	暗記 あんき する 암기하다
やる 하다	

PRACTICE TEST

もんだい1　_____の　ことばは　どう　よみますか。1・2・3・4から
　　　　　　いちばん　いい　ものを　ひとつ　えらんで　ください。

1　ははは　いつも　安い　くだものを　かいます。
　　1　やす　　　　2　たか　　　　3　あま　　　　4　にが

2　小さい　ほんは　よんひゃく　ごじゅうえんです。
　　1　ちい　　　　2　すくな　　　3　しょう　　　4　おお

3　おんなのこの　かみが　長いです。
　　1　あつ　　　　2　みじか　　　3　なが　　　　4　ふと

4　つめの　いろが　赤いです。
　　1　くろ　　　　2　きいろ　　　3　あお　　　　4　あか

5　新しい　ふくが　ほしいです。
　　1　あかる　　　2　あたら　　　3　くら　　　　4　ふる

6　きょうしつに　がくせいが　多いです。
　　1　やさ　　　　2　むずか　　　3　おお　　　　4　おおき

7　あきの　そらが　とても　青いです。
　　1　あつ　　　　2　あか　　　　3　くろ　　　　4　あお

115

8　わたしの　ともだちの　せいかくは　明るいです。

　　1　くら　　　　2　あか　　　　3　おお　　　　4　ふと

もんだい2　＿＿＿の　ことばは　どう　かきますか。1・2・3・4から
　　　　　　いちばん　いい　ものを　ひとつ　えらんで　ください。

1　かめは　あるくのが　とても　おそいです。

　　1　遅　　　　2　速　　　　3　明　　　　4　暗

2　にほんの　なつは　とても　あついです。

　　1　厚　　　　2　暑　　　　3　熱　　　　4　甘

3　あには　せが　ひくいです。

　　1　重　　　　2　安　　　　3　高　　　　4　低

4　わたしの　スカートが　すこし　みじかいです。

　　1　細　　　　2　太　　　　3　短　　　　4　長

5　あしが　ほそいですね。

　　1　太　　　　2　細　　　　3　広　　　　4　明

PRACTICE TEST

6 じゅぎょうの ふんいきが わるいです。
   1 暗   2 明   3 良   4 悪

7 みせが ふるいです。
   1 高   2 古   3 低   4 早

8 しんかんせんは はやいです。
   1 早   2 遅   3 速   4 鈍

もんだい 3　（　　　）に なにを いれますか。1・2・3・4から いちばん いい ものを ひとつ えらんで ください。

1 まいあさ、なんじに いえを （　　　）。
   1 でますか   2 おきますか   3 だしますか   4 たべますか

2 ほんだなに ほんを （　　　）。
   1 ならしました   2 ならいました
   3 ならびました   4 ならべました

3 かれしと こうえんで しゃしんを （　　　）。
   1 つくりました   2 とりました
   3 かきました   4 おくりました

4 そふは しんぶんを よむ とき、いつも めがねを （　　　）。

　　1　ふきます　　2　かいます　　3　かけます　　4　かきます

5 せんせいは あおい ぼうしを （　　　） います。

　　1　はいて　　2　はめて　　3　しめて　　4　かぶって

6 すみません。 さとうを （　　　） ください。

　　1　とって　　2　なげて　　3　のんで　　4　あげて

7 クリスマスですから、あかい スカートを （　　　）。

　　1　かぶりました　　　　2　かけました
　　3　はきました　　　　　4　きました

8 さむいから まどを （　　　）。

　　1　かけましょうか　　　2　おきましょうか
　　3　あけましょうか　　　4　しめましょうか

PRACTICE TEST

もんだい4 ＿＿＿＿の ぶんと だいたい おなじいみの ぶんが あります。1・2・3・4から いちばん いい ものを ひとつ えらんで ください。

1 あしたまでに ぜんぶ あんきして ください。
 1 あしたまでに ぜんぶ かいて ください。
 2 あしたまでに ぜんぶ きいて ください。
 3 あしたまでに ぜんぶ といて ください。
 4 あしたまでに ぜんぶ おぼえて ください

2 わたしは むすこに えいごを おしえました。
 1 むすこは わたしに えいごを ならいました。
 2 むすこは わたしに えいごを みせました。
 3 わたしは むすこに えいごを ならいました。
 4 わたしは むすこに えいごを みせました。

3 ちちは いま がいしゅつして います。
 1 ちちは いま よんで います。
 2 ちちは いま でかけて います。
 3 ちちは いま たべて います。
 4 ちちは いま のんで います。

chapter 02 문법/독해

N5 2교시

01 な형용사의 현재형

현재 긍정: ~だ+です
현재 부정: ~だ+ではありません＝~だ+じゃありません＝~だ+じゃないです

料理が　じょうずです。
요리를 잘합니다.
料理が　あまり　じょうずでは(じゃ)　ありません。
＝料理が　あまり　じょうずじゃ　ないです。
요리가 별로 능숙하지 않습니다.

02 な형용사의 과거형

과거 긍정: ~だ+だった(과거형) / ~だ+でした(공손한 과거형)
과거 부정: ~だ+ではありませんでした
　　　　　＝~だ+じゃありませんでした＝だ+じゃなかったです

図書館は　しずかだった(しずかでした)。
도서관은 조용했다(조용했습니다).

すしは　あまり　すきでは(じゃ)　ありませんでした。
＝すしは　あまり　すきじゃ　なかったです。
초밥은 별로 좋아하지 않았습니다.

03 な형용사의 연결형

な형용사의 연결형은「だ+で」이다. 연결형은 단순연결인「~이고」의 뜻과 원인과 이유인「~이어서」의 2가지 뜻이 있다.

この　食堂は　しずかで　おいしいです。(단순연결)
이 식당은 조용하고 맛있습니다.
きれいで　男の人に　人気が　あります。(원인, 이유)
예뻐서 남자들에게 인기가 있습니다.

문법 필수 문형 - な형용사 기본활용

04　な형용사의 부사화

な형용사는 직접 동사를 수식할 수 없기 때문에 부사의 형태로 바꿔야 한다.
な형용사의 부사 형태는 「だ+に」이다.

きれいに 使（つか）いましょう。
깨끗하게 사용합시다!

ちょっと しずかに して ください。
좀 조용히 해 주세요!

05　な형용사의 명사 수식형

な형용사는 명사를 수식할 경우 だ를 な로 바꾼 후 「~な+명사」의 형태로 수식한다.

きらいな 人（ひと）が います。
싫어하는 사람이 있습니다.

かれは まじめな 学生（がくせい）です。
그는 성실한 학생입니다.

06　な형용사+の ~인 것

きれいなのを えらびました。
예쁜 것을 골랐습니다.

便利（べんり）なのは 電車（でんしゃ）です。
편리한 것은 전철입니다.

もんだい1　（　　　）に 何を 入れますか。1・2・3・4から いち
　　　　　ばん いい ものを 一つ えらんで ください。

1　かんじの テストは （　　　）と みんな 言って いました。
　　1　たいへんかった　　　　2　たいへんだった
　　3　たいへんなかった　　　4　たいへんくなかった

2　田中さんは たぶん うたが （　　　）でしょう。
　　1　じょうず　2　じょうずな　3　じょうずに　4　じょうずだ

3　あの ビルは エレベーターが なくて （　　　）。
　　1　ふべんだです　　　　　2　ふべんです
　　3　ふべんくないです　　　4　ふべんだったでした

4　ホテルの へやは しずか（　　　）。
　　1　なかったです　　　　　2　くなかったです
　　3　ではありませんでした　4　ではないでした

5　わたしの アパートは （　　　） いいです。
　　1　しずかく　2　しずかで　3　しずかの　4　しずかと

6　レストランの トイレは （　　　）。
　　1　きれくなかったです　　　2　きれいじゃありませんでした
　　3　きれいじゃなくでした　　4　きれくありませんでした

PRACTICE TEST

7 いちばん（　　　）しごとは 何ですか。
　　1　たいへん　　2　たいへんな　　3　たいへんだ　　4　たいへんの

8 わたしは 料理が あまり（　　　）。
　　1　じょうずくないです　　　　2　じょうずくありません
　　3　じょうずありません　　　　4　じょうずじゃありません

9 もう少し（　　　）して くれませんか。
　　1　まじめに　　2　まじめだ　　3　まじめ　　4　まじめで

10 子どもの とき やさいが すき（　　　）。
　　1　ではありませんでした　　　2　くなかったです
　　3　はなかったです　　　　　　4　ではないでした

11 先生は げんき（　　　）おもしろい 人です。
　　1　に　　2　で　　3　だ　　4　や

12 あしたは（　　　）から、あそびに いきませんか。
　　1　ひま　　2　ひまな　　3　ひまの　　4　ひまだ

13 バスは（　　　）ありません。
　　1　べんり　　2　べんりく　　3　べんりには　　4　べんりでは

14 あの アパートは（　　　）やすいです。
　　1　きれい　　2　きれいで　　3　きれいと　　4　きれいくて

15 この まちは （　　　）べんりな ところです。
   1 にぎやか　　2 にぎやかだ　　3 にぎやかで　　4 にぎやかの

もんだい2　＿＿★＿＿に 入る ものは どれですか。1・2・3・4から いちばん いい ものを 一つ えらんで ください。

1 あしたの ＿＿＿ ＿★＿ ＿＿＿ ＿＿＿。
   1 にぎやか　　2 でしょう　　3 たぶん　　4 パーティーは

2 ここは ＿＿＿ ＿＿＿ ＿＿＿ ＿★＿です。
   1 しずかで　　2 とても　　3 いい　　4 ところ

3 ＿＿＿ ＿＿＿ ＿★＿ ＿＿＿です。
   1 彼は　　2 まじめ　　3 人　　4 な

4 パーティーは ＿＿＿ ＿★＿ ＿＿＿ ＿＿＿。
   1 で　　2 です　　3 たのしかった　　4 にぎやか

5 テストを ＿＿＿ ＿★＿ ＿＿＿ ＿＿＿ ください。
   1 しずかに　　2 して　　3 から　　4 して います

PRACTICE TEST

もんだい 3　1から 5に 何を 入れますか。1・2・3・4から いちばん いい ものを 一つ えらんで ください。

会社から うちに かえって テレビを 見ます。ドラマは あまり すき 1 。それで いつも ニュース 2 見ません。学生時代は よく 本を 読む 3 学生でした。しかし このごろは ぜんぜん 4 。べんきょうも しません。しごとで つかれた あとは テレビを 見て 5 。

1　1　ではありません
　　2　なありません
　　3　くありません
　　4　にありません

2　1　だけ　　　2　しか　　　3　など　　　4　へも

3　1　まじめに　2　まじめと　3　まじめくて　4　まじめな

4　1　読みます　　　　　2　読みましょう
　　3　読みません　　　　4　読みませんでした

5　1　会社へ 行きます　　2　本を 読みます
　　3　すぐ ねます　　　　4　おきます

もんだい4　つぎの　ぶんを　読んで　しつもんに　こたえて　ください。こたえは　1・2・3・4から　いちばん　いい　ものを　一つ　えらんで　ください。

おいしい　店

この　ちかくの　おいしい　みせを　紹介します。
「かつら」という　みせですが、おこのみやきが　とても　おいしいです。でも、ねだんは　ちょっと　高いです。1,600円ぐらいです。
もっと　安い　ところも　ありますが、ちょっと　遠いです。あるいて　15分ぐらい　かかります。味は　「かつら」のほうが　いいですが、ねだんも　やすいし、みせが　きれいだから　そちらも　わるくないと　思います。

1　「かつら」は　なにが　おいしい　ところですか。

1　すきやき
2　さしみ
3　うどん
4　おこのみやき

2　ねだんが　やすくて　きれいな　みせは　あるいて　どのくらい　かかりますか。

1　10分　　　2　15分　　　3　20分　　　4　25分

PRACTICE TEST

もんだい 5 つぎの ぶんを 読んで しつもんに こたえて ください。こたえは 1・2・3・4から いちばん いい ものを 一つ えらんで ください。

誕生日パーティー

昨日は 私の たんじょうびでしたから、私の 家で パーティーを しました。日本語学校の ゆうじんたちと せんせいも 来て くれました。
中国の ヤンさんは みんなの ために ギョーザを 作って、スペインの イグナシオさんは 赤ワインを、韓国の キムさんは きれいな バラのはなを もって きて くれました。ミャンマーの ワンさんは 果物を かって きました。みんなで ワインを のみながら ギョーザと 果物を 食べました。とても おいしかったです。
かぞくと はなれて いるのは ちょっと さびしいですが、優しい 先生たちと ともだちが たくさん いるから しあわせです。

1 ヤンさんは みんなの ために 何を 作りましたか。

1 ワイン　　2 ゲーム　　3 パン　　4 ギョーザ

2 パーティーで どんな ことを しましたか。

1 しゃしんを とりました。
2 音楽を ききました。
3 美味しい ものを 食べました。
4 歌を うたいました。

127

もんだい 6　女の人は かいものを しに デパートへ 行きます。どんな ふくを 買う ことに しましたか。1・2・3・4から いちばん いい ものを 一つ えらんで ください。

買い物

今日は ふくを 買いに デパートへ 行きます。今は 9月で、まだ 暑いです。でも はんそでよりは ながそでの ほうが いいと 思います。シャツは たくさん もって いますので、ブラウスが ほしいです。色は ちゃいろに します。ねだんは あまり 高くないのが いいです。

[1]　女の 人は 何を 買う ことに しましたか。

　　1　A　　　　2　B　　　　3　C　　　　4　D

A はんそでのブラウス 安いもの ちゃいろ	B はんそでのブラウス 高いもの ちゃいろ
C ながそでのブラウス 高いもの ちゃいろ	D ながそでのブラウス 安いもの ちゃいろ

chapter 03 청해

N5 3교시

날짜, 요일, 시간 파악 문제

날짜나 요일 시간을 파악하는 문제는 약속을 잡거나 스케줄을 물어보는 문제에서 출제될 수 있다. 달력을 보면서 날짜를 정한 후 마지막에 어떤 변수를 제시해 날짜와 시간을 미루거나 앞당기거나 하는 패턴이 나올 수 있으니 기준이 되는 날짜를 먼저 체크한 후 내용설명을 잘 들어야 한다.

대화를 잘 듣고 맞는 답을 하나 고르시오.

1 ばん

2 ばん

①

②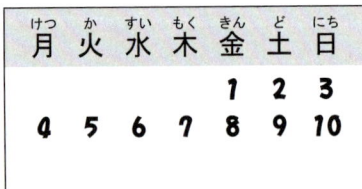

③

④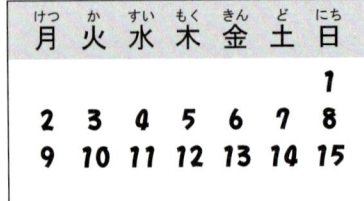

PRACTICE TEST

3 ばん

①

②

③

④

えなどは　ありません。

4 ばん

①

②

③

④

えなどは　ありません。

스크립트

문제 1

質問　女(おんな)の人(ひと)が 話(はな)しています。この 女の人はいつ買(か)い物(もの)をしますか。

女：来月(らいげつ)の2日(ふつか)から8日(ようか)まで、海(うみ)の近(ちか)くに旅行(りょこう)に行(い)きます。海を見(み)ながら、本(ほん)を読(よ)んだり、おいしい物(もの)を食(た)べたりしたいですね。それから、帰(かえ)る日(ひ)に少(すこ)し買(か)い物(もの)をします。

질문　여자가 이야기를 하고 있습니다. 이 여자는 언제 쇼핑을 합니까?

여 : 다음 달 2일부터 8일까지 바다 근처에 여행을 갑니다. 바다를 보면서 책을 읽거나 맛있는 것을 먹거나 하고 싶어요. 그리고 돌아오는 날에 잠깐 쇼핑을 할 겁니다.

> **중요표현**
> 1. 동사ます형+ながら는 ～하면서 라는 뜻으로 동시진행을 나타내는 표현이다.
>   見(み)ながら 보면서, 食(た)べながら 먹으면서, 読(よ)みながら 읽으면서.
> 2. ～たり～たりする ～하거나 ～하거나 하다, ～하기도 하고 ～하기도 하다.
> 3. 동사ます형+たい는 ～하고 싶다는 희망표현이다. 見(み)たい 보고 싶다, 食(た)べたい 먹고 싶다, 読(よ)みたい 읽고 싶다
> 4. 帰(かえ)る日(ひ) 돌아오는 날. 전체 문장파악의 키포인트.

문제 2

質問　女(おんな)の人(ひと)と男(おとこ)の人(ひと)が話(はな)しています。今月(こんげつ)のカレンダーはどれですか。

女：田中(たなか)さん。
男：はい、何(なん)ですか。
女：昨日(きのう) 話(はな)したパーティーは。
男：はい。
女：来週(らいしゅう)の金曜日(きんようび)になったんですけど。
男：ええっと、来週の金曜日は10日(とおか)ですね。わたし毎月(まいつき)10日は忙(いそが)しいんですよ。
女：いいえ、8日(ようか)ですよ。田中さん、何(なに)見(み)てるんですか。それは先月(せんげつ)のカレンダーですよ。
男：あ、ほんとだ。

질문　여자와 남자가 이야기하고 있습니다. 이번 달 달력은 어느 것입니까?

여 : 타나까씨.
남 : 예, 왜 그러세요?
여 : 어제 말한 파티.
남 : 예.
여 : 다음 주 금요일로 정해졌는데요.
남 : 그게 다음 주 금요일은 10일이지요? 저는 매달 10일은 바쁜데요.
여 : 아니요, 8일입니다. 타나까씨 무엇을 보고 있는 겁니까? 그것은 지난 달 달력이에요.
남 : 아, 정말이네.

& 해 설

> **중요표현**
> 1. 명사+になる는 명사+이(가) 되다는 뜻이다. 여기서 金曜日(きんようび)になる는 금요일이 되다. 즉 금요일로 결정되다라는 뜻.
> 2. 見(み)てるんですか는 見(み)ているんですか에서 い가 탈락된 형태이다. 회화체 축약형에서는 ている 문장에서 い가 탈락되어 てる가 되는 경우가 많다.

문제 3

質問 男(おとこ)の人(ひと)が話(はな)しています。男の人は昨日(きのう)、何時(なんじ)まで働(はたら)きましたか。

男：わたしはレストランで働(はたら)いています。時々(ときどき)遅(おそ)い時間(じかん)まで仕事(しごと)をします。いつもは昼(ひる)の1時から夜(よる)9時までなんですが、昨日(きのう)は夕方(ゆうがた)6時(ろくじ)から夜(よる)11時(じゅういちじ)まで仕事でした。ちょっと大変(たいへん)ですが、この仕事が好(す)きです。

1. 午後(ごご)1時です。
2. 午後6時です。
3. 午後9時です。
4. 午後11時です。

질문 남자가 이야기를 하고 있습니다. 남자는 어제 몇 시까지 일을 했습니까?

남 : 저는 레스토랑에서 일하고 있습니다. 가끔 늦은 시간까지 일을 합니다. 보통은 낮 1시부터 밤 9시까지입니다만, 어제는 저녁 6시부터 밤 11시까지 일을 했습니다. 조금 힘들지만 이 일이 좋습니다.

1. 오후 1시입니다.
2. 오후 6시입니다.
3. 오후 9시입니다.
4. 오후 11시입니다.

> **중요표현**
> 1. いつも 언제나 항상 이란 뜻 이외에 평상시라는 뜻이 있다.
> 2. ~が는 역접 관계를 나타내는 접속사이다. 그러나. 하지만. 그런데.

스크립트

문제 4

質問 男(おとこ)の人(ひと)と女(おんな)の人(ひと)が話(はな)しています。二人(ふたり)は明日(あした)何時(なんじ)に会(あ)いますか。

女：じゃ、明日(あした)11時(じゅういちじ)にここで会(あ)いましょう。
男：うーん、30分遅(おそ)くしませんか。昼(ひる)ごはんにちょうどいいでしょう。
女：そうですね。じゃ、そうしましょう。

1. 10時半(はん)です。
2. 11時です。
3. 11時12半です。
4. 12時です。

질문 남자와 여자가 이야기하고 있습니다. 두 사람은 내일 몇 시에 만납니까?

여 : 그럼, 내일 11시에 여기에서 만납시다.
남 : 음…. 30분 늦게 하지 않으실래요? 점심 먹기에 딱 좋잖아요.
여 : 그러네요. 그럼, 그렇게 합시다.

1. 10시 반입니다.
2. 11시입니다.
3. 11시 반입니다.
4. 12시입니다.

> **중요표현**
> 1. **遅(おそ)くする** 늦게 하다. 여기서는 시간을 뒤로 늦춘다는 이야기로 전체문장의 키포인트다. 반대로 시간을 앞당길 경우에는 **早(はや)くする**라는 표현을 썼을 것이다.
> 2. **ちょうど**는 마침. 알맞게. 꼭. **ちょうどいい**라고 하면 딱 좋다. 딱 알맞다라는 뜻이다.

N5

뉴 일본어 능력시험

Part 06

문자/어휘 **chapter 01**
필수 な형용사/필수 い형용사

문법/독해 **chapter 02**
필수 문형 - 동사 기본활용 1

청해 **chapter 03**
쇼핑, 주문, 메뉴선택 문제

chapter 01 문자/어휘

N5 1교시

필수 な형용사

元気 げんき だ 건강하다	好 す きだ 좋아하다
上手 じょうず だ 능숙하다	下手 へた だ 서투르다
親切 しんせつ だ 친절하다	不親切 ふしんせつ だ 불친절하다
便利 べんり だ 편리하다	有名 ゆうめい だ 유명하다
不便 ふべん だ 불편하다	色々 いろいろ だ 여러 가지다, 다양하다
静 しず かだ 조용하다	丈夫 じょうぶ だ 튼튼하다
大切 たいせつ だ 소중하다	暇 ひま だ 한가하다
嫌 きら いだ 싫어하다	賑 にぎ やかだ 번화하다, 활기차다

필수 い형용사

明 あか るい 밝다	大 おお きい 크다	強 つよ い 강하다, 세다
弱 よわ い 약하다	広 ひろ い 넓다	遅 おそ い 늦다, 느리다
多 おお い 많다	赤 あか い 빨갛다	悪 わる い 나쁘다
まずい 맛없다	易 やさ しい 쉽다	新 あたら しい 새것이다
良 い い 좋다	面白 おもしろ い 재미있다	

PRACTICE TEST

もんだい 1 　　＿＿＿の　ことばは　どう　よみますか。1・2・3・4から
　　　　　　　 いちばん　いい　ものを　ひとつ　えらんで　ください。

1　わたしの　そふは　元気です。
　　1　ごんき　　　　2　こんき　　　　3　けんき　　　　4　げんき

2　あの　きっさてんは　とても　静かです。
　　1　じょう　　　　2　せい　　　　　3　てい　　　　　4　しず

3　わたしの　クラスには　色々な　くにの　ひとが　います。
　　1　ひとびと　　　2　いろいろ　　　3　くにぐに　　　4　ひび

4　にほんじんは　親切だと　おもいますか。
　　1　しんせつ　　　2　じんせつ　　　3　しんさい　　　4　じんさい

5　りょうりは　下手です。
　　1　しもて　　　　2　けた　　　　　3　へた　　　　　4　べた

6　バスより　でんしゃの　ほうが　便利で　はやいです。
　　1　ふべん　　　　2　ふり　　　　　3　へんり　　　　4　べんり

7　有名な　たべものは　なんですか。
　　1　ゆめい　　　　2　ゆうめい　　　3　うめい　　　　4　ありめい

137

8 この いすは ちょっと 不便ですね。
　　1 ふべん　　2 ふびん　　3 べんり　　4 へんり

もんだい2　_____の ことばは どう かきますか。1.2.3.4から
　　　　　いちばん いい ものを ひとつ えらんで ください。

1 からだが じょうぶです。
　　1 大夫　　2 丈夫　　3 丈木　　4 大朱

2 これは たいせつな もんだいです。
　　1 大切な　　2 対切な　　3 太切な　　4 台切な

3 こんどの しゅうまつ、ひまですか。
　　1 休　　2 曜　　3 段　　4 暇

4 ふしんせつな ひとは きらいです。
　　1 不真面目な　2 不親切な　3 不便な　4 不思議な

5 きらいな たべものは なんですか。
　　1 大きな　　2 奇跡な　　3 嫌いな　　4 綺麗な

138

PRACTICE TEST

6 おさけが すきですか。
　　1　静き　　　2　暇き　　　3　嫌き　　　4　好き

7 ピアノが じょうずですか。
　　1　下手　　　2　上手　　　3　便利　　　4　不便

8 私の まちは にぎやかです。
　　1　貝やか　　2　震やか　　3　辰やか　　4　賑やか

もんだい 3　（　　　）に なにを いれますか。1・2・3・4から い
　　　　　ちばん いい ものを ひとつ えらんで ください。

1 こどもは （　　　） こえで うたいました。
　　1　あかるい　2　かるい　　3　あかい　　4　おもい

2 あには からだが （　　　）です。
　　1　やさしい　2　よわい　　3　すくない　4　むずかしい

3 たいふうで かぜが とても （　　　）です。
　　1　よわい　　2　つよい　　3　あまい　　4　おいしい

4 あの みせの コーヒーは (　　　) のめません。
　　1　ちかくて　　2　せまくて　　3　ほそくて　　4　まずくて

5 ざんぎょうで きょうは ちょっと (　　　) なります。
　　1　とおく　　2　おそく　　3　ちいさく　　4　さむく

6 やすみの ひには いえに いる ことが (　　　)です。
　　1　おおい　　2　おおきい　　3　あおい　　4　ほそい

7 この はこを (　　　) ぬって ください。
　　1　あたたかく　　2　おもく　　3　あかく　　4　まずく

8 この えいがは こどもに (　　　)。
　　1　わるい　　2　とおい　　3　ふとい　　4　いそがしい

PRACTICE TEST

もんだい 4 ＿＿＿＿の ぶんと だいたい おなじいみの ぶんが あります。1・2・3・4から いちばん いい ものを ひとつ えらんで ください。

1　テストの もんだいが やさしいです。
1　やすいです。
2　やすく ないです。
3　むずかしいです。
4　むずかしく ありません。

2　しょうせつが おもしろいです。
1　まずく ありません。
2　つまらなく ありません。
3　ほそく ありません。
4　ちかく ありません。

3　くだものが まずいです。
1　みじかく ないです。
2　よく ないです。
3　さむく ないです。
4　おいしく ないです。

chapter 02 문법/독해   N5 2교시

01 동사의 종류

1그룹동사는 마지막 글자가 모양이 ~う, ~つ, ~る, ~ぬ, ~む, ~ぶ, ~く, ~ぐ, ~す처럼 다양한 형태를 가진다.

사다 – 買(か)う   기다리다 – 待(ま)つ   만들다 – 作(つく)る   죽다 – 死(し)ぬ
마시다 – 飲(の)む   놀다 – 遊(あそ)ぶ   쓰다 – 書(か)く   헤엄치다 – およぐ
이야기하다 – 話(はな)す

2그룹동사는 [い단/え단 + る] 모양을 가진다.

먹다 – 食(た)べる   가르치다 – 教(おし)える   잊다 – 忘(わす)れる   일어나다 – 起(お)きる

3그룹동사는 불규칙 동사로 くる(오다), する(하다) 딱 두 가지이다.

예외 1그룹동사는 형태는 2그룹이나 예외적으로 1그룹으로 인정하는 동사이다. 대표적인 예외1그룹동사에는 帰(かえ)る(돌아가다), 入(はい)る(들어가다), 走(はし)る(달리다), 知(し)る(알다), 切(き)る(자르다) 등이 있다.

02 동사의 현재형 ます/ません

ます는 현재형의 공손체 긍정형으로 「~합니다」라는 뜻이다.

1그룹동사   ます형 : う단 → い단+ます

買(か)う 사다   →   買(か)います 삽니다
待(ま)つ 기다리다   →   待(ま)ちます 기다립니다
作(つく)る 만들다   →   作(つく)ります 만듭니다

2그룹동사   ます형 : る → ~~る~~ +ます 합니다

食(た)べる 먹다   →   食(た)べます 먹습니다

142

문법 필수 문형 – 동사 기본활용

起きる 일어나다 → 起きます 일어납니다

3그룹동사　ます형

する 하다 → します 합니다
くる 오다 → きます 옵니다

ません은 현재형의 공손체 부정형으로 「~하지 않습니다」라는 뜻이다. ます형과 똑같이 활용한다.

1그룹동사　ません형

飲む 마시다 → 飲みません 마시지 않습니다
書く 쓰다 → 書きません 쓰지 않습니다
話す 이야기하다 → 話しません 이야기 하지 않습니다

2그룹동사　ません형

見る 보다 → 見ません 보지 않습니다
寝る 자다 → 寝ません 자지 않습니다

3그룹동사　ます형

する 하다 → しません 하지 않습니다
くる 오다 → きません 오지 않습니다

03　동사의 과거형　ました/ませんでした

ました는 과거형의 공손체 긍정형으로 「~했습니다」라는 뜻이다. ます형과 똑같이 활용한다.

かばんと　くつを　買いました。
가방과 구두를 샀습니다.

ゆうべは　はやく　寝ました。
어제저녁은 일찍 잤습니다.

ませんでした는 과거형의 공손체 부정형으로 「~하지 않았습니다」라는 뜻이다. ます형과 똑같이 활용한다.

だれにも 話しませんでした。
아무에게도 이야기 하지 않았습니다.

昨日は アルバイトを しませんでした。
어제는 아르바이트를 하지 않았습니다.

04 동사의 권유형 ましょう

ましょう는 권유형으로 「~합시다」라는 뜻이다. ます형과 똑같이 활용한다.

明日 3時に 会いましょう。
내일 3시에 만납시다.

お昼、一緒に 食べましょう。
점심 같이 먹읍시다.

05 동사ます형+ながら ~하면서

「동사ます형+ながら」는 동시진행으로 「~하면서」라는 뜻이다.

テレビを 見ながら ごはんを 食べて います。
텔레비전을 보면서 밥을 먹고 있습니다.

友だちと 話しながら バスを 待って います。
친구와 이야기를 하면서 버스를 기다리고 있습니다.

06 동사의 부정형

ない형은 동사의 부정형으로 「〜하지 않는다」라는 뜻이다.

1그룹동사 ない형 : う단 → あ단+ない

買(か)う 사다 → 買(か)わない 사지 않는다 (어미가 う의 あ단은 わ로 고친다)
待(ま)つ 기다리다 → 待(ま)たない 기다리지 않는다
作(つく)る 만들다 → 作(つく)らない 만들지 않는다

2그룹동사 ます형 : る → ~~る~~+ない

食(た)べる 먹다 → 食(た)べない 먹지 않는다
起(お)きる 일어나다 → 起(お)きない 일어나지 않는다

3그룹동사 ます형

する 하다 → しない 하지 않는다
くる 오다 → こない 오지 않는다

---

07 〜ないで 〜하지 않고

まいあさ、ごはんを 食(た)べないで 学校(がっこう)に いきます。
매일아침 밥을 먹지 않고 학교에 갑니다.

顔(かお)を あらわないで 寝(ね)ました。
얼굴을 씻지 않고 잤습니다.

---

08 〜ないでください 〜하지 마세요

お酒(さけ)を 飲(の)まないで ください。
술을 마시지 마세요.

明日(あした)は こないで ください。
내일은 오지 마세요.

もんだい1　（　　　）に　何を　入れますか。1・2・3・4から　いちばん　いい　ものを　一つ　えらんで　ください。

1　何か　（　　　）ながら、話を　しましょう。
　　1　飲んだ　　2　飲んで　　3　飲む　　4　飲み

2　ボールペンで　（　　　）、えんぴつで　書きます。
　　1　書かないで　2　書かなくて　3　書きなくて　4　書ないで

3　ここに　かばんを　（　　　）ないで　ください。
　　1　おか　　2　おき　　3　おく　　4　おけ

4　駅まで　いっしょに　（　　　）ましょう。
　　1　かえ　　2　かえり　　3　かえる　　4　かえって

5　わたしは　音楽を　（　　　）ながら　べんきょうを　します。
　　1　聞く　　2　聞か　　3　聞き　　4　聞いて

6　A「日曜日に　映画を　見に　行きませんか。」
　　B「いいですね。（　　　）。」
　　1　行きました　　　　2　行きませんか
　　3　行きましょう　　　4　行くでしょうか

PRACTICE TEST

7 きのうは はを （　　　） ねました。

1　みがくないで　　　　　　2　みがかないで
3　みがないで　　　　　　　4　みがきないで

8 （　　　）ながら、食べないで ください。

1　あるく　　2　あるいて　　3　あるき　　4　あるかな

9 A「だれが おさらを あらいましたか。」

B「（　　　）。」

1　いいえ、あらいませんでした　　2　父の おさらです
3　父が あらいました　　　　　　4　はい、あらいました

10 この テストは じしょを （　　　） ください。

1　つかうないで　　　　　　2　つかわないで
3　つかいないで　　　　　　4　つかないで

11 きのう 友だちに 電話を （　　　）が、いませんでした。

1　します　　2　しました　　3　して　　4　する

12 A「ゆうびんきょくの 電話番号を しって いますか。」

B「いいえ、（　　　）。」

1　しって いないです　　　　2　しって いません
3　しりないです　　　　　　　4　しりません

147

13　きのうは　だれも　（　　　　）。
　　1　来ませんでした　　　　2　来ました
　　3　来たです　　　　　　　4　来ないでした

14　わたしは　コーヒーに　さとうを　（　　　　）飲みます。
　　1　いれない　　2　いれなく　　3　いれないで　　4　いれなくて

15　いっしょに　（　　　　）ましょう。
　　1　うたい　　　2　うたう　　　3　うたって　　　4　うたいて

もんだい２　＿＿★＿＿に　入る　ものは　どれですか。1・2・3・4から　いちばん　いい　ものを　一つ　えらんで　ください。

1　音楽を　＿＿＿＿　＿＿＿＿　＿★＿　＿＿＿＿ました。
　　1　さくぶんを　2　聞き　　3　書き　　4　ながら．

2　雨が　＿＿＿＿　＿★＿　＿＿＿＿　＿＿＿＿でした。
　　1　どこへも　　2　ふった　　3　行きません　　4　から

3　わたし　＿＿＿＿　＿＿＿＿　＿＿＿＿　＿★＿ください。
　　1　たべないで　2　の　　　3　ケーキ　　4　を

PRACTICE TEST

4 A「＿＿＿＿、＿＿＿★＿＿。」B「＿＿＿＿、＿＿＿＿。」

1　ええ　　　　　　　　　2　ちょっと
3　そうしましょう　　　　4　休(やす)みましょう

5　彼(かれ)は ＿＿＿＿ ＿＿★＿＿ ＿＿＿＿ ＿＿＿＿。

1　あいさつも　2　かえりました　3　し　　　4　ないで

もんだい3　　1から 5に 何(なに)を 入(い)れますか。1・2・3・4から いちばん いい ものを 一(ひと)つ えらんで ください。

(1)

アパートの みなさんへ。
らいしゅうの 月曜日(げつようび) ① 火曜日(かようび)の 午前(ごぜん) 9時(じ)から 5時(じ)まで エレベーターを ② 。かいだんを つかって ください。

(2)

きのうの よる 10時(じ)に 友(とも)だちの うちに 電話(でんわ)を しましたが、友(とも)だちは ③ 。1時間(じかん) ④ もう いちど かけました。でも 友(とも)だちは ⑤ かえって いませんでした。わたしは 11時ごろ 寝(ね)ました。

149

| 1 | 1 と | 2 は | 3 か | 4 で |

2	1 つかって　ください
	2 つかて　ください
	3 つかいないで　ください
	4 つかわないで　ください

| 3 | 1 います | 2 いません | 3 いました | 4 いませんでした |

| 4 | 1 まえ | 2 あとで | 3 から | 4 まで |

| 5 | 1 また | 2 もう | 3 まだ | 4 いま |

PRACTICE TEST

もんだい 4　つぎの ぶんを 読(よ)んで しつもんに こたえて ください。こたえは 1・2・3・4から いちばん いい ものを 一(ひと)つ えらんで ください。

かえりみちで みかんを やっつ 買(か)いました。夜(よる) いもうとと おとうとと 3人で 二つずつ 食(た)べました。あとで、父(ちち)も みかんを やっつ 買って きました。母(はは)は ひとつだけ 食べました。父は おなかが いっぱいと いって ひとつも 食べませんでした。

---

1 今(いま) みかんは いくつ のこって いますか。

　1　むっつ

　2　ななつ

　3　やっつ

　4　ここのつ

2 おとうさんは みかんを いくつ 食べましたか。

　1　ひとつだけ 食べました。

　2　ひとつも 食べませんでした。

　3　ふたつも 食べました。

　4　ひとつしか 食べませんでした。

もんだい5　つぎの　ぶんを　読んで　しつもんに　こたえて　ください。
　　　　　　こたえは　1・2・3・4から　いちばん　いい　ものを　一つ
　　　　　　えらんで　ください。

タバコ

たばこは　からだに　わるいと　よく　いいます。けれども、たばこが　好きな　人の　なかには、たばこを　やめない　人も　多いです。
たばこを　吸うのも　吸わないのも　その　人が　決める　ことですから、まわりの　人が　吸わないほうが　いいと　いくら　言っても　だめでしょう。
たいせつなのは、　その人の　いしだと　私は　思います。

1　たばこは　どこに　悪いですか。

1　あし
2　て
3　からだ
4　おなか

2　たばこを　やめるのは　だれが　決める　ことですか。

1　お母さん
2　自分
3　友だち
4　先生

PRACTICE TEST

もんだい 6　つぎの「下宿の 案内」を 見ながら 学生 二人で 話して います。どの 部屋を 選びましたか。1・2・3・4から、いちばん いい ものを 一つ えらんで ください。

友だちと いっしょに すむ 部屋を 探して います。学校から 近い ところが いいです。でも、これは 近いのは いいですが、家賃が 高すぎます。
ちょっと とおく なりますが、自転車で 通っても いいですから これかこれですね。やっぱり いちばん 安い ところに します。

1　学生 二人は どの 部屋を 選びましたか。

1　ブルーハイツ
2　グリーンハイツ
3　イエローハイツ
4　ホワイトハイツ

下宿の案内

	ブルーハイツ	グリーンハイツ	イエローハイツ	ホワイトハイツ
個室(A)	○	○	○	○
二人部屋(B)	○	○	*	○
家賃(A)	45000	50000	45000	60000
家賃(B)	40000	45000	−	55000
場所(大学まで)	徒歩30分	徒歩20分	徒歩20分	徒歩5分

chapter 03 청해

N5 3교시

쇼핑, 주문, 메뉴선택 문제

물건을 사오거나 식당에 가서 메뉴를 고르는 문제이다. 무엇을 몇 개 달라고 하거나 사오라는 식의 문제가 나올 수 있고 숫자와 조수사가 함께 나올 수 있으니 숫자를 메모하면서 듣도록 하자. 메뉴를 선택할 시 먼저 선택한 것에 대해 나중에 수량과 메뉴를 변경하는 경우도 있으니 끝까지 유의해서 들어야 한다.

대화를 잘 듣고 맞는 답을 하나 고르시오.

1 ばん

2 ばん

①

②

③

④

えなどは　ありません。

PRACTICE TEST

3 ばん

①

②

③

④

えなどは　ありません。

4 ばん

①

②

③

④

えなどは　ありません。

스크립트

문제 1

質問 男(おとこ)の人(ひと)と女(おんな)の人(ひと)が話(はな)しています。女の人は明日(あした)の朝(あさ)何(なに)を食(た)べますか。

男：明日(あした)の朝(あさ)ごはんはどうしますか。
女：そうですね。パンと卵(たまご)お願(ねが)いします。
男：卵は一個(いっこ)でいいですか。
女：二個(にこ)お願いします。
男：飲(の)み物(もの)は？
女：あ、水(みず)だけでいいです。

질문 남자와 여자가 이야기를 하고 있습니다. 여자는 내일 아침 무엇을 먹습니까?

남 : 내일 아침식사는 어떻게 하실 거예요?
여 : 글쎄요. 빵이랑 달걀 부탁합니다.
남 : 달걀은 한 개로 괜찮겠습니까?
여 : 두 개 부탁드릴게요.
남 : 음료수는요?
여 : 아, 물만 있으면 됩니다.

> **중요표현**
> 1. 個(こ)는 물건을 세는 말이다. ~개. 비교적 물건의 크기가 작은 것을 셀 때 많이 사용한다.
> 2. だけ는 한정이나 한도를 나타내는 말로 ~뿐, ~만 이라는 뜻이다. 一(ひと)つだけです(한 개 뿐입니다), 果物(くだもの)だけ食(た)べます(과일만 먹습니다)

문제 2

質問 女(おんな)の人(ひと)と男(おとこ)の人(ひと)が話(はな)しています。 男の人はデパートで何(なに)を買(か)いますか。

女：すみません、りーさん、買(か)い物(もの)お願(ねが)いします。
男：わかりました。
女：えっと、八百屋(やおや)で野菜(やさい)と果物(くだもの)を買(か)ってください。
男：はい。
女：それから、デパートで、肉(にく)を買ってください。
男：パンはどうしますか。
女：そうですね。デパートで買ってください。おいしいパン屋(や)がありますから。
男：はい、わかりました。じゃあ、行(い)ってきます。

1. 野菜と果物です。　　2. 野菜と肉です。
3. パンと果物です。　　4. パンと肉です。

질문 여자와 남자가 이야기를 하고 있습니다. 남자는 백화점에서 무엇을 삽니까?

여 : 죄송합니다. 리씨 시장보는거 부탁드릴게요.
남 : 알겠습니다.
여 : 저어, 야채가게에서 야채랑 과일을 사세요.
남 : 예.
여 : 그리고 나서, 백화점에서 고기를 사세요.
남 : 빵은 어떻게 할까요?
여 : 글쎄요. 백화점에서 사세요. 맛있는 빵집이 있으니까요.
남 : 예, 알겠습니다. 그럼 다녀올게요.

1. 야채와 과일입니다.　　2. 야채와 고기입니다.
3. 빵과 과일입니다.　　　4. 빵과 고기입니다.

중요표현

1. 보통 명사에 屋(や)를 붙이면 「〜가게」라는 뜻이 된다. 서점은 本屋(ほんや), 빵가게는 パン屋(や), 약국은 薬屋(くすりや). 그러나 야채가게는 八百屋(やおや)라고 하니 외워두자.

문제 3

質問　男(おとこ)の人(ひと)と女(おんな)の人(ひと)が話(はな)しています。女の人は何(なに)を食(た)べますか。

男：パーティーの料理(りょうり)、何(なに)を作(つく)りましょうか。佐藤(さとう)さんは肉(にく)はすきですか。
女：すみません。私は肉も魚(さかな)も食(た)べません。
男：え、野菜(やさい)しか食べません。
女：ええ、あ、でも卵(たまご)は食べます。
男：そうですか。

1. 肉と魚です。
2. 野菜と卵です。
3. 野菜だけです。
4. 卵だけです。

질문　남자와 여자가 이야기를 하고 있습니다. 여자는 무엇을 먹습니까?

남 : 파티 요리 무엇을 만들까요? 사또씨는 고기는 좋아합니까?
여 : 죄송합니다. 저는 고기도 생선도 먹지 않습니다.
남 : 어! 야채밖에 먹지 않습니까?
여 : 네. 아, 하지만 달걀은 먹습니다.
남 : 그렇구나~

1. 고기와 생선입니다.
2. 야채와 달걀입니다.
3. 야채만입니다.
4. 달걀만입니다.

중요표현

1. しか는 〜밖에 라는 뜻으로 오직 그것뿐임을 나타낸다. 一人(ひとり)しかいない(한 명 밖에 없다), 安(やす)いものしかない(싼 물건 밖에 없다)
2. ええ는 긍정·승낙 등을 나타내는 대답 はい의 가벼운 말투이다.

스크립트

문제 4

質問 男(おとこ)の人(ひと)と女(おんな)の人(ひと)が話(はな)しています。男の人は何(なに)を飲(の)みますか。

女：鈴木(すずき)さん、何(なに)か飲(の)みますか。
男：はい、ありがとうございます。
女：何がいいですか。コーヒー？ 紅茶(こうちゃ)？
男：そうですね。あのー、お水(みず)をお願(ねが)いします。
女：お水？
男：ええ、熱(あつ)い飲(の)み物(もの)はちょっと…。
女：それでは、冷(つめ)たいお茶(ちゃ)はどうですか。
男：あ、そうですね。お願いします。

1. 熱いコーヒーを飲みます。
2. 熱い紅茶を飲みます。
3. 冷たい水を飲みます。
4. 冷たいお茶を飲みます。

질문 남자와 여자가 이야기를 하고 있습니다. 남자는 무엇을 마십니까?

여 : 스즈끼씨 뭔가 마실래요?
남 : 예, 감사합니다.
여 : 뭐가 좋으세요? 커피? 홍차?
남 : 글쎄요. 저어, 물을 부탁드려요.
여 : 물?
남 : 예. 뜨거운 음료는 좀….
여 : 그러면, 차가운 차는 어떠세요?
남 : 아, 그러네요. 부탁드려요.

1. 뜨거운 커피를 마십니다.
2. 뜨거운 홍차를 마십니다.
3. 차가운 물을 마십니다.
4. 차가운 차를 마십니다.

중요표현
1. 何(なに)か는 무엇인가, 뭔가 라는 뜻이고 何(なに)が는 무엇이 라는 뜻이다.
2. 熱(あつ)い는 뜨겁다. 暑(あつ)い는 덥다는 뜻으로 동음이의어이다.

N5

뉴 일본어 능력시험

Part 07

문자/어휘 chapter 01
필수 숫자 한자/필수 な형용사

문법/독해 chapter 02
필수 문형 – 동사 기본활용 2

청해 chapter 03
스케줄 파악 문제

chapter 01 문자/어휘

N5 1교시

필수 숫자 한자

千円 せんえん 천 엔	三万円 さんまんえん 삼만 엔	百円 ひゃくえん 백 엔
日曜日 にちようび 일요일	火曜日 かようび 화요일	水曜日 すいようび 수요일
七日 なのか 7일	八日 ようか 8일	二十日 はつか 20일
一日 いちにち 하루	四月 しがつ 4월	今月 こんげつ 이번 달
六時 ろくじ 여섯시	七時 しちじ 일곱시	九時 くじ 아홉시
十時 じゅうじ 열시	一分 いっぷん 일분	半 はん 반
先週 せんしゅう 지난주	来月 らいげつ 다음 달	来年 らいねん 내년
頃 ころ、ごろ 때, 쯤		

필수 な형용사

便利 べんり だ 편리하다	有名 ゆうめい だ 유명하다
上手 じょうず だ 능숙하다	下手 へた だ 서투르다
元気 げんき だ 건강하다	大切 たいせつ だ 소중하다
好 す きだ 좋아하다	静 しず かだ 조용하다
同 おな じだ 똑같다	丈夫 じょうぶ だ 튼튼하다
立派 りっぱ だ 훌륭하다	嫌 いや だ 싫다
暇 ひま だ 한가하다	色々 いろいろ だ 다양하다

PRACTICE TEST

もんだい 1 　　＿＿＿の ことばは どう よみますか。1・2・3・4から いちばん いい ものを ひとつ えらんで ください。

1 これは ふたつ 千円です。
　　1　せんえん　　2　せいえん　　3　せんねん　　4　せいねん

2 こんしゅうの 日曜日は ちちの たんじょうびです。
　　1　きんようび　　2　どようび　　3　にちようび　　4　げつようび

3 こんげつの 七日は どようびです。
　　1　なのか　　2　ななか　　3　しちにち　　4　しちか

4 きのう かった とけいは 三万円でした。
　　1　さんじゅうえん　　　　2　さんびょくえん
　　3　さんぜんえん　　　　　4　さんまんえん

5 今月で バイトが おわりです。
　　1　こんがつ　　2　こんげつ　　3　らいげつ　　4　らいがつ

6 いま しちじ 一分です。
　　1　いちふん　　2　いちぷん　　3　いちふん　　4　いっぷん

7 十日に また あいましょう。
　　1　とか　　2　とおか　　3　じゅうにち　　4　じゅにち

163

8　わたしの　あねは　来年の　はる　けっこんします。

　　1　さくねん　　2　きょねん　　3　らいねん　　4　されいねん

もんだい2　＿＿＿の　ことばは　どう　かきますか。1・2・3・4から　いちばん　いい　ものを　ひとつ　えらんで　ください。

1　あした　くじはんに　えきの　まえで　あいましょう。

　　1　九時半　　2　七時半　　3　六時半　　4　十時半

2　すいようびは　しごとが　ありません。

　　1　永曜日　　2　不曜日　　3　水曜日　　4　木曜日

3　らいげつ　ともだちが　アメリカから　きます。

　　1　先月　　2　来月　　3　満月　　4　一月

4　ろくじごろ　ゆうはんを　たべました。

　　1　入時　　2　人時　　3　八時　　4　六時

5　あの　みせは　すべての　ものが　ひとつ　ひゃくえんです。

　　1　百円　　2　白円　　3　曰円　　4　月円

PRACTICE TEST

6 <u>せんしゅう</u>、ごうコンを　しました。

　　　1　海週　　　　2　毎週　　　　3　洗週　　　　4　先週

7 <u>ようか</u>から　にしゅうかんぐらい　りょこうします。

　　　1　一日　　　　2　四日　　　　3　八日　　　　4　九日

8 さんがつ、<u>しがつ</u>、ごがつは　はるです。

　　　1　三月　　　　2　四月　　　　3　五月　　　　4　六月

もんだい3　（　　　　）に　なにを　いれますか。1・2・3・4から　いちばん　いい　ものを　ひとつ　えらんで　ください。

1 ここは　えきから　ちかいから　（　　　　）。

　　　1　ふべんです　　2　べんりです　　3　しんせつです　　4　ふしんせつです

2 にほんで　（　　　　）スポーツは　すもうです。

　　　1　ゆうめいな　　2　じょうずな　　3　へたな　　　　4　ハンサムな

3 ははは　りょうりが　（　　　　）、かぞくにも　やさしいです。

　　　1　げんきで　　　2　きれいで　　　3　じょうずで　　4　へたで

4 きのうは　びょうきでしたが、きょうは　(　　　)に　なりました。
　　1　きらい　　　2　すき　　　　3　じょうぶ　　　4　げんき

5 これは　私には　(　　　)　ものです。
　　1　たいせつな　2　じょうぶな　3　にぎやかな　　4　いろいろな

6 しょうらい　(　　　)　いしゃに　なりたいです。
　　1　りっぱな　　2　へたな　　　3　ハンサムな　　4　かんたんな

7 おとうとは　(　　　)から　かぜを　ひきません。
　　1　たいせつだ　2　きらいだ　　3　じょうぶだ　　4　べんりだ

8 せんせいは　わたしと　(　　　)　なまえです。
　　1　おなじな　　2　おなじ　　　3　いろいろな　　4　いろいろ

PRACTICE TEST

もんだい 4 　　_____の　ぶんと　だいたい　おなじいみの　ぶんが　あります。1・2・3・4から　いちばん　いい　ものを　ひとつ　えらんで　ください。

1　わたしは　しごとが　<u>いやです</u>。

1　おもしろいです。
2　すきです。
3　いそがしいです。
4　きらいです。

2　きょうの　ごごは　<u>ひまです</u>。

1　さむいです。
2　じかんが　あります。
3　しごとです。
4　いそがしいです。

3　メニューが　<u>いろいろです</u>。

1　たくさん　みます。
2　たくさん　のみます。
3　たくさん　たべます。
4　たくさん　あります。

chapter 02 문법/독해   N5 2교시

01 동사의 て형

て형은 연결형으로 단순연결인 「~이고」의 뜻과 원인과 이유인 「~이어서」의 2가지 뜻이 있다.

1그룹 て형은 끝의 어미를 떼고 다음과 같이 고친다.

~う, ~つ, ~る → って

~ぬ, ~む, ~ぶ → んで

~く → いて

~ぐ → いで

~す → して

*단 예외가 하나 行く 가다 → 行って 가고/가서로 고쳐줘야 한다.

買う 사다 → 買って 사고/사서
休む 쉬다 → 休んで 쉬고/쉬어서
書く 쓰다 → 書いて 쓰고/써서
いそぐ 서두르다 → いそいで 서두르고/서둘러서
はなす 이야기하다 → はなして 이야기하고/이야기해서

2그룹 て형은 끝의 어미 る를 떼고 て를 붙인다. : る → ~~る~~ + て

食べる 먹다 → 食べて 먹고/먹어서
見る 보다 → 見て 보고/봐서
おきる 일어나다 → おきて 일어나고/일어나서

3그룹 て형

する 하다 → して 하고/해서
くる 오다 → きて 오고/와서

02 ~てください ~해 주세요 / ~てくださいませんか ~해 주시지 않겠습니까?

ちょっと 待って ください。
잠시 기다려 주세요.

문법 필수 문형 – 동사 기본활용 2

> ゆっくり はなして ください。
> 천천히 말해 주세요.
>
> ドアを 開(あ)けて くださいませんか。
> 문을 열어 주시지 않으시겠습니까?

03 ~ている ~하고 있다/~해져 있다

「자동사+ている」는 상태를 나타내는 표현으로 「~해져 있다」 「타동사+ている」는 진행의 뜻으로「~하고 있다」

> まどが しまって います。(자동사+ている)
> 창문이 닫혀 있습니다.
>
> ざっしを 読(よ)んで います。(타동사+ている)
> 잡지를 읽고 있습니다.

04 ~てある ~해져 있다

「타동사+てある」는 의도적으로 해 놓은 상태를 나타낸다. 앞에 오는 조사는 「を」가 아니라 「が」가 온다.

> テーブルに 書類(しょるい)が おいて あります。
> 테이블에 서류가 놓여져 있습니다.
>
> 名前(なまえ)が 書(か)いて あります。
> 이름이 쓰여 있습니다.

05 동사의 た형

동사의 た형은 동사의 과거형이다. 활용은 연결형인 て형과 같다.

1그룹 た형

~う, ~つ, ~る → った

~ぬ, ~む, ~ぶ → んだ
~く → いた
~ぐ → いだ
~す → した

*단 예외가 하나 行(い)く 가다 → 行(い)った 갔다로 고쳐줘야 한다.

買(か)う 사다 → 買(か)った 샀다
休(やす)む 쉬다 → 休(やす)んだ 쉬었다
書(か)く 쓰다 → 書(か)いた 썼다
いそぐ 서두르다 → いそいだ 서둘렀다
はなす 이야기하다 → はなした 이야기했다

2그룹 た형은 끝의 어미 る를 떼고 た를 붙인다. : る → ~~る~~ + た

食(た)べる 먹다 → 食(た)べた 먹었다
見(み)る 보다 → 見(み)た 봤다
おきる 일어나다 → おきた 일어났다

3그룹 た형

する 하다 → した 했다
くる 오다 → きた 왔다

06 ~たり~たり する ~하기도 하고~하기도 하다

「~たり~たりする」는「~하기도 하고 ~하기도 하다」「~하거나 ~하거나 하다」는 뜻이다.

映画(えいが)を 見(み)たり 友(とも)だちに 会(あ)ったり します。
영화를 보기도 하고 친구를 만나기도 합니다.
本(ほん)を 読(よ)んだり さんぽしたり します。
책을 읽거나 산책을 하거나 합니다.

07　～たほうがいい　~하는 편이 좋다

「～たほうがいい」는 「~하는 편이 좋다」「~하는 편이 낫다」는 어드바이스 표현이다.

はやく　寝た　ほうが　いいですよ。
빨리 자는 편이 좋아요.

すこし　やすんだ　ほうが　いいです。
조금 쉬는 편이 좋아요.

08　～てから　~하고나서

おふろに　はいってから　寝ました。
목욕을 하고나서 잤습니다.

レポートを　書いてから　あそびました。
리포트를 쓰고 나서 놀았습니다.

09　～たあとで　~한 다음에/~한 뒤에

シャワーを　あびた　あとで　ビールを　のみました。
샤워를 한 후에 맥주를 마셨습니다.

ごはんを　食べた　あとで　映画を　見ましょう。
밥을 먹은 다음에 영화를 봅시다.

10　～まえに　~하기 전에

「동사기본형+まえに」「명사 のまえに」의 형태로 쓰이며 「~하기 전에」라는 뜻이 된다.

ごはんの　まえに　手を　あらって　ください。
밥을 먹기 전에 손을 씻으세요.

寝る　まえに　にっきを　書きます。
자기 전에 일기를 씁니다.

もんだい1　（　　　）に　何を　入れますか。1・2・3・4から　いちばん　いい　ものを　一つ　えらんで　ください。

1　としょかんで　本を　（　　　）べんきょうを　したり　します。
　　1　読みしたり　　2　読みたり　　3　読んだり　　4　読むだり

2　田中さん、テレビを　（　　　）ください。
　　1　けす　　2　けして　　3　けすして　　4　けすて

3　テストが　（　　　）あとで　パーティーを　します。
　　1　おわった　　2　おわって　　3　おわる　　4　おわります

4　休みの　日は　えいがを　（　　　）たり　買い物を　したり　します。
　　1　みる　　2　みた　　3　みっ　　4　み

5　この　ことばを　（　　　）ください。
　　1　おぼえて　　2　おぼりて　　3　おぼって　　4　おぼえって

6　会社へ　（　　　）まえに、ぎんこうへ　行きました。
　　1　行きます　　2　行った　　3　行って　　4　行く

7　まいにち　おふろに　（　　　）から　ねます。
　　1　入り　　2　入る　　3　入った　　4　入って

PRACTICE TEST

8 すみません、さとうを とって（　　　）。

1　くださいですか　　　　　2　くださいでしょうか
3　くださいませんか　　　　4　くださいましょうか

9 さいふを（　　　）こまりました。

1　なくしました　2　なくした　　3　なくす　　　4　なくして

10 この レストランは いつも たくさん 人が（　　　）ね。

1　ならんで あります　　　2　ならべて います
3　ならんで います　　　　4　ならべて あります

11 休みの 日は テレビを（　　　）本を（　　　）します。

1　見ると/読むと　　　　　2　見て/読んで
3　見たり/読んだり　　　　4　見るや/飲むや

12 山へは ぼうしを かぶって（　　　）ほうが いいですよ。

1　いく　　　2　いった　　3　いって　　4　いくの

13 きのうの よるは 6時に（　　　）、ごはんを つくりました。

1　かえる　　　2　かえった　　3　かえって　　4　かえったり

14 ドアが（　　　）。

1　しめます　　　　　　　2　しめて います
3　しまって います　　　4　しまって あります

173

15 あなたは いま お金を (　　　)か。

1 もってです　　　　2 もって あります

3 もって います　　　4 もって ください

もんだい2　＿＿★＿＿に 入る ものは どれですか。1・2・3・4から いちばん いい ものを 一つ えらんで ください。

1 ＿＿＿ ＿＿＿ ★＿＿ ＿＿＿。

1 そうじを　　2 でかけましょう　3 して　　4 から

2 もう ★＿＿ ＿＿＿ ＿＿＿ ＿＿＿ ませんか。

1 して　　2 しずかに　　3 ください　　4 すこし

3 ＿＿＿ ★＿＿ ＿＿＿ ＿＿＿ はいります。

1 まえに　　2 おふろに　　3 の　　4 ごはん

4 郵便局 ＿＿＿ ＿＿＿ ★＿＿ ＿＿＿。

1 しって　　2 います　　3 の　　4 電話番号を

5 その ＿＿＿ ＿＿＿ ＿＿＿ ★＿＿。

1 おいて　　2 あります　　3 ボールペンは　　4 つくえに

PRACTICE TEST

もんだい 3 　1から 5に 何(なに)を 入(い)れますか。1・2・3・4から いちばん いい ものを 一(ひと)つ えらんで ください。

(1)

こんしゅうの 木曜日(もくようび)の パーティーに ① 人(ひと)は 前(まえ)の 日(ひ)に キムさんに 600円(えん) ② ください。 お金(かね)を はらって パーティーに ③ 人(ひと)は つぎの 日(ひ)に キムさんが はんぶん かえします。

(2)

けさ 山川(やまかわ)さんは 7時に おきました。あさごはんを ④ 前(まえ)に シャワーを あびました。あさごはんを たべながら テレビを 見(み)ました。あさごはんを たべた ⑤ 新聞(しんぶん)を よみました。それから 会社(かいしゃ)へ 行(い)きました。

①	1 出(で)る	2 出(で)た	3 出(で)ました	4 出(で)て
②	1 はらう	2 はらいて	3 はらった	4 はらって
③	1 来(こ)ない	2 来(こ)なかった	3 来(き)て	4 来(き)た
④	1 たべながら	2 たべる	3 たべて	4 たべた
⑤	1 あとで	2 まで	3 まえに	4 から

175

もんだい4　つぎの　ぶんを　読んで　しつもんに　こたえて　ください。こたえは　1・2・3・4から　いちばん　いい　ものを　一つ　えらんで　ください。

天気

今日は　とても　あつい。この　あつさは　ふつうでは　ない。まだ　4月なのに、今日は　29度まで　あがった。天気予報に　よると、明日は　30度まで　あがるそうだ。みんな　もう　はんそでを　着て　いる。このまま　どんどん　あつくなったら、今年の　夏は　どう　なるだろう。しんぱいだ。

1　明日の　天気は　どう　なるそうですか。

1　今日より　あつくなる。
2　今日より　あつくない。
3　今日より　あつかった。
4　今日より　あつくなかった。

2　このごろ　みんな　どんな　服を　着て　いますか。

1　冬の　服
2　春の　服
3　夏の　服
4　秋の　服

PRACTICE TEST

もんだい 5　つぎの ぶんを 読んで しつもんに こたえて ください。こたえは 1・2・3・4から いちばん いい ものを 一つ えらんで ください。

先生の 誕生日パーティー

先週、日本語の じゅぎょうの とき リーさんが「私は 料理を するのが 好きです。先生の お誕生日に 料理を つくります。」と いった。すると、先生が「私の 誕生日は こんしゅうの 日曜日です。」と おっしゃった。リーさんは、「じゃあ、日曜日に 先生の 家で パーティーを しませんか。料理は 私が つくって 行きます。みなさんは 飲み物だけ 持って きて ください。」と いった。

1　先生の たんじょうびは いつですか。
　　1　先々週の 日曜日　　　　2　先週の 日曜日
　　3　来週の 日曜日　　　　　4　今週の 日曜日

2　リーさんの しゅみは 何ですか。
　　1　料理を つくる こと　　2　料理を たべる こと
　　3　料理を みる こと　　　4　料理を すてる こと

もんだい6　男の人が メニューを 見ながら 話して います。この人は ランチで いくら 使いますか。1・2・3・4から いちばん いい ものを 一つ えらんで ください。

ランチ メニュー

あさ トーストを 食べたので、 ひるは 肉に します。とんかつに しようかな。ハンバーガーも 食べたいけど、すこし 高いので 安いのに します。飲み物は コーラーに します。それから、きのう、まゆみが コーラを おごって くれたので きょうは わたしが おごります。

1　男の人は ランチで いくら 使いますか。

1　1300円

2　1050円

3　750円

4　950円

メニュー

とんかつ　　　４５０円
ハンバーガー　５５０円
ラーメン　　　６００円
うどん　　　　５００円
そば　　　　　５００円
コーラ　　　　３００円
コーヒー　　　５００円
紅茶　　　　　４５０円

chapter 03 청해

N5 3교시

스케줄 파악 문제

보통 스케줄을 파악하는 문제에서는 과거 어느 시점, 예를 들면 昨日(きのう)(어제), 先週(せんしゅう)(지난 주), 週末(しゅうまつ)(주말), 夏休(なつやす)み(여름방학)과 같은 시점을 제시하고 무엇을 했는지, 어디에 갔는지 등과 같은 스케줄을 묻는 문제가 나올 수 있다. 또한 앞으로의 어떤 계획이 있는지 앞으로의 일정을 물어보는 경우도 있다.

대화를 잘 듣고 맞는 답을 하나 고르시오.

1 ばん

2 ばん

①

②

③

④

えなどは ありません。

PRACTICE TEST

3 ばん

①

②

③

④

えなどは ありません。

4 ばん

①

②

③

④

えなどは ありません。

스크립트

問題 1

質問 女(おんな)の人(ひと)と男(おとこ)の人(ひと)が話(はな)しています。男の人は来週(らいしゅう)の日曜日(にちようび)の午後(ごご)何(なに)をしますか。

女：ヤンさん、休(やす)みの日(ひ)にはいつも何(なに)をしていますか。

男：休みの日は朝(あさ)から掃除(そうじ)と洗濯(せんたく)をします。そして午後(ごご)は、買(か)い物(もの)をしたり、映画(えいが)を見(み)たりします。

女：では、来週(らいしゅう)の日曜日(にちようび)、一緒(いっしょ)に映画(えいが)を見(み)に行(い)きませんか。

男：あ、すみません。来週の月曜日(げつようび)はテストですから、日曜日の午後はうちで勉強(べんきょう)します。

女：そうですか…。

질문 여자와 남자가 이야기를 하고 있습니다. 남자는 다음 주 일요일 오후 무엇을 합니까?

여：양씨, 쉬는 날에는 늘 무엇을 하세요?

남：쉬는 날은 아침부터 청소와 세탁을 합니다. 그리고 오후는 쇼핑을 하거나 영화를 보거나 합니다.

여：그렇다면, 다음 주 일요일 같이 영화를 보러 안 가시겠습니까?

남：아, 죄송합니다. 다음 주 월요일은 테스트가 있어서 일요일 오후는 집에서 공부할겁니다.

여：그렇구나….

> **중요표현**
> 1. ~たり~たりする ~하거나 ~하거나 하다, ~하기도 하고 ~하기도 하다.
> 2. 동사ます형+には 목적 표현으로 ~하러 라는 뜻이다.
>   映画(えいが)を見(み)に 영화를 보러, ごはんを食(た)べに 밥을 먹으러.

문제 2

質問　男(おとこ)の人(ひと)と女(おんな)の人(ひと)が話(はな)しています。昨日(きのう)二人(ふたり)で一緒(いっしょ)に何(なに)をしましたか。

男：昨日(きのう)のテニス、楽(たの)しかったですね。
女：ええ、でもちょっと疲(つか)れました。
男：僕(ぼく)は、あのあとサッカーをして、夜(よる)はみんなでお酒(さけ)を飲(の)みに行(い)きました。
女：元気(げんき)ですね。わたしはテニスのあと、買(か)い物(もの)をして帰(かえ)りました。

1. テニスをしました。
2. お酒を飲みました。
3. サッカーをしました。
4. 買い物をしました。

질문　남자와 여자가 이야기를 하고 있습니다. 어제 두 사람은 같이 무엇을 했습니까?

남 : 어제 테니스 재미있었죠!
여 : 예, 하지만 조금 피곤했습니다.
남 : 저는 그 후에 축구를 하고, 저녁에 다 함께 술을 마시러 갔었습니다.
여 : 기운이 넘치시네요. 저는 테니스 후에 쇼핑을 하고 집에 돌아왔습니다.

1. 테니스를 쳤습니다.
2. 술을 마셨습니다.
3. 축구를 했습니다.
4. 쇼핑을 했습니다.

> **중요표현**
> 1. い형용사의 과거형은 い를 떼고 かった를 붙이면 된다.
>   たのしい(즐겁다) → たのしかった(즐거웠다), おいしい(맛있다) → おいしかった(맛있었다)
> 2. あの 상대가 이미 알고 있는 사항을 가리킴. 그러므로 여기서 あのあと는 그 후.

183

스크립트

문제 3

質問　男(おとこ)の人(ひと)と女(おんな)の人(ひと)が話(はな)しています。男の人は京都(きょうと)で何(なに)をしましたか。

男：これ、京都(きょうと)で買(か)ったお菓子(かし)です。どうぞ。
女：ありがとうございます。旅行(りょこう)ですか。
男：はい、友(とも)だちの結婚(けっこん)パーティーでした。おとといい行(い)って、夕(ゆう)べ帰(かえ)ったんです。有名(ゆうめい)な所(ところ)へも行きたかったんですけど、時間(じかん)がありませんでした。

1．仕事(しごと)をしました。
2．結婚パーティーに行きました。
3．結婚しました。
4．有名な所へ行きました。

질문　남자와 여자가 이야기를 하고 있습니다. 남자는 교토에서 무엇을 했습니까?

남 : 이거, 교토에서 산 과자입니다. 드세요.
여 : 고맙습니다. 여행하셨어요?
남 : 예, 친구의 결혼 파티였습니다. 그저께 가서 어제 저녁에 돌아왔습니다. 유명한 곳에도 가고 싶었지만 시간이 없었습니다.

1. 일을 했습니다.
2. 결혼 파티에 갔었습니다.
3. 결혼했습니다.
4. 유명한 곳에 갔었습니다.

중요표현

1. **おととい** 그저께, **夕(ゆう)べ** 어제 저녁, 어제 밤
2. 동사ます형+たい는 ~하고 싶다는 희망표현이다. ~たい의 과거형은 ~たかった이다.
   行(い)きたい(가고 싶다) → 行(い)きたかった(가고 싶었다)
   飲(の)みたい(마시고 싶다) → 飲(の)みたかった(마시고 싶었다)

문제 4

質問 男(おとこ)の人(ひと)と女(おんな)の人(ひと)が話(はな)しています。女の人は夏休(なつやす)みに何(なに)をしましたか。

男：スワンさんは夏休(なつやす)みに国(くに)へ帰(かえ)りましたか。
女：いいえ、帰りませんでした。
男：じゃあ、仕事(しごと)をしていましたか。
女：いいえ、両親(りょうしん)が来(き)て一緒(いっしょ)に日本(にほん)の北(きた)のほうへ行(い)きました。私の国は一年中(いちねんじゅう)暑(あつ)いですから。
男：どうでしたか。
女：とても涼(すず)しくてよかったです。

1. 日本の涼しいところに行きました。
2. 暑い国へ旅行しました。
3. 国へ帰りました。
4. ずっと仕事をしていました。

질문 남자와 여자가 이야기를 하고 있습니다. 여자는 여름휴가 때 무엇을 했습니까?

남 : 스완씨는 여름휴가 때 고국에 다녀오셨습니까?
여 : 아니오, 가지 않았습니다.
남 : 그러면, 일을 하셨습니까?
여 : 아니요, 부모님이 와서 일본 북부지방에 갔었습니다. 우리나라는 일 년 내내 더우니까요.
남 : 어땠습니까?
여 : 아주 시원하고 좋았습니다.

1. 일본의 선선한 곳에 갔습니다.
2. 더운 나라로 갔습니다.
3. 귀국했습니다.
4. 계속 일을 하고 있었습니다.

> **중요표현**
> 1. 一年中(いちねんじゅう) 일 년 내내.
> 2. い형용사의 연결형은 い를 떼고 くて를 붙인다. 뜻은 ~이고(연결)/이어서(원인, 이유)
>   高(たか)い(비싸다) → 高(たか)くて(비싸고/비싸서)
>   すずしい(선선하다) → すずしくて(선선하고/선선해서)

N5

뉴 일본어 능력시험

Part 08

문자/어휘 chapter 01
필수 조수사/필수 부사

문법/독해 chapter 02
필수 문형 – 변화/희망표현

청해 chapter 03
행동 예측 문제

chapter 01 문자/어휘

필수 조수사

二杯 にはい 두 잔	六本 ろっぽん 여섯 그루, 자루 등	
九本 きゅうほん 아홉 개피	一 ひとつ 한 개	五 いつつ 다섯 개
六年間 ろくねんかん 6년간	四 よん キロ 4키로	三冊 さんさつ 세 권
四冊 よんさつ 4권	一人 ひとり 혼자	九枚 きゅうまい 9장
十二枚 じゅうにまい 12장	一匹 いっぴき 한 마리	二匹 にひき 두 마리
三台 さんだい 세 대	十台 じゅうだい 열 대	三個 さんこ 세 개(계란 등)
三階 さんがい 3층	二十歳 はたち 20살	
二十八歳 にじゅうはっさい 28살		

필수 부사

もっと 더	暗くらく 어둡게	すぐに 바로
たいてい 대체로	たくさん 많이	はじめて 처음으로
ときどき 때때로	だんだん 점점	ちょうど 정각
いちばん 가장	すこし 조금	あまり 그다지, 별로
とても 매우, 대단히	いつも 항상	
もう 이미, 벌써	だいぶ 상당히, 많이	

PRACTICE TEST

もんだい 1 ＿＿＿の ことばは どう よみますか。1・2・3・4から
いちばん いい ものを ひとつ えらんで ください。

1 ケーキを ふたつと コーヒーを 二杯 ください。
   1 にはい   2 いっぱい   3 ふたはい   4 いちはい

2 ちちは まいにち タバコを 九本 すいます。
   1 きゅうぽん   2 きゅうほん   3 くぼん   4 くほん

3 ちゅうしゃじょうに くるまが 十台 あります。
   1 じゅうだい   2 ごだい   3 にじゅうだい 4 ななだい

4 にほんに 六年間 すんで います。
   1 ごねんかん   2 にねんかん   3 ろくねんかん 4 はちねんかん

5 この みちを あと 四キロ はしって ください。
   1 よキロ   2 よんキロ   3 しキロ   4 よっキロ

6 ノートを 三冊 かって きました。
   1 ごさつ   2 いっさつ   3 にさつ   4 さんさつ

7 わたしの いえには ペットが 二匹 います。
   1 いっぴき   2 ひとひき   3 にひき   4 ふたひき

189

8 ハンカチを 十二枚も もって います。
　　1　じゅういちまい　　　2　じゅうにまい
　　3　じゅうよんまい　　　4　にじゅうまい

もんだい 2　＿＿＿の ことばは どう かきますか。1・2・3・4から いちばん いい ものを ひとつ えらんで ください。

1 かばんの なかに 本が よんさつ はいって います。
　　1　四札　　　2　四冊　　　3　四撮　　　4　四刷

2 たまごが さんこ あります。
　　1　三古　　　2　三子　　　3　三戸　　　4　三個

3 あなたの マンションは なんがいに ありますか。
　　1　何階　　　2　何回　　　3　何皆　　　4　何会

4 きょうが たんじょうびで はたちに なりました。
　　1　二十日　　2　二十歳　　3　十日　　　4　十歳

5 にわに きが ろっぽん うえて あります。
　　1　一本　　　2　三本　　　3　六本　　　4　八本

PRACTICE TEST

6 さかなが いっぴきも いません。
　　1　二匹　　　2　一匹　　　3　五匹　　　4　三匹

7 きってを きゅうまい おねがいします。
　　1　六枚　　　2　九枚　　　3　二枚　　　4　八枚

8 ともだちの いえには テレビが さんだいも あります。
　　1　三台　　　2　三代　　　3　三大　　　4　三第

もんだい 3　（　　　）に なにを いれますか。1・2・3・4から いちばん いい ものを ひとつ えらんで ください。

1　（　　　）ゆっくり たべて ください。
　　1　どうも　　　2　たぶん　　　3　よく　　　4　もっと

2　でんきを けして、へやが（　　　）なりました。
　　1　あかるく　　2　くらく　　3　くろく　　4　しろく

3　（　　　）うちに でんわして ください。
　　1　だんだん　　2　ちょうど　　3　すぐに　　4　まだ

4 わたしは（　　　）、あさ　はちじに　いえを　でます。
　　1　たいてい　　2　だんだん　　3　たいへん　　4　とても

5 じゅぎょうは（　　　）3じに　おわります。
　　1　あまり　　2　ちょうど　　3　ちょっと　　4　もちろん

6 きのうは（　　　）にほんの　えいがを　みました。
　　1　はじめて　　2　はじめに　　3　たぶん　　4　まっすぐ

7 たいていは　あるいて　いきますが、（　　　）くるまで　いきます。
　　1　いろいろ　　2　ちょうど　　3　いつも　　4　ときどき

8 にほんごは　はじめは　やさしいですが、（　　　）むずかしく　なります。
　　1　だんだん　　2　すぐ　　3　まっすぐ　　4　また

PRACTICE TEST

もんだい 4　　　　＿＿＿＿の ぶんと だいたい おなじいみの ぶんが あります。1・2・3・4から いちばん いい ものを ひとつ えらんで ください。

1　ともだちの おばあさんは <u>いつも きものを きて います</u>。

1　ときどき きものを きて います。
2　たまに きものを きて います。
3　まいにち きものを きて います。
4　よく きものを きて います。

2　くすりは <u>もう</u> のみました。

1　あした のみました。
2　ちょっと さきに のみました。
3　いちじかん あとで のみました。
4　さんじっぷん また のみました。

3　きょうは <u>だいぶ じかんが あります</u>。

1　じかんが すこし あります。
2　じかんが ほとんど ありません。
3　じかんが あまり ありません。
4　じかんが たくさん あります。

chapter 02 문법/독해

N5 2교시

01 い형용사+くなる ~해지다 / い형용사+くする ~하게 하다

「い형용사+くなる」는 「~해지다」 상태가 변화되는 자동사의 기능.
「い형용사+くする」는 「~하게 하다」 상태를 변화시키는 타동사의 기능.

> 仕事が 忙しく なりました。 일이 바빠졌습니다.
> 電気を つけて へやを あかるく しましょう。
> 불을 켜서 방을 밝게 합시다.

02 な형용사+になる ~해지다 / な형용사+にする ~하게 하다

「な형용사+になる」는 「~해지다」 상태가 변화되는 자동사의 기능.
「な형용사+にする」는 「~하게 하다」 상태를 변화시키는 타동사의 기능.

> 静かに なりました。 조용해졌습니다.
> まじめに して ください。 성실하게 해 주세요.

03 명사+になる ~이 되다

> 田中さんが 歌手に なりました。
> 다나카씨가 가수가 되었습니다.
> もう 12時に なった。 벌써 12시가 되었다.

04 명사 が+ほしい ~를 갖고 싶다

「명사が+ほしい」는 「~를 갖고 싶다」는 희망표현이다. ほしい앞은 조사 を가 아니라 が를 사용하니 주의하자.

> 今、何が ほしいですか。 지금 무엇을 갖고 싶습니까?
> 新しい じしょが ほしいです。 새 사전을 갖고 싶어요.

문법 필수 문형 - 변화/희망표현

05 명사 を+ほしがる ~를 갖고 싶어 하다

「명사を+ほしがる」는 「~를 갖고 싶어 하다」 제3자의 희망을 나타내는 희망표현이다. 「~を ほしがっています」「~를 갖고 싶어 하고 있습니다」 형태로 많이 사용한다.

> 木村さんは　車を　ほしがって　います。
> 기무라씨는 차를 갖고 싶어 하고 있습니다.
>
> 子供たちは　ぬいぐるみを　ほしがります。
> 아이들은 인형을 갖고 싶어 합니다.

06 ます형+たい ~하고 싶다

「동사ます형+たい」는 「~하고 싶다」는 희망표현이다.

> 歌手に　なりたいです。
> 가수가 되고 싶습니다.
>
> ちょっと　やすみたいです。
> 조금 쉬고 싶습니다.

07 ます형+たがる ~하고 싶어하다

「동사ます형+たがる」는 「~하고 싶어하다」 제3자의 희망을 나타내는 희망표현이다. 「동사ます형+たがっています」「~하고 싶어 하고 있습니다」 형태로 많이 사용한다.

> キムさんは　日本で　仕事を　したがって　います。
> 김씨는 일본에서 일을 하고 싶어 합니다.
>
> 母は　料理を　習いたがって　います。
> 엄마는 요리를 배우고 싶어 합니다.

もんだい1　（　　　）に　何を　入れますか。1・2・3・4から　いちばん　いい　ものを　一つ　えらんで　ください。

1　（　　　）なりましたから、セーターが　いります。
　　1　さむいく　　2　さむいに　　3　さむく　　4　さむい

2　ことしの　なつは　うみで　（　　　）たいです。
　　1　およが　　2　およぐ　　3　およぎ　　4　およげ

3　わたしは　カメラが　（　　　）。
　　1　なります　　2　ください　　3　しません　　4　ほしいです

4　もう少し　（　　　）して　くださいませんか。
　　1　しずかに　　2　しずかだ　　3　しずか　　4　しずかで

5　しごとが　（　　　）なりました。
　　1　いそがしいに　　2　いそがしく
　　3　いそがしい　　4　いそがしくて

6　わたしは　外国で　（　　　）たいです。
　　1　はたらけ　　2　はたらい　　3　はたらく　　4　はたらき

7　たくさん　あるいたから、足が　（　　　）なりました。
　　1　いたくて　　2　いたいに　　3　いたく　　4　いたい

PRACTICE TEST

8 かおが（　　　）なりました。
1　あかくて　　2　あかいく　　3　あかいに　　4　あかく

9 「映画が（　　　）。」「じゃ、あした　見に　行きませんか。」
1　見たいですね　　　　　　2　見ますね
3　見たがって　いますね　　4　見てたいですね

10 12時（　　　）なりました。ひるごはんの　時間です。
1　が　　2　に　　3　から　　4　へ

11 からだが（　　　）なりました。
1　じょうぶな　　2　じょうぶに　　3　じょうぶく　　4　じょうぶで

12 わたしは　なつに　うみで（　　　）たいです。
1　あそぶ　　2　あそび　　3　あそば　　4　あそんで

13 時間が　ありません。（　　　）ください。
1　はやく　して　　　　　2　はやく　なって
3　はやいに　して　　　　4　はやいに　なって

14 友達は　日本に（　　　）。
1　行きたいです　　　　　　2　行きたって　います
3　行きたがって　います　　4　行きほしいです

15 父は さいふを （　　　　）。

1　ほしがって　います　　　　2　ほしいです

3　ほしがって　あります　　　4　ほしって　います

もんだい2　＿＿★＿＿に 入る ものは どれですか。1・2・3・4から
　　　　　いちばん いい ものを 一つ えらんで ください。

1　＿＿＿＿ ＿★＿＿ ＿＿＿＿ ＿＿＿＿。

1　くだもの　　2　たべたい　　3　が　　　　4　です

2　へや ＿＿＿＿ ＿＿＿＿ ＿★＿＿ ＿＿＿＿ ください。

1　もっと　　　2　を　　　　3　して　　　4　あかるく

3　大学の 友達は、＿＿＿＿ ＿★＿＿ ＿＿＿＿ ＿＿＿＿ なりました。

1　に　　　　　2　えいご　　3　の　　　　4　先生

4　＿＿＿＿ ＿★＿＿ ＿＿＿＿ ＿＿＿＿ ください。

1　だから　　　2　して　　　3　しずかに　　4　じゅぎょう中

5　わたしは ＿＿＿＿ ＿＿＿＿ ＿＿＿＿ ＿★＿＿ ほしいです。

1　もっと　　　2　小さい　　3　が　　　　4　カメラ

PRACTICE TEST

もんだい3　1から　5に　何を　入れますか。1・2・3・4から　いちばん　いい　ものを　一つ　えらんで　ください。

(1)

さいきん　宿題が　[1]　なりました。それで　あまり　本を　読む　[2]　が　ありません。でも　とても　[3]　本が　あったので　今日　図書館で　かりました。

(2)

いま　よるの　11時です。きょうは　しごとが　[4]　。9時に　ばんごはんを　たべて　おふろに　はいりました。いつもは　おふろに　はいってから　7時ごろ　ごはんを　たべます。おそくまで　おきて　いません。はやく　[5]　。

[1]　1　多い　　　2　多く　　　3　多いに　　　4　多くて

[2]　1　時間　　　2　本　　　　3　人　　　　　4　ところ

[3]　1　読みたがる
　　　2　読むたい
　　　3　読んでたい
　　　4　読みたい

199

4　1　いそがしくないです
　　2　いそがしいでした
　　3　いそがしいです
　　4　いそがしかったです

5　1　ねりたいです
　　2　ねたいです
　　3　ねたがります
　　4　ねるほしいです

PRACTICE TEST

もんだい 4 つぎの ぶんを 読んで しつもんに こたえて ください。こたえは 1・2・3・4から いちばん いい ものを 一つ えらんで ください。

日記(にっき)

朝(あさ) 早(はや)くから 雨(あめ)だったが、ひるには はれた。午後から じてんしゃで とおくの こうえんへ 行った。公園で 漫画(まんが)を 読んだ。あたたかくて とても よかった。
でも、すこし くもったから 4時ごろ 家に 帰(かえ)った。明日(あした)も やすみだから、また 公園へ 行きたい。

1. 雨が ふったのは いつですか。
   1. 午後だけ
   2. 1日中
   3. 午前中だけ
   4. 夜だけ

2. どうして 4時ごろ 家に 帰りましたか。
   1. ちょっと さむかったから。
   2. ちょっと つかれたから。
   3. ちょっと あめが ふったから。
   4. ちょっと くもったから。

もんだい5　つぎの　ぶんを　読んで　しつもんに　こたえて　ください。
こたえは　1・2・3・4から　いちばん　いい　ものを　一つ　えらんで　ください。

先生への　手紙

マキ先生、お元気ですか。私は　いま　北海道に　来て　います。ここは　とても　広いので　びっくりしました。
空の　色も　とても　青くて、とおい　山も　きれいに　見えます。先生が　行った　ことが　ある　みずうみにも　行きました。
明日は　島へ　行きます。おいしい　魚が　食べられるので　たのしみです。
東京に　帰ったら　すぐ　れんらくします。先生の　おみやげも　買いましたので、たのしみに　して　いて　ください。

[1]　先生は　どこに　行った　ことが　ありますか。
　　1　しま　　　　2　みずうみ　　　3　うみ　　　　4　そら

[2]　あしたは　なにが　たのしみですか。
　　1　あおい　そらを　みる　こと
　　2　ひろい　ほっかいどうへ　いく　こと
　　3　きれいな　みずうみを　みに　いく　こと
　　4　おいしい　さかなを　たべる　こと

PRACTICE TEST

もんだい 6 　日本語学校の　授業時間を　見ながら　話して　います。どの　クラスを　選びましたか。答えは　1・2・3・4から、いちばん　いい　ものを　一つ　えらんで　ください。

私は　東京に　住んで　います。ごご　2時からは　アルバイトが　あるから、ごごの　クラスは　むりです。朝　起きるのが　たいへんですが、しかたが　ありません。日本語の　授業は　月曜日から　金曜日まで　5回　あります。

1 　この　人は　どの　授業を　うける　ことに　しましたか。

1. 午前　9時の　クラス
2. 午前　9時20分の　クラス
3. 午後　1時15分の　クラス
4. 午後　1時20分の　クラス

日本語学校の　授業時間について

曜日		午前クラス	午後クラス
月曜日〜金曜日	東京校	9:00〜12:45	13:15〜17:00
	大阪校	9:20〜13:10	13:20〜17:10

＊授業時間帯およびクラスなどの選択について予約等を申し受けることはできませんので、あらかじめご了解ください

chapter 03 청해

N5 3교시

행동 예측 문제

행동 예측 문제에서는 다음에 어떤 행동을 취할 것인지, 어떤 장소를 갈 것인지를 묻는 문제이다. 다양한 상황이 제시됨으로 먼저 어떤 주제에 대해 이야기를 하는지 주제 파악을 확실히 해야 한다. 중반 이후 갑작스러운 변수로 혼란을 주는 경우도 있으니 반전에 유의해 끝까지 집중하여 들어야 한다.

대화를 잘 듣고 맞는 답을 하나 고르시오.

1 ばん

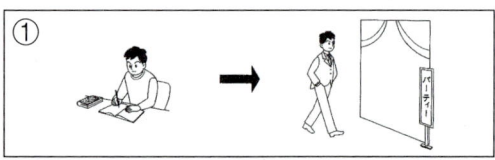

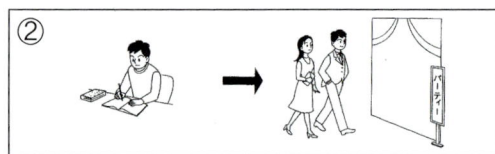

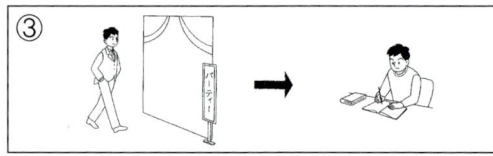

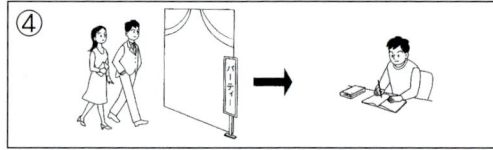

2 ばん

①

②

③

④

えなどは　ありません。

PRACTICE TEST

3ばん

①

②

③

④

えなどは　ありません。

4ばん

①

②

③

④

えなどは　ありません。

스크립트

문제 1

質問　女(おんな)の人(ひと)と男(おとこ)の人(ひと)が話(はな)しています。男の人は、どうしますか。

女：パーティーに行(い)きますか。
男：はい、勉強(べんきょう)が終(お)わってから行きます。
女：そう。だれかと一緒(いっしょ)に行きますか。
男：うーん、そうですね。一人(ひとり)で行きます。

질문　여자와 남자가 이야기를 하고 있습니다. 남자는 어떻게 할 겁니까?

여 : 파티에 가세요?
남 : 예, 공부가 끝나고 나서 갈 겁니다.
여 : 그래요? 누군가랑 함께 가세요?
남 : 음…. 글쎄요. 혼자서 갈 겁니다.

> **중요표현**
> 1. 終(お)わってから는 終(お)わる(끝나다)+てから(하고나서) 즉 끝나고 나서.
> 2. だれか는 누군가 だれが는 누가 라는 뜻이다.
> 3. 一人(ひとり)で(혼자서), 二人(ふたり)で(둘이서), 三人(さんにん)で(셋이서)

문제 2

質問　男(おとこ)の人(ひと)と女(おんな)の人(ひと)が話(はな)しています。男の人はどうしますか。

男：木村(きむら)さん、もう仕事(しごと)終(お)わりましたか。
女：いいえ、まだです。でも今日(きょう)はもう疲(つか)れたから帰(かえ)ります。
男：あのう、映画(えいが)の切符(きっぷ)が２枚(にまい)あるんですけど、今(いま)から一緒(いっしょ)に 行(い)きませんか。この切符、今日までなんです。
女：すみません、今日はちょっと。
男：そうですか。残念(ざんねん)だなー。じゃあ、一人(ひとり)で行きます。
女：すみません。
男：いえいえ。

1. 女の人と仕事をします。
2. 一人で仕事をします。
3. 女の人と映画を見ます。
4. 一人で映画を見(み)ます。

질문　남자와 여자가 이야기를 하고 있습니다. 남자는 어떻게 할 겁니까?

남 : 기무라씨. 벌써 일 끝나셨어요?
여 : 아니요, 아직 입니다. 그러나 오늘은 피곤해서 집에 돌아갈 겁니다.
남 : 저기, 영화 티켓이 2장 있는데 지금부터 함께 가지 않으시겠습니까? 이 티켓 오늘까지거든요.
여 : 죄송해요. 오늘은 조금….
남 : 그러세요? 유감이네요. 그럼, 혼자서 갈게요.
여 : 죄송합니다.
남 : 아니에요.

1. 여자와 일을 합니다.
2. 혼자서 일을 합니다.
3. 여자랑 영화를 봅니다.
4. 혼자서 영화를 봅니다.

& 해설

> **중요표현**
> 1. もう 벌써 이제, まだ 아직
> 2. 今日(きょう)はちょっと。 오늘은 조금…. 뒤에 말이 생략되어 있어도 곤란하다는 뉘앙스를 풍기고 있다.

문제 3

質問　女(おんな)の人(ひと)と男(おとこ)の人(ひと)が話(はな)しています。女の人は、どうしますか。

女：あの、すみません。ここは山田(やまだ)先生(せんせい)の部屋(へや)ですか。
男：はい、そうです。
女：山田先生は…。
男：あ、今(いま)、2階(にかい)の教室(きょうしつ)で授業中(じゅぎょうちゅう)です。えーと、3時(さんじ)に終(お)わりますけど。
女：あ、そうですか。じゃあ、また後(あと)で来(き)ます。

1．今から、教室に行きます。
2．後で、教室に行きます。
3．先生の部屋で待ちます。
4．後で、先生の部屋に来ます。

질문　여자와 남자가 이야기를 하고 있습니다. 여자는 어떻게 합니까?

여 : 저기, 실례합니다. 여기는 야마다선생님의 방입니까?
남 : 예, 그렇습니다.
여 : 야마다선생님은….
남 : 아, 지금 2층 교실에서 수업중입니다. 저어, 3시에 끝날 겁니다.
여 : 아, 그렇습니까? 그럼, 잠시 후에 다시 오겠습니다.

1. 지금부터 교실에 갑니다.
2. 잠시 후에 교실에 갑니다.
3. 선생님의 방에서 기다립니다.
4. 잠시 후에 선생님의 방에 옵니다.

> **중요표현**
> 1. **すみません** 미안합니다, 죄송합니다 라는 뜻 이외에 타인의 집이나 가게에 들어설 경우 실례합니다, 계십니까 라는 뜻으로도 쓰인다.
> 2. **ええと, えーと, えっと** 말을 곧 잇지 못하고 망설일 때 내는 말. 저어.
> 3. **また後(あと)で** 나중에, 다음에. 이 문제를 푸는 핵심 키워드이다!

스크립트

문제 4

質問　男(おとこ)の人(ひと)が話(はな)しています。この人(ひと)たちは、この後(あと)すぐ何(なに)をしますか。

男：じゃあ、この後(あと)はあの赤(あか)い電車(でんしゃ)に乗(の)って南公園(みなみこうえん)へ行(い)きましょう。そこで自転車(じてんしゃ)を借(か)ります。えーと、今(いま)１２時ですね。昼(ひる)ごはんは南公園で食(た)べましょう。

１．電車に乗ります。
２．南公園を散歩(さんぽ)します。
３．自転車に乗ります。
４．昼ごはんを食べます。

질문　남자가 이야기를 하고 있습니다. 이 사람들은 이후에 곧바로 무엇을 할 겁니까?

남 : 그럼. 이다음은 저 빨간 전철을 타고 미나미공원으로 갑시다. 거기에서 자전거를 빌릴 겁니다. 음…. 지금 12시지요? 점심은 미나미공원에서 먹읍시다.

1. 전철을 탑니다.
2. 미나미공원을 산책합니다.
3. 자전거를 탑니다.
4. 점심을 먹습니다.

중요표현
1. 〜に乗(の)る (〜를 타다), 乗(の)る는 조사를를 쓰지 않고 に를 쓴다.
2. 〜ましょう 합시다. 食(た)べましょう(먹읍시다), 行(い)きましょう(갑시다)

N5

뉴 일본어 능력시험

Part 09

문자/어휘 chapter 01
필수 카타카나/필수 카타카나

문법/독해 chapter 02
필수 문형 – 기타 문법

청해 chapter 03
발화(発話) 표현 문제(청해문제 3번 패턴)

chapter 01 문자/어휘

N5 1교시

필수 카타카나

カメラ 카메라	カレンダー 달력	タクシー 택시
バス 버스	エレベーター 엘리베이터	ラジオ 라디오
ハンカチ 손수건	シャツ 셔츠	スカート 스커트
ネクタイ 넥타이	スペイン 스페인	スポーツ 스포츠
テーブル 테이블	ナイフ 나이프	パーティー 파티
レストラン 레스토랑	アパート 아파트	デパート 백화점
ホテル 호텔	プール 수영장	

필수 카타카나

ページ 페이지	ピアノ 피아노	スキー 스키
テレビ 텔레비전	スリッパ 슬리퍼	コート 코트
ストーブ 스토브	ボールペン 볼펜	スプーン 스푼
カップ 컵	パソコン 컴퓨터	グラム 그램
メートル 미터	キロ 킬로그램	ページ 페이지
クーラー 에어컨(냉방기)	シャワー 샤워	ズボン 바지
バック 가방(백)	ポケット 주머니	ブレスレット 팔찌
コピー 복사	レコード 레코드	グラウンド 운동장

PRACTICE TEST

もんだい1　＿＿＿の　ことばは　どう　よみますか。1・2・3・4から　いちばん　いい　ものを　ひとつ　えらんで　ください。

1　あしが　ふといから、スカートは　はきません。
　　1　ばあーく　　2　ねたーい　　3　すかーと　　4　ずぼーん

2　とけいの　したに　カレンダーが　はって　あります。
　　1　はんがあー　2　りもこんー　3　てれびいー　4　かれんだー

3　しゅうでんに　のりおくれて　タクシーで　かえりました。
　　1　ほてるー　　2　らじおー　　3　たくしー　　4　てぶるー

4　ズボンの　うしろの　ポケットに　ハンカチが　はいって　います。
　　1　らあめん　　2　はんかち　　3　すぷうん　　4　ぽけっと

5　シャツの　いろが　とても　きれいです。
　　1　ぴあす　　　2　しゃつ　　　3　ずぼん　　　4　すかと

6　きのうは　かぞくと　やきにく　レストランで　がいしょくを　しました。
　　1　すていきい　2　りもこおん　3　はんばあが　4　れすとらん

7　にほんの　アパートは　とても　せまいですね。
　　1　べえーど　　2　すかーと　　3　あぱーと　　4　といーれ

213

8　けんこうの　ために　エレベーターは　つかいません。
　　1　ぷくーたーいー　　　　　2　えれべーたー
　　3　ぱそーこーんー　　　　　4　らせーえーんー

もんだい2　＿＿＿の　ことばは　どう　かきますか。1・2・3・4から　いちばん　いい　ものを　ひとつ　えらんで　ください。

1　すぺいんに　いった　ことが　ありますか。
　　1　スペイン　　2　スペイス　　3　スペウン　　4　スウイツ

2　きょうとでは　ほてるで　とまる　よていです。
　　1　ホタル　　2　ホテル　　3　モテル　　4　ボテル

3　てーぶるの　うえに　りんごが　おいて　あります。
　　1　テーブリ　　2　テーブル　　3　テープリ　　4　テーフル

4　ストレスが　たまった　ときは　でぱーとへ　いきます。
　　1　デパーシ　　2　テパート　　3　デパート　　4　デパード

5　にくを　ないふで　きります。
　　1　ナイス　　2　ナプキ　　3　ナイト　　4　ナイフ

PRACTICE TEST

6 すてきな ねくたいを して いますね。
　　1　ネクタイ　　2　ネッタイ　　3　スクタイ　　4　ネタタイ

7 きんようびの よる わたしの いえで ぱーてぃーを します。
　　1　パーテウー　2　パートイー　3　パーテンー　4　パーティー

8 いえから がっこうまで ばすで なんぷんぐらい かかりますか。
　　1　バス　　　2　パス　　　3　ブス　　　4　プス

もんだい3　（　　　）に なにを いれますか。1・2・3・4から いちばん いい ものを ひとつ えらんで ください。

1 ゆうべ ほんを 30（　　　）よみました。
　　1　ページ　　2　グラム　　3　メートル　　4　キロ

2 せんせいは どこの （　　　）に すんで いますか。
　　1　コーヒー　2　ポケット　3　アパート　　4　テープ

3 かのじょは （　　　）を きいて います。
　　1　ドラマ　　2　ラジオ　　3　テーブル　　4　ストーブ

[4] きのうは　ともだちと　(　　　)で　およぎました。
　　1　グラウンド　　2　タクシー　　3　バス　　　　4　プール

[5] わたしの　すきな　スポーツは　(　　　)です。
　　1　スキー　　　2　ピアノ　　　3　レコード　　4　テレビ

[6] まゆみさんは　あおい　(　　　)を　きて　います。
　　1　コート　　　2　ズボン　　　3　バック　　　4　ブレスレット

[7] どうぞ、くつを　ぬいで　(　　　)を　はいて　ください。
　　1　ズボン　　　2　シャツ　　　3　スリッパ　　4　ネクタイ

[8] へやが　あついから　(　　　)が　ほしいです。
　　1　コピー　　　2　ポケット　　3　パソコン　　4　クーラー

PRACTICE TEST

もんだい 4 　_____の ものは どんな ときに つかいますか。1・2・3・4から いちばん いい ものを ひとつ えらんで ください。

1 <u>ストーブ</u>
1 あたたかい とき
2 あつい とき
3 さむい とき
4 あかるい とき

2 <u>スプーン</u>
1 りんごを きる とき
2 ごはんを たべる とき
3 そうじを する とき
4 でんわを する とき

3 <u>カップ</u>
1 コーヒーを のむ とき
2 くだものを きる とき
3 ほんを よむ とき
4 ちかてつに のる とき

chapter 02 문법/독해

N5 2교시

01 もう+긍정 벌써, もう+부정 이제

部屋の 掃除は もう しました。(긍정)
방 청소는 벌써 했습니다.

あの 店には もう 行きません。(부정)
저 가게에는 이제 가지 않겠습니다.

02 まだ+긍정 아직, まだ+부정 아직

「まだ+긍정」은 아직 상태가 변하지 않았다는 뜻이다. 「まだ+부정」은 「まだ~ていない 아직 ~하지 않았다」의 형태에 주의하자.

ビールは まだ あります。 맥주는 아직 있습니다.
朝ごはんを 食べましたか。いいえ、まだです。 아침밥을 먹었습니까? 아니요, 아직 입니다.
まだ 話して いません。 아직 이야기하지 않았습니다.

03 とき ~때

友だちの 家に 行く ときは、まず 電話を します。
친구 집에 갈 때는 먼저 전화를 합니다.
この前、会った とき、聞いて みました。 요전에 만났을 때, 물어봤습니다.

04 でしょう ~일 것입니다

동사의 기본형, い형용사의 기본형, な형용사의 어간, 명사에 붙여 「~일 겁니다」라는 확실한 추측을 나타낸다. 일기예보에 자주 쓰이는 표현이다.

雨が ふるでしょう。 비가 올 것입니다.
週末は 忙がしいでしょう。 주말은 바쁠 겁니다.
ここは しずかでしょう。 여기는 조용할 것입니다.
彼は 学生でしょう。 그는 학생일겁니다.

문법 필수 문형 – 기타 문법

05 ～という ～라고 하는

これは 何(なん)という 花(はな)ですか。 이것은 무엇이라고 하는 꽃입니까?
「ノンノ」という ざっしを 買(か)いました。 「논노」라고 하는 잡지를 샀습니다.

06 から ～하니까, ～해서

「～から」는 이유나 원인을 나타내는 접속조사이다.

授業(じゅぎょう)が あるから、学校(がっこう)に 行(い)きます。 수업이 있어서 학교에 갑니다.
今日(きょう)は 忙(いそが)しいから、明日(あした) きて ください。 오늘은 바쁘니까 내일 오세요.

07 ～ごろ ～쯤, ～경

何時(なんじ)ごろ 寝(ね)ますか。 몇 시쯤 잡니까?
毎日(まいにち) 6時(じ)ごろ 起(お)きます。 매일 6시쯤 일어납니다.

08 ～じゅう ～내내

「仕事中(しごとちゅう) (일하는 중)」「電話中(でんわちゅう) (전화중)」처럼 ～中(ちゅう)로 발음이 날 경우는 진행 중이라는 뜻이지만 「一年中(いちねんじゅう) (일년 내내)」「一日中(いちにちじゅう) (하루 종일)」처럼 ～中(じゅう)로 발음이 날 경우는 ～내내 라는 뜻이 된다.

一日中(いちにちじゅう) 家(いえ)の 掃除(そうじ)を しました。 하루 종일 집 청소를 했습니다.
一年中(いちねんじゅう) 雨(あめ)が 多(おお)い ところ。 1년 내내 비가 많은 곳.

09 あまり～ない 별로～지 않다

魚(さかな)は あまり すきでは ありません。 생선은 별로 좋아하지 않습니다.
今日(きょう)は あまり あつく ありません。 오늘은 별로 덥지 않습니다.

もんだい1 （　　　）に 何を 入れますか。1・2・3・4から いちばん いい ものを 一つ えらんで ください。

1　この ねこは 何（　　　）いう 名前ですか。
　　1　が　　　　2　で　　　　3　を　　　　4　と

2　林さんは たぶん りょうりが （　　　）でしょう。
　　1　じょうず　2　じょうずな　3　じょうずに　4　じょうずだ

3　わたしは よく りょこうを しますが、あには （　　　）しません。
　　1　たいへん　2　ときどき　3　あまり　　4　とても

4　「お店、まだ あきませんね。」
　　「そうですね。でも もうすぐ （　　　）。」
　　1　あくでしょう　　　　　2　あくです
　　3　あきました　　　　　　4　あきませんでした

5　本を （　　　）とき、じしょを つかいます。
　　1　読む　　　2　読み　　　3　読んで　　4　読んだ

6　電車が とまりました。ゆきが たくさん （　　　）。
　　1　ふったでした　　　　　2　ふったからです
　　3　ふったです　　　　　　4　ふったまでです

PRACTICE TEST

7 まだ ゆうびんきょくは （　　　　）。早く 行きましょう。
　1　あきません　　　　　　　2　あきました
　3　あいて います　　　　　4　あきます

8 「もう この 本を 読みましたか。」
　「いいえ、（　　　　）。」
　1　まだです　　　　　　　　2　まだ 読みました
　3　もうです　　　　　　　　4　もう 読みませんでした

9 （　　　　）ときは、先生に 聞きます。
　1　わからないの　　　　　　2　わからない
　3　わかった　　　　　　　　4　わかって

10 きょうは よる 9時（　　　　）かえります。
　1　じゅう　　2　まで　　　3　ごろ　　　　4　とき

11 ぎゅうにゅうは ぜんぶ のみました。（　　　　）ありません。
　1　とても　　2　もっと　　3　まだ　　　　4　もう

12 今夜の パーティーは たぶん （　　　　）でしょう。
　1　にぎやかに　2　にぎやかだ　3　にぎやかな　4　にぎやか

13 いもうとが （　　　　）とき、ちちは 外国に いました。
　1　生まれ　　2　生まれた　　3　生まれて　　4　生まれるの

221

14 としょかんの 本は まだ （　　　）。
　1　かえさないでした　　　　2　かえして いません
　3　かえしました　　　　　　4　かえしましょう

15 昨日は つかれて、一日（　　　）寝ました。
　1　じゅう　　2　なか　　3　ちゅう　　4　じゅ

もんだい 2　＿＿★＿＿に 入る ものは どれですか。1・2・3・4から いちばん いい ものを 一つ えらんで ください。

1 カトレア ＿＿★＿＿ ＿＿＿ ＿＿＿ ＿＿＿ いますか。
　1　店を　　2　と　　3　しって　　4　いう

2 あした ＿＿＿ ＿＿＿ ＿＿★＿＿ ＿＿＿。
　1　ゆきが　　2　でしょう　　3　ふる　　4　は

3 この ＿＿＿ ＿＿＿ ＿＿★＿＿ ＿＿＿。
　1　ごろ　　　　　　　　2　おわりますか
　3　えいがは　　　　　　4　何時

PRACTICE TEST

4 あの 店は ＿＿＿ ★ ＿＿＿ ＿＿＿ ですか。

1 なん　　2 名前　　3 いう　　4 と

5 あの ＿＿＿ ＿＿＿ ＿＿＿ ★ ゆきが あります。

1 山　　2 一年中　　3 に　　4 は

もんだい 3　　1から 5に 何を 入れますか。1・2・3・4から いちばん いい ものを 一つ えらんで ください。

(1)

ハイキングの おしらせ

あさ 9時 **1** えきに あつまって ください。おべんとうと のみものを もって きて ください。あさ 雨が つよく ふって いる **2** は 8時まで いえで まって ください。そして わたしに 電話を して ください。8時の 天気を 見て、行くか どうか きめます。

(2)

このごろ とうきょうは すこし あたたかく なりました。**3** 春です。でも **4** から、かいしゃへ 行く ときは コートが いります。昼間は **5** さむく ありません。

| 1 | 1 ごろ | 2 とき | 3 ところ | 4 じゅう |

| 2 | 1 じゅう | 2 ぐらい | 3 から | 4 とき |

| 3 | 1 もう | 2 まだ | 3 とても | 4 また |

| 4 | 1 もう あさは さむい
    2 まだ あさは あつい
    3 もう あさは すずしい
    4 まだ あさは さむい |

| 5 | 1 とても | 2 あまり | 3 また | 4 よく |

PRACTICE TEST

もんだい 4 　つぎの　ぶんを　読んで　しつもんに　こたえて　ください。こたえは　1・2・3・4から　いちばん　いい　ものを　一つ　えらんで　ください。

歯医者

先週　はいしゃに　行った。予約を　しなくて、1時間以上　待った。今日も　また　行ったが、電話で　予約を　して　おいたのに、40分も　待った。予約は　なんの　ために　あるのかと　おもった。

1　予約を　しないで　はいしゃに　行った　ときは　どのくらい　待ちましたか。

1　20分ぐらい
2　50分ぐらい
3　40分ぐらい
4　1時間　10分ぐらい

2　予約を　して　行った　ときは　どのくらい　待ちましたか。

1　10分ぐらい
2　20分ぐらい
3　30分ぐらい
4　40分ぐらい

もんだい5　つぎの　ぶんを　読んで　しつもんに　こたえて　ください。
　　　　　こたえは　1・2・3・4から　いちばん　いい　ものを　一つ　えらんで　ください。

図書館

みなさんは　図書館を　りようして　いますか。みなさんが　住んで　いる　ところの　近くに　かならず　図書館が　あると　思います。最近の　図書館には　本だけでは　なく、ビデオや　CDなども　あります。もちろん、新聞や　辞書も　あります。図書館の　中は　いつも　本を　読むのに　ちょうど　いい　温度に　なって　います。夏は　すずしいし、冬は　あたたかいです。図書館は　本を　読む　人だけではなく、勉強して　いる　人も　おおぜい　います。

1　最近、図書館に　ないものは　なんですか。
　　1　本　　　　2　辞書　　　　3　新聞　　　　4　テレビ

2　図書館には　どんな　人が　来ますか。
　　1　辞書を　買う　人と　新聞を　読む　人
　　2　しょくじを　する　人と　本を　読む　人
　　3　うんどうを　する　人と　勉強を　する　人
　　4　本を　読む　人と　勉強を　する　人

PRACTICE TEST

もんだい6 映画の 上映案内を 見ながら 話して います。この 人が 見たい 映画は 何時に はじまりますか。こたえは 1・2・3・4から、いちばん いい ものを 一つ えらんで ください。

会社が 終わって 映画を 見に 行きます。見たい 映画は 「あなたは 私の 婿に なる」という 映画です。8時まで 仕事ですから 最後の 映画を 見る つもりです。

1 この 人が 見たい 映画は 何時に はじまりますか。

1 21:00に はじまります。
2 21:05に はじまります。
3 21:10に はじまります。
4 21:20に はじまります。

映画の 上映案内

福岡天神東宝	TEL 092 762 XXXX
10/24(土)〜30(金)の上映案内	*早チケ（ご鑑賞の4日前からチケット販売），全回席指定席制
映画タイトル	上映時間（赤＝レイトショー）
私の中のあなた	10:30/13:00/15:30/18:30
あなたは私の婿になる	10:50/13:20/15:50/18:40/21:20
沈まぬ太陽	10:40/14:50/19:00/20:20

chapter 03 청해

N5 3교시

발화(発話) 표현 문제(청해문제 3번 패턴)

그림을 보면서 질문을 듣고 정답을 고르는 문제이다. 일상생활 속에서 일어날 수 있는 다양한 상황이나 장면을 그림으로 제시한 후 적절한 대답을 찾는 문제이다. 그림을 보면서 어떠한 상황에서 발생하는 문제인가를 신속하게 파악하는 것이 중요하다.

〈예시〉

レストランで お店(みせ)の人(ひと)を 呼(よ)びます。何(なん)と いいますか。

1. いらっしゃいませ。
2. 失礼(しつれい)しました。
3. すみません。

友(とも)だちの 辞書(じしょ)を 使(つか)いたいです。何(なん)と いいますか。

1. この辞書、ありがとうございました。
2. この辞書、貸(か)してください。
3. この辞書、いいですよ。

그림을 보면서 질문을 잘 듣고 정답을 하나 고르시오

1ばん

2ばん

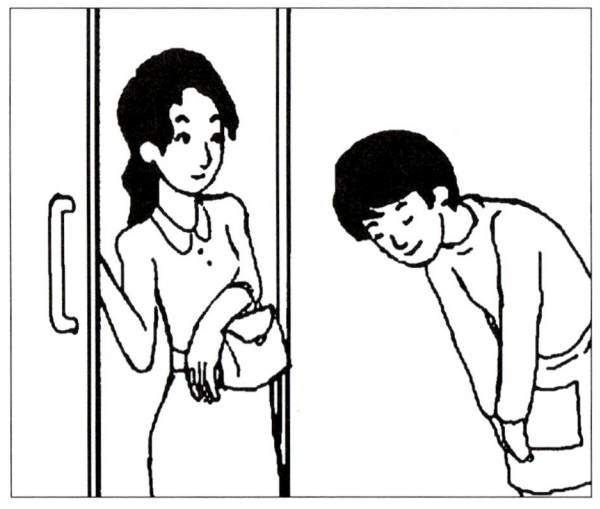

PRACTICE TEST

3 ばん

4 ばん

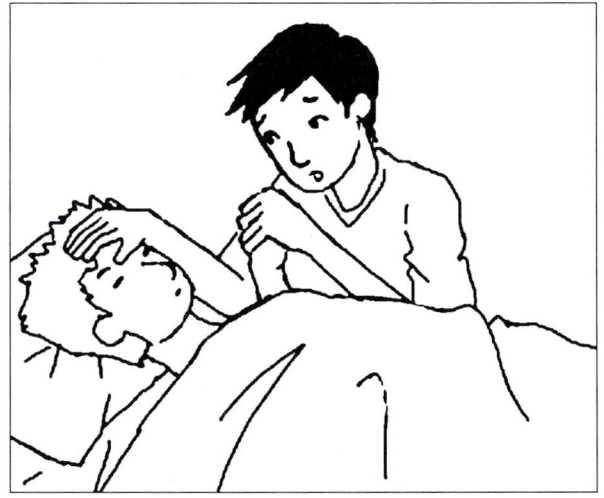

스크립트

問題 1

質問　約束(やくそく)の時間(じかん)に遅(おく)れました。何(なん)といいますか。

１．遅(おそ)くなってすみません。
２．何時(なんじ)ですか。
３．久(ひさ)しぶりですね。

질문　약속시간에 늦었습니다. 무엇이라고 말합니까?

1. 늦었습니다. 죄송합니다.
2. 몇 시입니까?
3. 오랜만입니다.

問題 2

質問　店(みせ)にお客(きゃく)さんが入(はい)りました。お客さんに何(なん)といいますか。

１．行(い)ってきます。
２．いらっしゃいませ。
３．入(はい)ってもいいですか。

질문　가게에 손님이 들어왔습니다. 손님에게 무엇이라고 말합니까?

1. 다녀오겠습니다.
2. 어서 오세요.
3. 들어가도 됩니까?

問題 3

質問　人(ひと)の家(いえ)に入(はい)る時(とき)、何(なん)といいますか。

１．おじゃまします。
２．おつかれさまでした。
３．入(はい)ってください。

질문　남의 집에 들어갈 때, 무엇이라고 말합니까?

1. 실례합니다.
2. 수고하셨습니다.
3. 들어오세요.

問題 4

質問　病気(びょうき)になった友(とも)だちに何(なん)といいますか。

１．おやすみなさい。
２．かまいません。
３．お大事(だいじ)に。

질문　아픈 친구에게 무엇이라고 말합니까?

1. 안녕히 주무세요.
2. 상관없습니다.
3. 몸조리 잘하세요.

청해 문제3 예상 패턴

인사편

どういたしまして。 천만에요.
ごめんなさい, すみません。 미안합니다.
大丈夫(だいじょうぶ)です。 괜찮습니다.
おめでとうございます。 축하합니다.
はじめまして。 처음 뵙겠습니다.
おひさしぶりです。 오랜만입니다.
おやすみなさい。 안녕히 주무세요.
いただきます。 잘 먹겠습니다. (음식), 잘 마시겠습니다. (음료)
ごちそうさまでした。 잘 먹었습니다.
ごめんください。 실례합니다. (남의 집이나 가게를 방문할 때 쓰는 인사말)
よく分(わ)かりません。 잘 모르겠습니다.
いってきます。 다녀오겠습니다. (외출할 때 쓰는 인사말)
いってらっしゃい。 다녀오세요. (외출하는 사람에게 하는 인사말)
ただいま。 다녀왔습니다. (외출하고 돌아왔을 때 하는 인사말)
おかえりなさい。 어서 오세요. (외출하고 돌아온 사람에게 하는 인사말)
おつかれさまでした。 수고하셨습니다.
さようなら。 헤어질 때 인사말.
また、あした。 내일 또 봐.
よろしくお願(ねが)いします。 잘 부탁드립니다.
おげんきですか。 잘 지내십니까?
おかげさまで。 덕분에.
こちらこそ。 저야말로.
わかりません。 모르겠습니다.

스크립트

교통, 길묻기

どれくらい時間（じかん）がかかりますか。 어느 정도 시간이 걸립니까?

料金（りょうきん）はいくらですか。 요금은 얼마입니까?

出口（でぐち）はどこですか。 출구는 어디입니까?

右（みぎ）に曲（ま）がってください。 오른쪽으로 도세요.

左（ひだり）に曲（ま）がってください。 왼쪽으로 도세요.

まっすぐ行（い）ってください。 쭉 가세요.

ここにとめてください。 여기에 세워주세요.

どこに行（い）きますか。 어디에 가세요?

식당

いらっしゃいませ。 어서 오세요. (가게에 들어온 손님에게 하는 인사말)

ご予約（よやく）はなさいましたか。 예약 하셨습니까?

何名様（なんめいさま）ですか。 몇 분이십니까?

こちらへどうぞ。 이쪽으로 오세요. (손님에게 자리를 안내할 때 하는 말)

メニューを見（み）せてください。 메뉴를 보여 주세요.

もう少（すこ）し待（ま）ってください。 잠시만 더 기다려주십시오.

おしぼりをください。 물수건 주세요.

쇼핑

すみません。 여기요. (점원을 부를 때)

着（き）てみてもいいですか。 입어 봐도 됩니까? (상의나 원피스 같이 붙은 옷을 입어 볼 때)

はいてみてもいいですか。 입어 봐도 됩니까? (하의를 입어보거나 신발 양말을 신어 볼 때)

安（やす）くしてください。 싸게 해 주세요.

高（たか）いです。 비쌉니다.

もう少（すこ）し大（おお）きいものはありませんか。 조금 더 큰 것은 없습니까?

もう少し小さいものはありませんか。 조금 더 작은 것은 없습니까?

こちらはいかがですか。 이쪽은 어떻습니까? (손님에게 물건을 권할 때 쓰는 말)

全部でいくらですか。 전부 얼마입니까?

병원, 아플 때

体の調子が悪いです。 몸이 안 좋습니다.

どうしたんですか。 무슨 일 있어요?

大丈夫ですか。 괜찮습니까?

お大事に。 몸조리 잘 하세요. (감기나 병에 걸린 사람에게 하는 말)

体に気をつけてください。 몸조심 하세요. (감기 같은 것에 주의하라고 할 때 하는 말)

약속

時間がありますか。 시간 있으세요?

すみません、ちょっと用事があって…。 죄송합니다. 좀 일이(용무) 있어서…

すみません、ちょっと約束があって…。 죄송합니다. 좀 약속이 있어서…

どこで会いましょうか。 어디서 만날까요?

何時がいいですか。 몇 시가 좋으십니까?

전화

もしもし。 여보세요.

少々お待ちください。 잠시 기다려 주세요.

では、失礼します。 그럼 실례하겠습니다. (전화통화를 끝내고 끊을 때 하는 인사말)

また、連絡します。 또 연락하겠습니다.

どなたですか。 누구십니까?

N5 뉴 일본어 능력시험

Part 10

문자/어휘 chapter 01
기타(종합)/가족 호칭

문법/독해 chapter 02
N5 문법 종합 문제

청해 chapter 03
즉시 응답 문제(청해문제 4번 패턴)

chapter 01 문자/어휘

N5 1교시

기타(종합)

午後 ごご 오후	電話 でんわ 전화
学校 がっこう 학교	子供 こども 아이
友達 ともだち 친구	毎日 まいにち 매일
名前 なまえ 이름	新聞 しんぶん 신문
天気 てんき 날씨	電車 でんしゃ 전철
男 おとこ の子 こ 남자아이	一人 ひとり 한사람
お金 かね 돈	八百円 はっぴゃくえん 팔백엔
右 みぎ 오른쪽	後 うし ろ 뒤
本 ほん 책	紙 かみ 종이
父 ちち 아버지	テレビ 텔레비전
アパート 아파트	スーツ 정장
九時半 くじはん 아홉시 반	五月 ごがつ 5월
一日 ついたち 초하루, 1일	三週間 さんしゅうかん 3주일
土曜日 どようび 토요일	白 しろ い 하얗다
高 たか い 높다	小 ちい さい 작다
長 なが い 길다	有名 ゆうめい だ 유명하다
お母 かあ さん 어머니	一番 いちばん 가장
入 はい る 들어가 오 다	休 やす む 쉬다

가족 호칭

나의 가족

祖父	そふ	할아버지
祖母	そぼ	할머니
おじ		삼촌, 외삼촌 등
おば		고모, 이모 등
両親	りょうしん	부모
父	ちち	아빠
母	はは	엄마
兄弟	きょうだい	형제
姉	あね	누나, 언니
兄	あに	형, 오빠
妹	いもうと	여동생
弟	おとうと	남동생
夫	おっと	남편
家内	かない	아내

남의 가족

おじいさん		할아버님
おばあさん		할머님
おじさん		삼촌, 외삼촌 등
おばさん		고모, 이모님 등
ご両親	りょうしん	부모님
お父さん	とう	아버님
お母さん	かあ	어머님
ご兄弟	きょうだい	형제
お姉さん	ねえ	누님, 언니
お兄さん	にい	형님, 오빠
妹さん	いもうと	여동생
弟さん	おとうと	남동생
ご主人	しゅじん	남편
奥さん	おく	부인

もんだい 1　_____の ことばは どう よみますか。1・2・3・4から
　　　　　　 いちばん いい ものを ひとつ えらんで ください。

1　きんようびの 午後は えいがを みてから レストランで ごはんを 食べ
　　ました。
　　　1　ごご、だべ　　2　ごご、たべ　　3　ここ、だべ　　4　ここ、たべ

2　白い シャツを 着て いる ひとが わたしの おとうとです。
　　　1　くろい、ぎて　　　　　　　2　くろい、きて
　　　3　しろい、ぎて　　　　　　　4　しろい、きて

3　やきゅうは にほんで 有名な スポーツです。
　　　1　ゆめいな　　2　ゆうめな　　3　ゆうめいな　　4　ゆめな

4　にほんで 一番 高い やまは ふじさんですか。
　　　1　にばん、たかい　　　　　　2　にばん、ひくい
　　　3　いちばん、たかい　　　　　4　いちばん、ひくい

5　右が おとこの トイレで、左が おんなの トイレです。
　　　1　みぎ、ひだり　　　　　　　2　みき、ひたり
　　　3　さ、ゆう　　　　　　　　　4　ざ、う

6　ともだちに 電話を かけたら 八百円も かかりました。
　　　1　でんしゃ、ひゃくえん　　　2　でんしゃ、にひゃくえん
　　　3　でんわ、ろっぴゃくえん　　4　でんわ、はっぴゃくえん

PRACTICE TEST

7 ともだちと 9時半に 学校の まえで あう つもりです。

1　くじはん、かっこう　　　2　くじはん、がっこう

3　きゅうじはん、かっこ　　4　きゅうじはん、がっこ

8 くるまの 後ろに 子供が います。

1　うろ、こども　　　2　うしろ、こども

3　うろ、ことも　　　4　うしろ、ことも

もんだい 2　＿＿＿の ことばは どう かきますか。1・2・3・4から いちばん いい ものを ひとつ えらんで ください。

1 ちいさい てれびは にまんえんです。

1　少さい、ラジオ　　　2　小さい、ラジオ

3　少さい、テレビ　　　4　小さい、テレビ

2 ともだちの あぱあとは がっこうの まえに あります。

1　愛だち、アパエト　　　2　人だち、アパウト

3　恋だち、アパト　　　　4　友だち、アパート

3 さんしゅうかんぐらい やすみたいです。

1　三周間、休み　　　2　三周間、体み

3　三週間、休み　　　4　三週間、体み

4 <u>ながい</u> じかん <u>でんしゃ</u>に のりました。
　1 長い、雲車　2 長い、電車　3 短い、雷車　4 短い、雪車

5 <u>かみ</u>に <u>なまえ</u>を かいて ください。
　1 紙、名前　2 紙、前名　3 髪、名前　4 髪、前名

6 <u>ちち</u>は <u>しんぶん</u>を よんで います。
　1 母、親聞　2 母、新開　3 父、新門　4 父、新聞

7 <u>どようび</u>は いい <u>てんき</u>でしょう。
　1 木曜日、天木　　　　2 木曜日、夫気
　3 土曜日、天気　　　　4 土曜日、夫気

もんだい3　(　　　)に なにを いれますか。1・2・3・4から いちばん いい ものを ひとつ えらんで ください。

1 A: おじいさんは おげんきですか。
　B: はい、おかげさまで、(　　　)は げんきです。
　1 そふ　　2 そぼ　　3 はは　　4 ちち

PRACTICE TEST

2 A：（　　　）は　いつ　おかえりに　なりますか。

B：おっとは　さいきん　かえりが　おそいんです。

1　むすこさん　　2　むすめさん　　3　おくさん　　4　ごしゅじんさん

3 A：おくさんと　なんねん　つきあいましたか。

B：（　　　）と　3ねんかん　つきあいました。

1　かない　　2　しゅじん　　3　おっと　　4　いとこ

4 A：いつも　いもうとさんを　むかえに　いくんですね。

B：はい、（　　　）は　まだ　ちいさいですから。

1　おとうと　　2　いもうと　　3　あね　　4　あに

5 A：おにいさんと　なかが　いいですか。

B：いいえ、（　　　）とは　なかが　あまり　よくないです。

1　あに　　2　あね　　3　おじ　　4　おば

6 A：しんだ　そぼは　ねこが　とても　すきでした。

B：（　　　）は　いつ　なくなりましたか。

1　おじいさん　　2　おばあさん　　3　おじさん　　4　おばさん

7 A：けっこんしたら　こどもは　なんにんぐらい　ほしいですか。

B：そうですね。むすめと　（　　　）　ひとりずつ　ほしいです。

1　こども　　2　おい　　3　むすこ　　4　めい

もんだい4 ＿＿＿＿＿の たんごと だいたい おなじいみの ぶんが あります。1・2・3・4から いちばん いい ものを ひとつ えらんで ください。

1 きょうは りょうしんが けっこんした ひです。
  1 おとうとさんと いもうとさん
  2 おねえさんと おにいさん
  3 おとうさんと おかあさん
  4 おじいさんと おばあさん

2 わたしには きょうだいが ひとりも いません。
  1 ちちと はは
  2 おじや おば
  3 こどもや おとな
  4 あねや おとうと

3 おばは アメリカに すんで います。
  1 ちちの おとうと
  2 ちちの はは
  3 ははの いもうと
  4 ははの おとうと

244

chapter 02 문법/독해

N5 2교시

N5 문법 종합 문제

もんだい1　（　　）に 何を 入れますか。1・2・3・4から いちばん いい ものを 一つ えらんで ください。

① 会社の そば（　　） 銀行が あります。
  1 が　　　2 と　　　3 で　　　4 に

② 友だちと ふたり （　　） 行きましたか。
  1 を　　　2 で　　　3 や　　　4 が

③ これは おねえさんが （　　） 料理です。
  1 つくる　　2 つくり　　3 つくった　　4 つくた

④ いつ（　　） また 遊びに 来たいです。
  1 か　　　2 も　　　3 は　　　4 に

⑤ この 花は 何（　　）いう 名前ですか。
  1 も　　　2 や　　　3 が　　　4 と

⑥ おとといは 天気が （　　）ですね。
  1 わるい　　　　　　　2 わるくない
  3 わるいなかった　　　4 わるくなかった

⑦ 昨日 行った 図書館は （　　）。
  1 しずかです　　　　　2 しずかでした
  3 しずかかったです　　4 しずかでしだ

8 おにいさんは 大学生（　　　），おとうとは 中学生です。
　　1　だ　　　　2　と　　　　3　で　　　　4　とで

9 この かばんは （　　　），じょうぶです。
　　1　かるい　　2　かるいで　　3　かるく　　4　かるくて

10 田中さんは 英語が （　　　）でしょう。
　　1　じょうず　　2　じょうずだ　　3　じょうずに　　4　じょうずで

11 家に コンピューターが （　　　） ふべんです。
　　1　ないで　　2　なくて　　3　なかった　　4　ない

12 毎日 しんぶんを （　　　） ください。
　　1　よみ　　2　よむ　　3　よんで　　4　よんだ

13 もう少し （　　　）ほうが いいですよ。
　　1　まって　　2　まった　　3　まちの　　4　まつの

14 友だちと （　　　）ながら、電車を まって います。
　　1　はなす　　2　はなし　　3　はなして　　4　はなした

15 あしたは （　　　） ください。
　　1　くる　　2　こなくて　　3　こないで　　4　くるないで

PRACTICE TEST

16 週末は 友だちに （　　　） 映画を 見たり します。

1　あいたり　　　2　あったり　　　3　あっだり　　　4　あうたり

17 （　　　） なりましたから、電気を つけましょう。

1　くらい　　　2　くらいに　　　3　くらいく　　　4　くらく

18 つめたい ビールが （　　　）たいです。

1　のみ　　　2　のんで　　　3　のむ　　　4　のみに

もんだい 2 　＿＿★＿＿に 入る ものは どれですか。1・2・3・4から いちばん いい ものを 一つ えらんで ください。

1 ＿＿＿＿ ＿＿＿＿ ＿★＿ ＿＿＿＿。

1　いくつ　　　2　いもうと　　　3　ですか　　　4　は

2 わたしは ＿★＿ ＿＿＿＿ ＿＿＿＿ ＿＿＿＿。

1　あたらしい　　　2　ほしいです　　　3　時計　　　4　が

3 ＿★＿ ＿＿＿＿ ＿＿＿＿ ＿＿＿＿か。

1　して　　　2　います　　　3　うんどうを　　　4　なにか

247

4 つくえ ＿＿＿ ＿＿＿ ＿＿＿ ＿★＿ あります。
　　1 本が　　　2 の　　　3 上に　　　4 3さつ

5 すみません、＿＿＿ ＿＿＿ ＿★＿ ＿＿＿ ませんか。
　　1 を　　　2 ください　　　3 とって　　　4 しゃしん

6 いちばん ＿★＿ ＿＿＿ ＿＿＿ ＿＿＿ ですか。
　　1 とくい　　　2 何　　　3 な　　　4 スポーツは

7 これは ＿＿＿ ＿★＿ ＿＿＿ ＿＿＿ 。
　　1 車　　　2 です　　　3 かった　　　4 きょねん

8 映画を ＿＿＿ ＿★＿ ＿＿＿ ＿＿＿ 。
　　1 みる　　　2 食事を　　　3 前に　　　4 しましょう

9 ＿★＿ ＿＿＿ ＿＿＿ 。
　　1 どのくらい　　　2 かかりますか
　　3 会社まで　　　4 家から

10 ＿＿＿ ＿＿＿ ＿★＿ ＿＿＿ 。
　　1 土曜日に　　　2 コンサートを
　　3 行きませんか　　　4 見に

PRACTICE TEST

もんだい3　1から　10に　何(なに)を　入(い)れますか。1・2・3・4から　いちばん　いい　ものを　一(ひと)つ　えらんで　ください。

(1)

土曜日(どようび)に　友(とも)だち　[1]　一緒(いっしょ)に　山(やま)へ　[2]　いきました。2時間(じかん)　[3]　あるいて　山(やま)の　上(うえ)に　つきました。そこで　ひるごはんを　食(た)べて　1時間(じかん)　休(やす)みました。ちょっと　つかれましたが，とても　[4]　。山(やま)で　食(た)べた　ごはんは　おいしかったです。また　[5]　。

[1]　1　や　　　　2　と　　　　3　は　　　　4　に

[2]　1　あそびに　2　あそんで　3　あそぶ　　4　あそび

[3]　1　から　　　2　だけ　　　3　ぐらい　　4　ごろ

[4]　1　たのしかったです
　　　2　たのしいでした
　　　3　たのしだったです
　　　4　たのしくないでした

[5]　1　行(い)きたたいです
　　　2　行(い)くたいです
　　　3　行(い)きたいです
　　　4　行(い)ってたいです

249

(2)

きのう かさを 買いました。きょねん [6] のは 高くて おもかったですが、この かさは [7] いいです。きょうは 本屋 [8] 本を [9] に 行きます。友だちが いそがしくて 一人 [10] 行きます。

[6]　1 買わない　　2 買って　　3 買った　　4 買う

[7]　1 かるい　　2 かるくて　　3 かるく　　4 かるくも

[8]　1 へ　　2 が　　3 と　　4 で

[9]　1 買う　　2 買い　　3 買って　　4 買わない

[10]　1 が　　2 と　　3 に　　4 で

PRACTICE TEST

もんだい 4　つぎの ぶんを 読んで しつもんに こたえて ください。こたえは 1・2・3・4から いちばん いい ものを 一つ えらんで ください。

冬休みの バイト

私は 冬休みに ふたつの バイトを しました。旅行する ときに お金が 必要だからです。一つは 居酒屋で 皿を 洗う 仕事です。1時間で 900円 もらいました。

もう一つは パン屋で ケーキを 売る 仕事です。1時間 850円でした。皿を 洗う 仕事は つかれたから 冬休みは ほかの 仕事を さがしたいです。

1　この 人は どうして ふたつの バイトを しましたか。

1　しごとが 好きですから
2　850円でしたから
3　旅行が したかったから
4　時間が たくさん ありましたから

2　2時間ずつ ふたつの 仕事を したら、いくらに なりますか。

1　1,700円です。
2　1,750円です。
3　3,300円です。
4　3,500円です。

もんだい 5　つぎの ぶんを 読んで しつもんに こたえて ください。こたえは 1・2・3・4から いちばん いい ものを 一つ えらんで ください。

米を 食べなくなった 日本人

最近、日本人は 米を あまり 食べなく なりました。1960年には 日本人 一人が 1年間に 115キログラムの 米を 食べて いました。でも、今では 約 半分しか 食べなく なりました。これは なぜでしょうか。理由は いろいろ あります。まず、食べる ものが ふえたからです。また、生活が いそがしいので、朝ごはんを 食べない 人が 増えました。そして、最近は ご飯よりは パンのほうが 好きな 人も 多いからです。

---

1 今 日本人 ひとりが 1年間 食べる 米の りょうは 約 どのくらいですか。

1　58キロぐらい　　　2　66キロぐらい
3　115キロぐらい　　4　830キロぐらい

2 米を あまり 食べなくなった 理由じゃないのは どれですか。

1　食べ物が あまり ないから
2　食べ物が ふえたから
3　朝ごはんを 食べない ひとが 増えたから
4　ご飯より パンを 食べる 人が 多いから

PRACTICE TEST

もんだい6　学生 二人が 花を えらんで います。二人は どの 花を 買いますか。1・2・3・4から いちばん いい ものを 一つ えらんで ください。

フラワーギフト

先生の たんじょうびです。それで 先生に あげる 花を えらんで います。どれが いいでしょうか。
ねだんは ふたりで はらうから、8,000円ぐらいが ちょうど いいと 思います。でも、先生は バラの 花が あまり 好きじゃありません。
これよりは、2,000円ぐらい 安く なるけど、バラのない これに します。

1　二人は どの 花を 買いますか。

1　3,465円の 花
2　5,565円の 花
3　7,665円の 花
4　10,815円の 花

A	B	C	D
チューリップ	フリージア	バラ	ユリ
3,465円（税込）	5,565円（税込）	7,665円（税込）	10,815円（税込）

chapter 03 청해

N5 3교시

즉시 응답 문제(청해문제 4번 패턴)

청해문제 4번 패턴은 그림이 없는 문제이다. 즉시 응답 문제로서 질문을 듣고 다음에 나올 적합한 대답을 선택하는 문제이다. 일상생활에서 빈번히 사용하는 기초적인 질의응답 패턴이 나올 가능성이 많다.

〈예시〉

女 : お国(くに)は どちらですか。
男 : _____

1. あちらです。
2. アメリカです。
3. 部屋(へや)です。

女 : お茶(ちゃ)、どうぞ。
男 : _____

1. ありがとうございます。
2. いかがですか。
3. どうしたしまして。

문장을 잘 듣고 정답을 하나 고르시오.

PRACTICE TEST

1 ばん

①

②

③

えなどは　ありません。

2 ばん

①

②

③

えなどは　ありません。

3 ばん

①

②

③

えなどは　ありません。

4 ばん

①

②

③

えなどは　ありません。

스크립트

문제 1

A : もしもし、すずきです。そちらに田中(たなか)さんはいますか。
B : ＿＿＿＿＿＿＿＿＿＿＿＿＿＿

1．はい、そちらはすずきです。
2．はい、ちょっとまってください。
3．はい、そちらにいます。

A : 여보세요. 스즈키입니다. 거기 타나까 계십니까?
B : ＿＿＿＿＿＿＿＿＿＿＿＿＿＿

1. 예, 그쪽은 스즈끼입니다.
2. 예, 잠시 기다려 주세요.
3. 예, 그쪽에 있습니다.

문제 2

A : 駅(えき)から病院(びょういん)までどのくらいかかりますか。
B : ＿＿＿＿＿＿＿＿＿＿＿＿＿＿

1．ひとりで行(い)きます。
2．8時(じ)30分(ぷん)の バスです。
3．バスで30分かかります。

A : 역에서 병원까지 얼마나 걸립니까?
B : ＿＿＿＿＿＿＿＿＿＿＿＿＿＿

1. 혼자서 갑니다.
2. 8시 30분 버스입니다.
3. 버스로 30분 걸립니다.

문제 3

A : 田中(たなか)さん、その新聞(しんぶん)をとってください。
B : ＿＿＿＿＿＿＿＿＿＿＿＿＿＿

1．わかります。
2．そうですか。
3．わかりました。

A : 타나까씨 그 신문을 집어 주세요.
B : ＿＿＿＿＿＿＿＿＿＿＿＿＿＿

1. 압니다.
2. 그렇습니까?
3. 알겠습니다.

문제 4

A : このへんにポストはありますか。
B : ＿＿＿＿＿＿＿＿＿＿＿＿＿＿

1．あそこにあります。
2．あそこにありません。
3．いいえ、ポストじゃありません。

A : 이 근처에 우체통은 있습니까?
B : ＿＿＿＿＿＿＿＿＿＿＿＿＿＿

1. 저기에 있습니다.
2. 저기에 없습니다.
3. 아니요. 우체통이 아닙니다.

청해 문제4 예상 패턴

A : おひさしぶりです。 오랜만입니다.
B : おひさしぶりです。 오랜만입니다.

A : お元気ですか。 잘 지내시지요?
B : おかげさまで、元気です。
덕분에 잘 지냅니다.

A : ありがとうございます。
고맙습니다.
B : いいえ、どういたしまして。
아니오, 천만에요.

A : ごめんなさい。 미안해요.
B : いいえ、大丈夫です。
아니오, 괜찮습니다.

A : はじめまして。どうぞよろしくお願いします。
처음 뵙겠습니다. 잘 부탁드립니다.
B : こちらこそ、どうぞよろしくお願いします。
저야말로 잘 부탁드립니다.

A : おめでとうございます。
축하합니다.
B : ありがとうございます。
고맙습니다.

A : さあ、どうぞ。 자, 드세요.
B : いただきます。 잘 먹겠습니다.

A : もう少し、どうぞ。 조금 더 드세요.
B : もういいです。どうも。
이제 됐습니다. 감사합니다.

A : いってきます。 다녀오겠습니다.
B : いってらっしゃい。 다녀오세요.

A : ただいま。 다녀왔습니다.
B : おかえりなさい。 어서 오세요.

A : どうぞ、上がってください。
어서 들어오세요.
B : では、おじゃまします。
그럼 실례하겠습니다.

A : お先に失礼します。
먼저 실례하겠습니다.
B : お疲れ様でした。 수고하셨습니다.

A : おいくつですか。 몇 살입니까?
B : 二十歳です。 20살입니다.

A : 今日は何曜日ですか。
오늘은 무슨 요일입니까?
B : 木曜日です。 목요일입니다.

A : がんばってください。
힘내세요.(열심히 하세요)
B : ありがとうございます。
감사합니다.

스크립트

A : お国はどちらですか。
고국은 어디십니까?
B : 韓国です。 한국입니다.

A : 何人家族ですか。
가족은 몇 명입니까?
B : 4人です。 4명입니다.

A : どこに住んでいますか。
어디에 사십니까?
B : 青山に住んでいます。
아오야마에 살고 있습니다.

A : 日本人ですか。 일본인이세요?
B : いいえ、ちがいます。韓国人です。
아니오, 아닙니다. 한국인입니다.

A : お名前は。 성함은?
B : 山田と申します。 야마다라고 합니다.

A : お仕事は。 무슨 일 하세요?
B : 会社員です。 회사원입니다.

A : 学生ですか。 학생입니까?
B : はい、そうです。 예, 그렇습니다.

A : 趣味は何ですか。
취미는 무엇입니까?
B : 読書です。
독서입니다.

A : 誕生日はいつですか。
생일은 언제 입니까?
B : 11月1日です。
11월1일입니다.

A : 今、何時ですか。 지금, 몇 시입니까?
B : 3時半です。 3시 반입니다.

A : りんごはいくつありますか。
사과는 몇 개 있습니까?
B : 四つです。
4개입니다.

A : 全部でいくらですか。
전부 얼마입니까?
B : 3600円です。 3600엔입니다.

A : ご注文は何になさいますか。
주문은 무엇으로 하시겠습니까?
B : スパゲッティとオレンジジュースお願いします。
스파게티와 오렌지주스 주세요.

A : サンドイッチを二つください。
샌드위치 두 개 주세요.
B : はい、かしこまりました。
예, 알겠습니다.

A : 何名様ですか。 몇 분이십니까?
B : 二人です。 두 사람입니다.

A : 山田さんのかばんはどれですか。 야마다씨 가방은 어느 것입니까?
B : これです。 이것입니다.

A : それは何の雑誌ですか。 그것은 무슨 잡지입니까?
B : 料理の雑誌です。 요리 잡지입니다.

A : 田中さんの傘はどれですか。 다나카씨 우산은 어느 것 입니까?
B : あの青い傘です。 저 파란 우산입니다.

A : あの車はだれのですか。 저 차는 누구의 것입니까?
B : 私のです。 제 것입니다.

A : その本は小説ですか。 그 책은 소설입니까?
B : いいえ、漫画です。 아니요. 만화입니다.

A : この映画はどうですか。 이 영화는 어떻습니까?
B : とてもおもしろいです。 아주 재미있습니다.

A : あの方はどなたですか。 저 분은 누구십니까?
B : 私の英語の先生です。 저의 영어 선생님이십니다.

A : お手洗いはどちらですか。 화장실은 어디입니까?
B : あちらです。 저쪽입니다.

A : 辞書はどこにありますか。 사전은 어디에 있습니까?
B : 机の上にあります。 책상 위에 있습니다.

A : この近くに銀行がありますか。 이 근처에 은행이 있습니까?
B : はい、あそこにあります。 예, 저기에 있습니다.

A : 銀行はどこですか。 은행은 어디입니까?
B : まっすぐ行ってください。 직진하세요.

A : 家にだれがいますか。 집에 누가 있습니까?
B : ちちとははがいます。 아버지와 어머니가 있습니다.

A : 飲み物は何にしますか。 음료수는 무엇으로 하시겠습니다.
B : 私はお茶にします。 저는 차로 하겠습니다.

A : これ、貸してください。 이것 빌려주세요.
B : はい、どうぞ。 네, 그렇게 하세요.

스크립트

A : 日本語が上手ですね。
일본어 잘하시네요.

B : いいえ、まだまだです。
아니요. 아직 멀었습니다.

A : どうですか。おいしいですか。
어떻습니까? 맛있습니까?

B : ええ、まあ。
예. 뭐 그냥.

A : コーヒー、もう一杯いかがですか。
커피 한 잔 더 어떠세요?

B : いいえ、けっこうです。
아니요 괜찮습니다.

A : どうしたんですか。 무슨 일 있으세요?
B : 頭が痛いんです。 머리가 아파요.

A : 郵便局は何時から何時までですか。 우체국은 몇 시부터 몇 시까지 입니까?
B : 9時から6時までです。
9시부터 6시까지입니다.

A : 何で行きますか。 무엇으로 가십니까?
B : 新幹線で行きます。 신칸센으로 갑니다.

A : お昼、何にしましょうか。
점심. 무엇으로 할까요?

B : 和食にしましょう。
일식으로 합시다.

A : 時間はどのくらいかかりますか。
시간은 얼마나 걸립니까?

B : 2時間ぐらいかかります。
2시간 정도 걸립니다.

A : これはどうですか。
이것은 어떻습니까?

B : いいですね、それください。
좋네요. 그것 주세요.

N4

뉴 일본어 능력시험

Part 11

문자/어휘 chapter 01
필수 1자 한자/필수 명사

문법/독해 chapter 02
필수 문형 – 동사의 ます형 주요문형

청해 chapter 03
인상착의 파악 문제

chapter 01 문자/어휘

N4 1교시

필수 1자 한자

姉 あね 누나, 언니	鳥 とり 새	海 うみ 바다
駅 えき 역	春 はる 봄	町 まち 마을
秋 あき 가을	夜 よる 밤	魚 さかな 생선, 물고기
歌 うた 노래	妹 いもうと 여동생	羊 ひつじ 양
夏 なつ 여름	お昼 ひる 점심식사	色 いろ 색
服 ふく 옷	池 いけ 연못	文 ぶん 문장
花 はな 꽃	犬 いぬ 개	

필수 명사

隅 すみ 구석, 모퉁이	予習 よしゅう 예습	お見舞 みまい 문병, 병문안
支度 したく 준비, 채비	内 うち 중	季節 きせつ 계절
声 こえ 목소리	以上 いじょう 이상	力 ちから 힘
鏡 かがみ 거울	赤ちゃん坊 あかんぼう 아기	嘘 うそ 거짓말
工場 こうじょう 공장	美術館 びじゅつかん 미술관	病院 びょういん 병원
準備 じゅんび 준비	返事 へんじ 대답	挨拶 あいさつ 인사
以下 いか 이하		

PRACTICE TEST

もんだい 1 ＿＿＿の ことばは どう よみますか。1・2・3・4から いちばん いい ものを ひとつ えらんで ください。

1 <u>姉</u>が いつも 部屋の そうじを して くれます。
 1 あに　　2 あね　　3 おとうと　　4 いもうと

2 外から <u>鳥</u>の こえが きこえます。
 1 いぬ　　2 むし　　3 とり　　4 ねこ

3 わたしは 山より <u>海</u>の ほうが すきです。
 1 うみ　　2 みずうみ　　3 いけ　　4 かわ

4 <u>駅</u>から ちかいから この アパートは やちんが たかいです。
 1 まち　　2 てら　　3 はし　　4 えき

5 らいねんの <u>春</u>、にほんへ 行く つもりです。
 1 あき　　2 ふゆ　　3 はる　　4 なつ

6 この <u>町</u>は きょねんから 静かに なりました。
 1 まち　　2 みち　　3 むら　　4 けん

7 ことしの <u>秋</u>から、この にほんごがっこうで 勉強して います。
 1 はる　　2 なつ　　3 あき　　4 ふゆ

263

8 さいきん わかい ひとたちは 夜 遅くまで インターネットを します。
　　1 あさ　　　2 ひる　　　3 ばん　　　4 よる

9 けんこうの ために にくより 魚を 食べるように して います。
　　1 さかな　　2 さしみ　　3 すし　　　4 こめ

10 となりの 家から 歌が きこえます。
　　1 はなし　　2 こえ　　　3 うた　　　4 おと

もんだい2　＿＿＿の ことばは どう かきますか。1・2・3・4から いちばん いい ものを ひとつ えらんで ください。

1 いもうとに お金を かして もらいました。
　　1 好　　　　2 娘　　　　3 姉　　　　4 妹

2 まるで ひつじのような 雲ですね。
　　1 羊　　　　2 海　　　　3 洋　　　　4 波

3 しきの なかでは なつが 一番 好きです。
　　1 冬　　　　2 夏　　　　3 春　　　　4 秋

4 今日の おひるは なにに しましょうか。
　　1 朝　　　　2 晩　　　　3 昼　　　　4 夕

PRACTICE TEST

[5] クリスマスだから　あかい　いろの　コートを　買います。
　　1　勉　　　　2　句　　　　3　色　　　　4　兎

[6] ふくを　かいに　デパートへ　行きます。
　　1　福　　　　2　復　　　　3　副　　　　4　服

[7] いけの　なかで　泳ぐのは　あぶないです。
　　1　池　　　　2　洗　　　　3　河　　　　4　湖

[8] 日本語の　ぶんを　おおきい　こえで　よんで　ください。
　　1　詩　　　　2　詞　　　　3　文　　　　4　歌

[9] さくらの　はなで　山が　とても　きれいです。
　　1　木　　　　2　花　　　　3　化　　　　4　草

[10] いもうとは　小さい　いぬを　かって　います。
　　1　犬　　　　2　猫　　　　3　牛　　　　4　馬

もんだい 3　（　　　）に　なにを　いれますか。1・2・3・4から　いちばん　いい　ものを　ひとつ　えらんで　ください。

[1] きょうしつに　入ると、（　　　）に　机が　おいて　ありました。
　　1　うら　　　2　すみ　　　3　あいだ　　　4　あと

2 次の 時間に べんきょうする ところを （　　　）して おきます。
　1 はんたい　　2 はいけん　　3 ふくしゅう　　4 よしゅう

3 そふが 入院して いるので、（　　　）に いって きました。
　1 あいさつ　　2 おいわい　　3 おみまい　　4 おみあい

4 しょくじの （　　　）は できましたか。
　1 しんぱい　　2 したく　　3 しっぱい　　4 しょうたい

5 みかんと オレンジと いちごの（　　　）、どれが たべたいですか。
　1 くらい　　2 うち　　3 あいだ　　4 ほど

6 りんごが おいしい （　　　）は いつですか。
　1 きせつ　　2 てんき　　3 じかん　　4 きおん

7 もっと おおきな （　　　）で 話して ください。
　1 みみ　　2 くち　　3 こえ　　4 おと

8 これ（　　　）安い ものは ありません。
　1 いない　　2 いがい　　3 いか　　4 いじょう

9 友達は （　　　）が あるから、重い ものも 持つ ことが できます。
　1 ちから　　2 おかね　　3 あたま　　4 げんき

PRACTICE TEST

10　新しい　ふくを　きて　（　　　　）を　見ました。

　　1　たたみ　　　2　かがみ　　　3　ふとん　　　4　てのひら

もんだい4　＿＿＿の　ぶんと　だいたい　おなじいみの　ぶんが　あります。1・2・3・4から　いちばん　いい　ものを　ひとつ　えらんで　ください。

1　こどもは　まだ　あかんぼうです。

　　1　うまれて　2かげつです。

　　2　しょうがっこう　2ねんせいです。

　　3　ちゅうがっこう　2ねんせいです。

　　4　おとこのこです。

2　うそを　ついては　いけません。

　　1　すきでは　ない

　　2　まじめでは　ない

　　3　ほんとうでは　ない

　　4　じょうずでは　ない

3　こうじょうで　しごとを　して　います。

　　1　ごはんを　たべる　ところで

　　2　ものを　つくる　ところで

　　3　ものを　うる　ところで

　　4　コーヒーを　のむ　ところで

4 びじゅつかんで デートを しようと おもって います。
　　1　ほんを かく ところ
　　2　ほんを みる ところ
　　3　えを かく ところ
　　4　えを みる ところ

5 びよういんへ いきました。
　　1　かみのけを きる ところ
　　2　パンを つくる ところ
　　3　ふくを うる ところ
　　4　くつを かう ところ

もんだい 5　　つぎの ことばの つかいかたで いちばん いい ものを 1・2・3・4から ひとつ えらんで ください。

1 じゅんび
　　1　ねる 前に 学校（がっこう）へ いく じゅんびを しました。
　　2　きかいの こしょうの じゅんびが まだ できません。
　　3　こうえんの 中で 火事（かじ）の じゅんびを します。
　　4　かれは まいにち かんじの じゅんびを します。

PRACTICE TEST

2 へんじ

1 電話の　へんじが　きこえません。

2 へんじを　だれに　かしますか。

3 へんじを　すぐに　食べて　しまいました。

4 大きな　こえで　へんじを　しましょう。

3 あいさつ

1 毎日　あいさつを　のんで　います。

2 先生に　あいさつを　しました。

3 きょうも　あいさつを　持って　きました。

4 つくえの　上に　あいさつが　おいて　あります。

4 いか

1 東京では　5まんえん　いかの　へやは　ありません。

2 車が　はしの　いかを　走って　います。

3 毎朝　ミルクを　いっぱい　いか　飲んで　います。

4 いすの　いかに　座って　います。

5 したく

1 かばんの　中に　したくが　はいって　います。

2 だいどころに　したくが　あります。

3 しけんの　したくを　する　つもりです。

4 しょくじの　したくを　して　います。

chapter 02 문법/독해 N4 2교시

01 동사 ます형+はじめる ～하기 시작하다

朝(あさ)から 雪(ゆき)が ふりはじめました。 아침부터 눈이 내리기 시작했습니다.
日記(にっき)を 書(か)きはじめました。 일기를 쓰기 시작했습니다.

02 동사 ます형+だす ～하기 시작하다

「ます형+だす」는 갑작스럽게 동작이 시작되는 경우 사용한다.

妹(いもうと)は 私(わたし)を 見(み)ると 急(きゅう)に 泣(な)きだしました。
여동생은 나를 보자 갑자기 울기 시작했습니다.
彼(かれ)は 急(きゅう)に 走(はし)りだしました。
그는 갑자기 달리기 시작했습니다.

03 동사 ます형+すぎる 지나치게 ～ 하다

「동사ます형+すぎる」는 「지나치게~하다」는 뜻이다. 「형용사어간+すぎる」는 모양이나 상태가 「지나치게~이다」라는 표현이 된다.

お酒(さけ)を 飲(の)みすぎました。 술을 너무 과음했습니다.
歩(ある)きすぎて、足(あし)が 痛(いた)いです。 너무 걸어서 다리가 아픕니다.
字(じ)が 小(ちい)さすぎて、読(よ)みにくいです。 글자가 너무 작아서 읽기 힘듭니다.
親切(しんせつ)すぎるのも よくないです。 지나치게 친절한 것도 좋지 않습니다.

04 동사 ます형+つづける 계속 ～하다

赤(あか)ちゃんが ずっと 泣(な)きつづけて います。
아기가 계속 울고 있습니다.
長(なが)い 時間(じかん)、テレビを 見(み)つづけると 目(め)が 悪(わる)く なります。
오랜 시간 텔레비전을 계속 보면 눈이 나빠집니다.

문법 필수 문형 – 동사의 ます형 주요문형

05 동사 ます형 + おわる 다~하다, ~하기를 마치다

ご飯を 食べおわったら 片付けて ください。
밥을 다 먹었으면 치워주세요.

作文を 書きおわりましたか。
작문을 다 썼습니까?

06 동사 ます형 + やすい ~하기 쉽다, ~하기 편하다

この くつは 軽くて はきやすいです。
이 구두는 가벼워서 신기 편합니다.

学校の 食堂は 利用しやすいです。
학교 식당은 이용하기 편합니다.

07 동사 ます형 + にくい ~하기 어렵다, ~하기 불편하다

この 料理は 作りにくいです。
이 요리는 만들기 어렵습니다.

この 本は 字が 小さくて 読みにくいです。
이 책은 글자가 작아서 읽기 어렵습니다.

08 동사 ます형 + 方(かた) ~하는 법

この リモコンの 使い方を 教えて ください。
이 리모컨의 사용법을 가르쳐 주세요.

公園までの 行き方が わかりません。
공원까지 가는 방법을 모르겠습니다.

もんだい1　（　　　）に 何を 入れますか。1・2・3・4から いち
ばん いい ものを 一つ えらんで ください。

1　A 「じゅぎょうで 何を 習いましたか。」
　　B 「手紙の（　　　）方を 習いました。」
　　1　書く　　　　2　書き　　　　3　書か　　　　4　書いた

2　夜は 暗くて 歩いて いる 人が（　　　）にくいので、注意して 運
　　転します。
　　1　見える　　　2　見えた　　　3　見えて　　　4　見え

3　先生が なかなか 来ないので、学生が さわぎ（　　　）。
　　1　つづいた　　2　はじまった　3　おわった　　4　だした

4　あの 人は 30分 ずっと（　　　）つづけて いる。
　　1　話し　　　　2　話そう　　　3　話す　　　　4　話さ

5　この 季節は たくさんの 人が 病気に（　　　）やすい。
　　1　なり　　　　2　なった　　　3　なって　　　4　なる

6　コピーの 字が（　　　）すぎて、読めません。
　　1　うす　　　　2　うすく　　　3　うすい　　　4　うすくて

PRACTICE TEST

7 6さいから 小学校に （　　　）はじめる。
　　1　通わ　　　2　通う　　　3　通った　　　4　通い

8 急に 雨が ふり（　　　）。
　　1　つづけた　　2　だした　　3　でた　　　4　きた

9 山田さんは 買い物を （　　　）すぎて、お金が なくなった。
　　1　せ　　　　2　し　　　　3　して　　　4　する

10 あなたの 国の 料理の （　　　）方を 教えて ください。
　　1　作り　　　2　作る　　　3　作って　　4　作ろう

11 A「その 辞書は どうですか。」
　　B「とても （　　　）やすいです。」
　　1　使い　　　2　使う　　　3　使は　　　4　使

12 長い 時間 本を （　　　）つづけると、目が いたく なる。
　　1　読んで　　2　読む　　　3　読み　　　4　読んだ

13 妹は 家に つくと 急に 泣き（　　　）。
　　1　でた　　　2　だした　　3　すぎた　　4　いれた

14 みんなから 旅行の お金を （　　　）ところです。
　　1　あつめおわった　　　　2　あつまりおわった
　　3　あつめおわらせた　　　4　あつまりおわらせた

273

15 急に 空が くらく なって 強い 風が （　　）はじめた。

1　ふく　　　2　ふき　　　3　ふいて　　　4　ふいた

もんだい2　＿＿★＿＿に 入る ものは どれですか。1・2・3・4から いちばん いい ものを 一つ えらんで ください。

1 この ＿＿＿ ＿＿＿ ＿★＿ ＿＿＿です。

1　さし　　　2　かさは　　　3　にくい　　　4　重くて

2 A「どうしたんですか。」

B「ごちそうを ＿＿★＿＿、＿＿＿ ＿＿＿ ＿＿＿。」

1　食べすぎて　2　いたく　　3　おなかが　　4　なりました

3 ＿＿＿ ＿★＿ ＿＿＿ ＿＿＿ と 思います。

1　はきやすい　2　くつが　　3　ほしい　　　4　かるくて

4 ＿＿＿ ＿★＿ ＿＿＿ ＿＿＿ くださいませんか。

1　を　　　　2　使い方　　3　教えて　　　4　じしょの

5 A「その 本 ＿＿＿ ＿★＿ ＿＿＿ ＿＿＿。」

B「ええ、いいですよ。」

1　おわったら　　　　　　2　貸して
3　くださいませんか　　　4　読み

PRACTICE TEST

もんだい 3　　1から 5に 何を 入れますか。1・2・3・4から いちばん いい ものを 一つ えらんで ください。

(1)

日本に 来て いちばん おどろいたのは 特別な しゅうかんが あることでは ［１］、三月の 終りごろから、四月の はじめまで、天気よほうや ニュースでも 花見について 「とうきょうでは 30日ごろ ［２］。」、「きょう、さくらが さきました。」、「つぎの 土曜日が 花見に いいですよ。」 などと おしえて くれる ことです。

(2)

私は 3ヵ月前から 日本語の 勉強を ［３］ はじめた。日本語の 漢字は 一つの 漢字に ［４］ が 多いので とても 覚え ［５］。

［１］　1　ないで　　　2　じゃなく　　　3　なくて　　　4　ないて

［２］　1　さきはじめます
　　　　2　さきだします
　　　　3　さきおわります
　　　　4　さきすぎます

［３］　1　習い　　　2　習う　　　3　習って　　　4　習いを

275

| 4 | 1 読みます方 | 2 読んで方 | 3 読む方 | 4 読み方 |

| 5 | 1 やすい | 2 にくい | 3 すぎる | 4 おわる |

PRACTICE TEST

もんだい 4　つぎの 文章を 読んで、質問に こたえて ください。こたえは 1・2・3・4から、いちばん いい ものを 一つ えらんで ください。

風邪薬

この 薬は 食事の後 30分以内に お飲みください。大人（15歳以上）は、1日 3回、1回 2じょうです。7歳から 14歳までの お子さんは、大人の 半分の 量を お飲みください。また、6歳以下の お子さんは、子供用を お飲みください。

また、この 薬を 飲むと 眠く なりますので、車の 運転は しないほうが いいです。

1　10歳の 子供は 1日 何じょう 飲みますか。

1　2じょう
2　3じょう
3　4じょう
4　6じょう

2　この 薬は いつ 飲めば いいですか。

1　ご飯を 食べる 30分前に 飲む
2　ご飯を 食べた 30分後に 飲む
3　薬を 飲んで 30以内に ご飯を 食べる
4　ご飯を 食べて 30分以内に 薬を 飲む

もんだい5　つぎの　文章を　読んで、質問に　こたえて　ください。こたえは　1・2・3・4から、いちばん　いい　ものを　一つ　えらんで　ください。

毎日　雨が　つづいて　いやな　天気ですが、お元気で　おすごしですか。
私は　1週間前に　風邪を　ひいて　しまいました。昨日、やっと　咳も　とまって　仕事に　行ける　ように　なりました。悪い　風邪が　はやって　いますから、田中さんも　くれぐれも　風邪に　きを　つけて　くださいね。
ところで　この前　おっしゃって　いた　新しい　美術館には　もう　いらっしゃいましたか。近代の　日本の　画家の　絵が　ちゅうしんに　集められて　いるそうですね。斎藤さんも　ごらんになって　とても　よかったと　おっしゃって　いました。私も　是非、行って　みたいと　思って　います。よかったら　感想を　おきかせくださいね。
それでは　また　おたよりします。
お体に　きを　つけて。
さようなら

とみた　まさこ

PRACTICE TEST

1 美術館に 行ったのは だれですか。

1 田中さんは 行ったが、とみたさんは 行って いない。
2 とみたさんは 行ったが、斎藤さんは 行って いない。
3 斎藤さんは 行ったが、田中さんは 行ったか どうか 分からない。
4 田中さんは 行ったが 斎藤さんは 行ったか どうか 分からない。

2 風邪を ひいて いたのは 誰ですか。

1 なかむらさん
2 さいとうさん
3 たなかさん
4 とみたさん

3 びじゅつかんには どんな 絵が 集められて いますか。

1 きんだいの 中国の 画家の 絵
2 きんだいの 日本の 画家の 絵
3 こだいの 日本の 画家の 絵
4 こだいの 中国の 画家の 絵

4 もう いらっしゃいましたかと 同じ 意味の ぶんは どれですか。

1 もう 行きましたか。
2 もう 来ましたか。
3 もう いましたか。
4 もう 見ましたか。

279

もんだい 6　　つぎの「時刻表」を　見ながら　質問に　こたえて　ください。こたえは　1・2・3・4から、いちばん　いい　ものを　一つ　えらんで　ください。

1　1時の　ひこうきに　乗ります。チェックインを　する　ためには　遅くても　1時間　前には　行かなければ　なりません。空港に　12時ごろ　つきたい　ときは　どれに　乗れば　いいですか。

1　特急　9号
2　特急　11号
3　特急　13号
4　特急　15号

2　新宿駅に　止らないのは　どれですか。

1　特急　9号
2　特急　11号
3　特急　13号
4　特急　15号

	特急 9号	特急 11号	特急 13号	特急 15号
新宿	8:03	↓	9:40	10:42
東京駅	8:30	9:00	10:03	11:03
千葉	↓	↓	↓	↓
成田空港	9:28	9:59	10:59	11:59

chapter 03 청해

N4 3교시

인상착의 파악 문제

N4 청해에서는 사람의 인상착의에 대한 문제가 출제될 수 있다.

인물의 인상착의를 파악하는 문제에서는 **髪(かみ)が長(なが)い**(머리가 길다), **髪(かみ)が短(みじか)い**(머리가 짧다), **背(せ)が高(たか)い**(키가 크다), **背(せ)が低(ひく)い**(키가 작다)와 같은 외모를 설명하는 표현 및 **眼鏡(めがね)をかけている**(안경을 쓰고 있다), **帽子(ぼうし)をかぶっている**(모자를 쓰고 있다), **スカートをはいている**(치마를 입고 있다) 같은 복장 관계 표현들도 꼼꼼하게 알아두도록 하자. 인상착의를 파악할 때는 인상착의뿐 아니라 **座(すわ)っている**(앉아있다), **立(た)っている**(서 있다), **手(て)をあげている**(손을 들고 있다), **かばんを持(も)っている**(가방을 들고 있다) 처럼 인물의 행동을 함께 설명하는 경우도 많으므로 주의해서 듣도록 하자.

대화를 잘 듣고 맞는 답을 하나 고르시오.

1 ばん

2 ばん

PRACTICE TEST

3 ばん

4 ばん

스크립트

문제 1

質問 お母(かあ)さんがデパートの店員(てんいん)と話(はな)しています。いなくなった子(こ)どもはどの子(こ)ですか。

女：すみません、子(こ)どもがいなくなってしまって…。
男：では、放送(ほうそう)いたしますので、どんな格好(かっこう)か教(おし)えていただけますか。
女：えーっと、猫(ねこ)の絵(え)のセーターを着(き)て、帽子(ぼうし)をかぶっています。
男：はい、わかりました。
女：よろしくお願(ねが)いします。

질문 어머니가 백화점 점원과 이야기를 하고 있습니다. 없어진 아이는 어느 아이입니까?

여 : 실례합니다. 아이를 잃어버려서….
남 : 그러면, 방송을 할 테니까 어떤 모습인지 가르쳐주세요.
여 : 저어, 고양이 그림의 스웨터를 입고, 모자를 쓰고 있습니다.
남 : 예, 알겠습니다.
여 : 잘 부탁드립니다.

중요표현
1. いなくなってしまっては「없어져 버려서」라는 뜻이다. いない(없다) → いなくなる(없어지다) → いなくなってしまう(없어져버리다)로 활용되었다.
2. いたす는 する의 겸양어이며「하다」라는 뜻이다. する보다 いたす를 쓰면 더 공손한 표현이 된다.
3. ていただけますか는 직역하면 ~해 받을 수 있겠습니까 라는 표현이지만 의역하면 ~해 주실 수 있겠습니까? 즉 ~てください(해 주세요)의 공손한 표현이다.

문제 2

質問 男(おとこ)の人(ひと)と男の人が髪(かみ)の毛(け)について話(はな)しています。男の人の髪の毛はどうなりますか。

男1：ずいぶん長(なが)くなったね。今日(きょう)はどう切(き)るのかな。
男2：えーと、後(うし)ろのほうは、首(くび)が全部(ぜんぶ)見(み)えるくらいに切ってください。
男1：はい。
男2：それから、横(よこ)は耳(みみ)が半分(はんぶん)だけ見えるようにしてください。
男1：はい。

질문 남자 둘이서 머리카락에 대해서 이야기를 하고 있습니다. 남자의 헤어스타일은 어떻게 됩니까?

남 : 꽤 길었네. 오늘은 어떻게 자를까.
남 : 저어. 뒤쪽은 목이 전부 보일 정도로 잘라주세요.
남 : 예.
남 : 그런 다음에. 옆은 귀가 반만 보이도록 해 주세요.
남 : 예.

중요표현

1. ～かな는 자기 자신에게 묻는 기분을 나타내며 「…까?」라는 뜻이다.
2. だけ 한정·한도를 나타낸다. …만. …뿐.
3. 동사+ように 하도록, ない형+ように 하지 않도록.

문제 3

質問 女(おんな)の人(ひと)と男(おとこ)の人(ひと)が電車(でんしゃ)の中(なか)で話(はな)しています。女の人はどの人のことを話していますか。

女：あの人(ひと)、よくテレビに出(で)てる人じゃない？
男：え、どの人？
女：あの後(うし)ろから２番目(にばんめ)の帽子(ぼうし)をかぶった男の人。
男：え、どっち？
女：あ、今(いま)となりの人の方(ほう)を見(み)て、話している人。
男：ああ、わかった！名前(なまえ)なんだっけ？
女：それは、忘(わす)れた。

질문 여자와 남자가 전철 안에서 이야기를 하고 있습니다. 여자는 어떤 사람을 말하고 있습니까?

여 : 저 사람 자주 TV에 나오는 사람 아냐?
남 : 어, 누구?
여 : 저 뒤에서 두 번째 모자를 쓴 남자.
남 : 어느 쪽?
여 : 아, 지금 옆 사람 쪽을 보고 이야기하고 있는 사람.
남 : 아하, 알았다. 이름이 뭐였지?
여 : 그건, 잊어버렸어.

중요표현

1. どっち는 どちら(어느 쪽)의 가벼운 회화체이다. こっち＝こちら(이쪽), そっち＝そちら(그쪽), あっち＝あちら(저쪽).
2. 종조사 ～っけ는 잊었던 일이나 분명하지 않은 일을 묻거나 확인함을 나타낸다. …였지. …던가. 名前(なまえ)なんだっけ(이름이 뭐지?), とこだったっけ(어디였었지?)

스크립트

문제 4

質問 男(おとこ)の人(ひと)と女(おんな)の人(ひと)が写真(しゃしん)を見(み)ながら話(はな)しています。この男の人の一番(いちばん)上(うえ)の娘(むすめ)はどの人(ひと)ですか。

男: これ、この前(まえ)家族(かぞく)みんなで撮(と)った写真(しゃしん)。

女: へえー、奥(おく)さんいつもお若(わか)いですね。上(うえ)のお嬢(じょう)さんたち二人(ふたり)はお母(かあ)さんより大(おお)きいですけど、高校生(こうこうせい)ですか。

男: いや、まだ中学生(ちゅうがくせい)。上が3年生(ねんせい)で、下(した)が一年。この大きいほうが妹(いもうと)なんですよ。もうすぐぼくより高くなりそうでしょう。

女: ほんとう。

질문 남자와 여자가 사진을 보면서 이야기를 하고 있습니다. 남자의 첫째 딸은 누구입니까?

남: 이거 요전에 가족들과 같이 찍은 사진.
여: 와아, 사모님은 늘 젊으시네요. 위에 따님 둘은 엄마보다 큰데, 고등학생입니까?
남: 아니. 아직 중학생. 위가 3학년이고, 밑에 아이가 1학년. 이 큰 쪽이 동생이에요. 곧 나 보다 클 것 같죠?
여: 정말.

중요표현

1. より〜보다. 비교문장에서 쓰임. 猫(ねこ)より犬(いぬ)が好(す)きだ(고양이보다 개가 좋다)
2. 동사ます형+そうだ 문장은 어떤 일이 일어나기 직전의 상태나 일어날 가능성이 있는 상태에서 「〜할 것 같다,〜될 것 같다」는 추측성 표현이다.
   背(せ)が高(たか)くなりそうだ(키가 클 것 같다), 雨(あめ)が降(ふ)りそうだ(비가 올 것 같다)

N4

뉴 일본어 능력시험

Part 12

문자/어휘 chapter 01
필수 1자 한자/필수 명사

문법/독해 chapter 02
필수 문형 – 동사의 ない형 주요문형

청해 chapter 03
보고 있는 대상물 찾기

chapter 01 문자/어휘

N4 1교시

필수 1자 한자

力 ちから 힘	妹 いもうと 여동생	冬 ふゆ 겨울
空 そら 하늘	味 あじ 맛	店 みせ 가게
兄 あに 형	鼻 はな 코	間 あいだ 사이
頭 あたま 머리	牛 うし 소	お茶 ちゃ 차
紙 かみ 종이	朝 あさ 아침	足 あし 발
私 わたくし 저, 나	薬 くすり 약	草 くさ 풀
色 いろ 색	風 かぜ 바람	

필수 명사

一軒 いっけん 한 채	お見舞 みまい 문병, 병문안	二台 にだい 두 대
一度 いちど 한 번	機会 きかい 기회	以下 いか 이하
練習 れんしゅう 연습	十枚 じゅうまい 열 장	あいさつ 인사
お土産 みやげ 선물, 기념품	おじょうさん 아가씨	両親 りょうしん 부모
留守 るす 부재중	プレゼント 선물	売り場 うりば 매장
食料品 しょくりょうひん 식료품		以上 いじょう 이상
うち 중	腕 うで 팔	お祝 いわい 축하선물
おつり 잔돈		

PRACTICE TEST

もんだい1 　____の ことばは どう よみますか。1・2・3・4から いちばん いい ものを ひとつ えらんで ください。

1　仕事で つかれて、力が ありません。
　　1　ぢから　　　2　ちから　　　3　れき　　　4　りょく

2　まいあさ こうえんで 妹と うんどうを して います。
　　1　いもうと　　2　あとうと　　3　あね　　　4　あに

3　らいねんの 冬やすみには ほっかいどうへ 行く よていです。
　　1　はる　　　　2　なつ　　　　3　ふゆ　　　4　あき

4　あきの 空は とても きれいです。
　　1　つち　　　　2　かわ　　　　3　うみ　　　4　そら

5　味が わからないから ちょっと 食べて みます。
　　1　におい　　　2　いろ　　　　3　おと　　　4　あじ

6　あの 店に ある ものは どれも 100円です。
　　1　や　　　　　2　ところ　　　3　みせ　　　4　うち

7　兄は わたしより 二歳 うえです。
　　1　あね　　　　2　あに　　　　3　おとうと　4　いもうと

289

8 わたしの 友達は めは ちいさいですが、鼻が とても 高いです。
　　1 はな　　　2 ふたえ　　　3 あたま　　　4 ひげ

9 時計と ちずの 間に カレンダーが あります。
　　1 うち　　　2 ま　　　3 あいだ　　　4 かん

10 最近の こどもたちは 頭が いいですね。
　　1 くび　　　2 め　　　3 はな　　　4 あたま

もんだい2　＿＿＿の ことばは どう かきますか。1・2・3・4から いちばん いい ものを ひとつ えらんで ください。

1 祖父の 家には うしが 二頭 います。
　　1 牛　　　2 午　　　3 牧　　　4 半

2 日本人は おちゃを よく のみます。
　　1 お花　　　2 お薬　　　3 お茶　　　4 お介

3 赤い かみ いちまいと、きいろい かみ にまい ください。
　　1 髪　　　2 紙　　　3 糸　　　4 毛

4 にちようびの あさは 遅くまで ゆっくり ねます。
　　1 朝　　　2 晩　　　3 昼　　　4 夜

PRACTICE TEST

5 <u>あし</u>が おおきくて、くつが 入らないです。
1 只　　　2 足　　　3 兄　　　4 吊

6 <u>わたくし</u>は アメリカから きた リンダです。
1 称　　　2 和　　　3 利　　　4 私

7 ひるごはんを 食べた 後で <u>くすり</u>を のみます。
1 楽　　　2 薬　　　3 菜　　　4 茶

8 道の <u>くさ</u>が きれいですね。
1 林　　　2 花　　　3 草　　　4 木

9 好きな <u>いろ</u>を おしえて ください。
1 色　　　2 物　　　3 歌　　　4 茶

10 台風で <u>かぜ</u>が つよく なりました。
1 雨　　　2 雪　　　3 嵐　　　4 風

もんだい3　（　　　）に なにを いれますか。1・2・3・4から いちばん いい ものを ひとつ えらんで ください。

1 うちの 近くには 大きな スーパーが （　　　）しか ありません。
1 いっさつ　　2 いっけん　　3 いちまい　　4 いちだい

2 かちょうが 入院(にゅういん)して いるので、(　　　)に いきました。
　1 おいわい　　2 あいさつ　　3 おみあい　　4 おみまい

3 おにいさんは じてんしゃを (　　　) 持(も)って います。
　1 にだい　　2 にほん　　3 にひき　　4 にさつ

4 ひまな 時(とき) (　　　) あそびに きて ください。
　1 いっぱい　　2 いちばん　　3 いちど　　4 いっとう

5 (　　　)が あったら また いって みたいですね。
　1 げんいん　　2 りゆう　　3 ばあい　　4 きかい

6 毎月(まいつき)、4万円(　　　)の へやが ほしいです。
　1 いか　　2 いっかい　　3 いぜん　　4 いがい

7 らいねんの 春(はる)から マラソンの (　　　)を はじめる つもりです。
　1 しゅうかん　　2 うんどう　　3 れんしゅう　　4 しゅみ

8 おねえさんは シャツを (　　　)も 持(も)って います。
　1 じゅうがつ　　2 じゅうまい　　3 じゅっぽん　　4 じゅっぴき

9 がくせいたちが 先生に 「ありがとうございます」と (　　　)を しました。
　1 れんらく　　2 しょうかい　　3 あいさつ　　4 おいわい

PRACTICE TEST

10　しゃちょうは　にほんへ　いくと、いつも　（　　　）を　かって　きます。

　　1　おみあい　　2　おまつり　　3　おれい　　4　おみやげ

もんだい 4　　＿＿＿の　ぶんと　だいたい　おなじいみの　ぶんが　あります。1・2・3・4から　いちばん　いい　ものを　ひとつ　えらんで　ください。

1　おじょうさんは　だいがくせいです。

　　1　むすめさん
　　2　むすこさん
　　3　おにいさん
　　4　おねえさん

2　りょうしんは　いなかに　住んで　います。

　　1　あねと　あに
　　2　おじと　おば
　　3　ちちと　はは
　　4　おいと　めい

3　あいにく　ぶちょうは　るす中です。

　　1　ぶちょうは　います。
　　2　ぶちょうは　いないです。
　　3　ぶちょうは　いかないです。
　　4　ぶちょうは　コーヒーを　のんで　います。

4　アメリカの　ともだちからの　プレゼントです。
　　1　ともだちからの　メール
　　2　もとだちからの　たより
　　3　ともだちからの　にもつ
　　4　ともだちからの　おくりもの

5　地下一階は　食料品売り場で　ございます。
　　1　肉や　くだものを　うる　ところ
　　2　しんしふくを　うる　ところ
　　3　おもちゃを　うる　ところ
　　4　女性の　ふくを　うる　ところ

もんだい5　つぎの　ことばの　つかいかたで　いちばん　いい　ものを　1・2・3・4から　ひとつ　えらんで　ください。

1　いじょう
　　1　ごはんを　食べる　まえに　いじょうを　洗って　ください。
　　2　ともだちに　いじょうを　かって　あげました。
　　3　家の　いじょうに　はとが　います。
　　4　70点　いじょうは　ごうかくです。

PRACTICE TEST

2 うち

1 れいぞうこの なかに うちが いれて あります。
2 スーパーで うちを かいました。
3 すしと すきやきと ラーメンの うち なにが 好きですか。
4 この うちは おいしいです。

3 うで

1 テニスを して うでが いたく なりました。
2 たくさん あるいたから うでが いたいです。
3 ほんを よみすぎて うでが いたいです。
4 音楽(おんがく)を ききすぎて うでが いたく なりました。

4 おいわい

1 りょこうさきで おいわいを 買(か)いました。
2 けんかした 友達に おいわいして ください。
3 びょういんへ おいわいに 行きましょう。
4 おいわいに 新(あたら)しい くつを あげます。

5 おつり

1 先生に おつりを 書(か)きました。
2 きのう 飲(の)み屋(や)で おつりを しました。
3 おつりは 1,000円です。
4 結婚(けっこん)の おつりを あげました。

chapter 02 문법/독해

N4 2교시

01 ～なくてもいい ～하지 않아도 좋다

「～なくてもいい」는 「～하지 않아도 좋다/～하지 않아도 된다」라고 하는 허가 표현이다.

明日は 来(こ)なくても いいです。
내일은 오지 않아도 됩니다.

薬(くすり)を 飲(の)まなくても いいですか。
약을 먹지 않아도 됩니까?

02 ～なくてもかまわない ～하지 않아도 상관없다

「～なくてもかまわない」는 「～なくてもいい」의 유사표현으로 「～하지 않아도 상관없다/～하지 않아도 괜찮다」라고 하는 허가 표현이다.

一緒(いっしょ)に 行(い)かなくても かまいませんか。
같이 안가도 괜찮겠습니까?

名前(なまえ)は 書(か)かなくても かまわない。
이름은 쓰지 않아도 상관없다.

03 ～なくてはいけない ～하지 않으면 안 된다

「～なくてはいけない」는 「～하지 않으면 안 된다/～해야 한다」는 의무표현이다.

図書館(としょかん)の 中(なか)では 静(しず)かに しなくては いけませんよ。
도서관 안에서는 조용히 하지 않으면 안 됩니다.

レポートは 水曜日(すいようび)までに 出(だ)さなくては いけない。
리포트는 수요일까지 내지 않으면 안 된다.

문법 필수 문형 – 동사의 ない형 주요문형

04 なければならない ~하지 않으면 안 된다

「~なければならない」는 「~なくてはいけない」의 유사표현으로 「~하지 않으면 안 된다/~해야 한다」는 의무표현이다.

母には かならず 話さなければ なりません。
어머니에게는 반드시 이야기해야 합니다. (이야기하지 않으면 안 됩니다)

少し 休まなければ ならない。
잠시 쉬지 않으면 안 된다. (쉬어야 한다)

05 ~ずに ~하지 않고

「~ずに」는 동사의 ない형에 접속하며 「~하지 않고」라는 뜻이다. 기본적으로 「~ないで」와 같은 표현이다.

行く 가다 → 行かないで 가지 않고 = 行かずに 가지 않고

食べる 먹다 → 食べないで 먹지 않고 = 食べずに 먹지 않고

する 동사의 경우 ない형에 접속하지 않으니 주의하자.

する 하다 → しないで 하지 않고 → せずに 하지 않고

彼は あいさつも せずに 行って しまいました。
그는 인사도 하지 않고 가 버렸습니다.

値段を 見ずに 買う ことが ある。
가격을 보지 않고 사는 경우가 있다.

本は 買わずに 図書館で 借ります。
책은 사지 않고 도서관에서 빌립니다.

もんだい1　（　　　）に 何を 入れますか。1・2・3・4から いちばん いい ものを 一つ えらんで ください。

1　この 仕事は 日本語が （　　　）なくても かまいません。
　　1 じょうず　　2 じょうずに　　3 じょうずだ　　4 じょうずで

2　じしょを （　　　）に 日本語の 新聞を 読む ことが できますか。
　　1 使わず　　2 使わない　　3 使わなく　　4 使わなくて

3　カメラは 持って こなく（　　　） かまいません。
　　1 では　　2 でも　　3 ては　　4 ても

4　食事の 前には かならず 手を （　　　）なければ なりません。
　　1 洗う　　2 洗い　　3 洗わ　　4 洗おう

5　テキストを （　　　） 答えて ください。
　　1 見なく　　2 見なくて　　3 見ずに　　4 見ずで

6　ねる 前に かならず はを （　　　） いけませんよ。
　　1 みがけば　　2 みがかないで　　3 みがいても．　　4 みがかなくては

7　けがが なおったので もう 病院へ （　　　） いい。
　　1 行く　　2 行った　　3 行かなくても　　4 行かない

PRACTICE TEST

8 弟は　けさ　ご飯を　（　　　）　学校へ　行きました。
　　1　食べずで　　　2　食べずに　　　3　食べなくて　　　4　食べなしで

9 いやでも　テストは　うけ（　　　）。
　　1　ないでは　だめです　　　　2　なくては　いけません
　　3　ないでは　なりません　　　4　ないては　すみません

10 住所は　（　　　）　いいですか。
　　1　書かない　　2　書かないでは　　3　書かなくては　　4　書かなくても

11 飲みたくなければ、（　　　）　いいです。
　　1　飲まない　　2　飲みたくない　　3　飲まないにも　　4　飲まなくても

12 会議に　かならず　出席（　　　）　いけないんです。
　　1　しなくては　　2　しないては　　3　しないでは　　4　しなくでは

13 ここで　友達を　（　　　）　なりません。
　　1　待たなければ　2　待ちなければ　3　待つなければ　4　待てなければ

14 明日は　休みなので　はやく　起きなくても　（　　　）。
　　1　かまいます　　2　かまいません　　3　だめです　　4　なります

15 何の　準備も　（　　　）　行っても　いいですか。
　　1　しずに　　2　せずに　　3　しないずに　　4　するずに

もんだい 2　___★___ に 入る ものは どれですか。1・2・3・4から いちばん いい ものを 一つ えらんで ください。

1　ごみは _____ _____ ___★___ _____ね。
　　1　水曜日に　　　　　　2　いけないんです
　　3　は　　　　　　　　　4　出さなくて

2　_____ ___★___ _____ _____ いいです。
　　1　書かなく　　2　わから　　3　ても　　4　なければ

3　12時 _____ _____ _____ ___★___ 。
　　1　帰らなければ　2　までには　3　家に　　4　なりません

4　___★___ _____ _____ _____ 。
　　1　撮っても　　2　ここでは　　3　かまわない　　4　写真を

5　手紙に _____ ___★___ _____ _____ しまった。
　　1　出して　　2　ずに　　3　はら　　4　切手を

PRACTICE TEST

もんだい3　1から　5に　何を　入れますか。1・2・3・4から　いちばん　いい　ものを　一つ　えらんで　ください。

(1)

私は　この　近くの　大学の　留学生です。日本語が　[1]　よく　できないので　日本語を　あまり　[2]　仕事が　いいです。アルバイトは　週に　3回ぐらい　できますが、毎週　月曜日の　朝　テストが　あるので　日曜は　アルバイトが　できません。

(2)

昨日　学校で　先生が　明日から　始まる　じゅぎょうについて　説明してくださった。先生に「[3]　よしゅうを　したら　いいですか。」と　きくと、「本を　10ページまで　読んで　[4]　ください。」と　おっしゃった。「[5]」ときくと、先生は　「はい、買う　ひつようは　ありません。」と　おっしゃった。

[1]　1　まだ　　　2　また　　　3　もう　　　4　まで

[2]　1　使いません
　　 2　使ってはいけない
　　 3　使わなくてもいい
　　 4　使わなくてはいけない

301

3　　1　どれ　　　　2　どこ　　　　3　どんな　　　4　なに

4　　1　くって　　　2　きて　　　　3　きいて　　　4　きって

5　　1　じしょを　買っても　いいですか。
　　　2　じしょを　買いたいですか。
　　　3　じしょを　買っても　かまいませんか。
　　　4　じしょを　買わなくても　いいですか。

PRACTICE TEST

もんだい 4　つぎの 文章を 読んで、質問に こたえて ください。こたえは 1・2・3・4から、いちばん いい ものを 一つ えらんで ください。

毎日、びっくりする ような 大やすうりです。今週は せいにくコーナーが 大セールです。月曜と 火曜は 豚肉、水曜と 木曜は 牛肉、金曜と 土曜は 鶏肉が 一わりびきに なります。

また、卵は 月曜日から 金曜日まで 毎日 半額です。ただし、卵は 1日 百ケースだけですので、おはやめに おこしください。ご来店 お待ちして おります。

1　この スーパーでは 今週 何を 安く 売りますか。

1　やさい
2　くだもの
3　にく
4　さかな

2　たまごは 何曜日に いちばん やすいですか。

1　月曜と 金曜だけ
2　月曜から 金曜まで
3　月曜だけ
4　月曜から 日曜まで

もんだい5　つぎの　文章を　読んで、質問に　こたえて　ください。こたえは　1・2・3・4から、いちばん　いい　ものを　一つ　えらんで　ください。

コピーの　機械の　使い方

まず　よねつボタンを　確認します。よねつボタンが　赤く　なって　いたら、コピーできませんので　ボタンを　押して　ください。
それから、コピーの　機械の　ふたを　開けて、原稿を　置きます。
原稿は　ガラスめんの　上に、おもてを　下に　して　おいて　ください。
そして、原稿が　動かないように　静かに　ふたを　閉めます。
コピーしたい　枚数を　押して、スタートボタンを　押します。
スタートボタンが　青く　なったら、コピーが　始まります。

[1]　まず　一番　最初に　何を　しますか。

1　よねつボタンを　押します。
2　よねつボタンを　見ます。
3　コピーの　機械の　ふたを　開けます。
4　よねつボタンを　選びます。

PRACTICE TEST

2 コピーしたい げんこうは どこに どのように 置けば いいですか。

1　ガラスの上に　おもてを　上に　して　おく。
2　ふたの上に　おもてを　上に　して　おく。
3　ガラスの上に　おもてを　下に　して　おく。
4　ふたの上に　おもてを　下に　して　おく。

3 げんこうを おく 前に 何を しますか。

1　数字ボタンを　押します。
2　コピーの　機械の　ふたを　開けます。
3　スタートボタンを　押します。
4　静かに　ふたを　閉めます。

4 どうして 「静かに　ふたを　閉める」 のですか。

1　コピーが　はやく　できないから
2　コピーが　きれいに　できないから
3　機械が　こわれて　しまうから
4　機械が　よごれて　しまうから

もんだい6　レンタカーの　料金表を　見ながら　質問に　こたえて　ください。こたえは　1・2・3・4から　いちばん　いい　ものを　一つ　えらんで　ください。

1　彼女と　海へ　行きたいですが、往復　4時間　ぐらい　かかる　ところです。12時間ぐらいが　ちょうど　いいと　思います。男の人は　どの　車を　借りる　ことに　しましたか。

1　A　　　2　B　　　3　C　　　4　D

2　レンタカーを　まる一日　借りると　いくらですか。

1　5,250円
2　5,775円
3　6,300円
4　6,825円

トヨタレンタカー

A	B	C	D
時間/6時間まで	時間/12時間まで	時間/18時間まで	時間/24時間まで
料金/5,250円	料金/5,775円	料金/6,300円	料金/6,825円

chapter 03 청해

N4 3교시

보고 있는 대상물 찾기

어떤 장면이나 대상물을 보면서 대화를 나누는 패턴으로 결국 어떤 대상물을 보고 이야기를 한 것인지를 고르는 문제이다. 보통 二人(ふたり)が今(いま)見(み)ているものはどれですか。(두 사람이 보고 있는 것은 어느 것입니까?), どれを見(み)て話(はな)していますか。(어느 것을 보고 이야기하고 있습니까?) 라는 질문 형태를 띤다.

대화를 잘 듣고 맞는 답을 하나 고르시오.

1 ばん

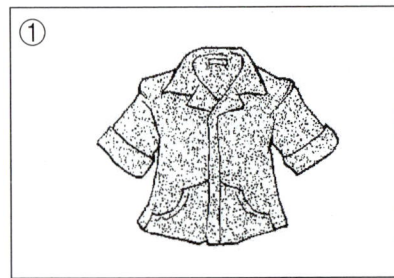

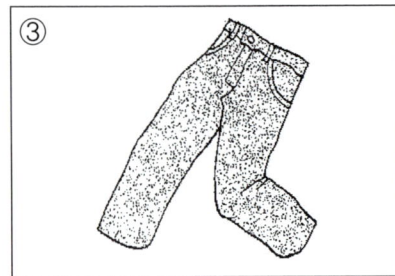

2 ばん

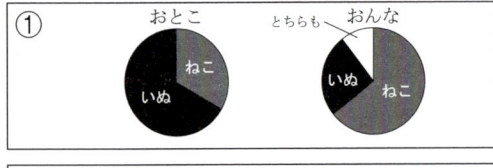
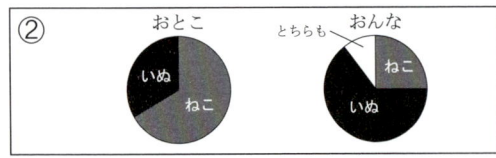
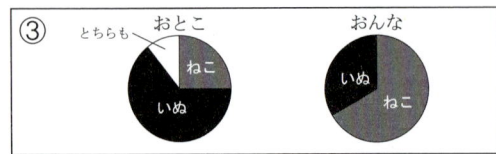
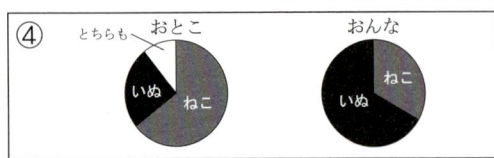

PRACTICE TEST

3 ばん

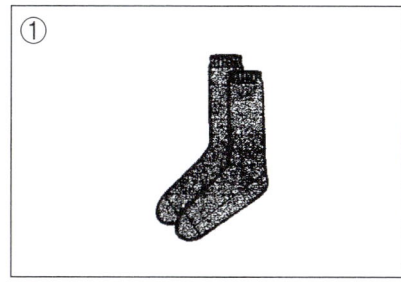 
 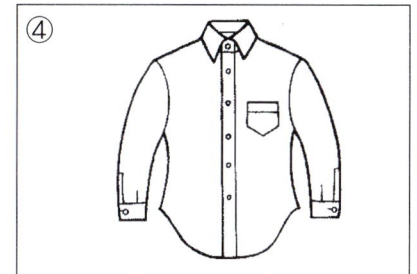

4 ばん

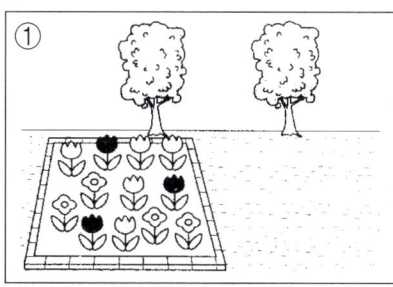 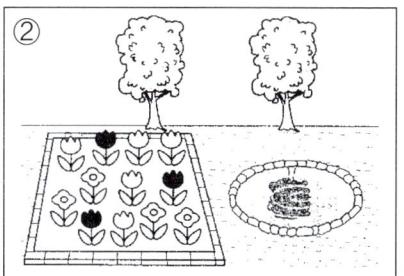
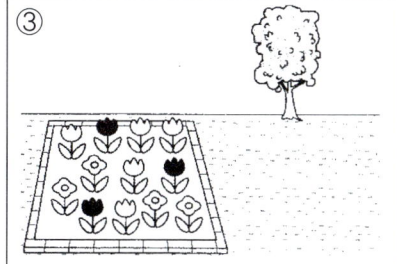 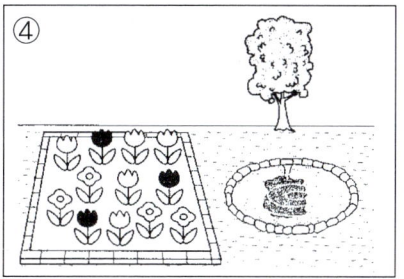

스크립트

문제 1

質問 女(おんな)の人(ひと)と男(おとこ)の人(ひと)がデパートで話(はな)しています。二人(ふたり)が今(いま)見(み)ているものはどれですか。

女: あ、これ、ちょっと、いいわね。いろいろな形(かたち)のポケットがたくさんあっておもしろいよ。
男: うん。でも、このポケット全部(ぜんぶ)に何(なに)か入(い)れたら、重(おも)いし動(うご)きにくいよ。
女: 全部に入れなければいいじゃない。
男: そっか。じゃあ、一度(いちど)はいてみようかな。

질문 여자와 남자가 백화점에서 이야기하고 있습니다. 두 사람이 지금 보고 있는 것은 어느 것입니까?

여: 아, 이거 괜찮다. 여러 가지 형태의 호주머니가 많이 있어서 재밌어.
남: 응. 그렇지만 이 호주머니 전부에 무언가 넣으면 무겁고 움직이기가 힘들겠다!
여: 전부 넣지 않으면 되잖아.
남: 그런가? 그럼 한 번 입어 볼까

> **중요표현**
> 1. 동사ます형+にくい ~하기 어렵다(불편하다) 動(うご)きにくい(움직이기 어렵다), 読(よ)みにくい(읽기 어렵다)
> 2. ~なければ 하지 않으면. 入(い)れなければ(넣지 않으면), 行かなければ(가지 않으면)
> 3. ~てみようかな ~해 볼까, 한 번 시도해 볼까 라고 말할 때 쓰임. はいてみようかな(입어 볼까), 作(つく)ってみようかな(만들어 볼까)

문제 2

質問 女(おんな)の人(ひと)がテレビで話(はな)しています。女の人は、どれを見(み)て話していますか。

女: 皆(みな)さん、こんにちは。今日(きょう)は、町(まち)で女(おんな)の人(ひと)100人(にん)と男(おとこ)の人(ひと)100人に、「犬(いぬ)」と「猫(ねこ)」どちらが好(す)きか聞(き)きました。女の人は猫が好きな人のほうが多(おお)くて、男の人は犬が好きな人が多かったです。私は犬のほうが好きですが。そして、女の人の中には犬も猫もどちらも好きという人も少(すこ)しいましたが、男の人にはいませんでした。

질문 여자가 TV에서 이야기를 하고 있습니다. 여자는 어느 것을 보고 이야기 하고 있습니까?

여: 여러분, 안녕하세요. 오늘은 길에서 여자 100명과 남자 100명에게 개랑 고양이 어느 쪽을 좋아하는지 물었습니다. 여자는 고양이를 좋아하는 쪽이 많았고, 남자는 개를 좋아하는 사람이 많았습니다. 저는 개를 더 좋아하지만요. 그리고 여자 중에는 개나 고양이나 두쪽다 좋아한다고 말한 사람도 조금 있었지만 남자는 없었습니다.

해설

중요표현
1. AとBとどちらが好(す)きですか。 A랑 B랑 어느 쪽을 좋아합니까? どちらも好(す)きです。 어느 쪽도 좋아합니다. 즉 두 쪽 다 좋아합니다.

問題 3

質問 お母(かあ)さんと娘(むすめ)がデパートで話(はな)しています。二人(ふたり)は今(いま)、何(なに)を見(み)ていますか。

女1：ねえ、父(ちち)の日(ひ)のプレゼント、これどう？
女2：お父(とう)さんはこんな色(いろ)のはしないと思(おも)うよ。
女1：でも、茶色(ちゃいろ)の背広(せびろ)をよく着(き)るでしょ？白(しろ)いシャツの上(うえ)にこれを締(し)めて、茶色の背広を着るとかっこいいよ。
女2：そうねー。いいかもしれないわね。

질문 어머니와 딸이 백화점에서 이야기하고 있습니다. 두 사람은 지금 무엇을 보고 있습니까?

여1: 저기, 아버지의 날 선물, 이것 어때?
여2: 아버지는 이런 색깔은 안 할 거라고 생각해.
여1: 하지만 갈색 양복을 자주 입잖아? 하얀 셔츠 위에 이걸 매고 갈색 양복을 입으면 멋있어.
여2: 그렇긴 하네. 좋을 지도 모르겠다.

중요표현
1. でしょ는 でしょう의 회화체이다. 상대에게 다짐하거나 동의를 구하는 뜻을 나타낸다. 이지요? 라는 뜻.
2. ～かもしれない 불확실한 추측의 표현. ～일지도 모른다.
3. ～わね 여러 가지 말에 붙어 어조를 고름. …요. …죠. 여성들이 주로 사용한다.

311

스크립트

문제 4

質問　二人(ふたり)の女(おんな)の人(ひと)が話(はな)しています。二人が、今(いま)見(み)ている庭(にわ)はどれですか。

女1：本当(ほんとう)に花(はな)がきれいですね。あれ、前(まえ)に来(き)た時(とき)は、木(き)は一本(いっぽん)だけでしたよね。

女2：ええ、先月(せんげつ)、もう一本植(う)えたんです。庭を作(つく)るのは本当に楽(たの)しくて…。次(つぎ)は、この木の前に、池(いけ)を作ろうと思(おも)っています。

女1：いいですね。池ができたら、また見(み)せてくださいね。

질문　여자 둘이서 이야기를 하고 있습니다. 두 사람이 지금 보고 있는 정원은 어느 것입니까?

여1：정말 꽃이 예쁘네요. 어, 전에 왔을 때는 나무는 한 그루뿐이었지요?

여2：예, 지난달에 한그루 더 심었어요. 정원을 만드는 것은 정말 즐거워요. 다음은 이 나무 앞에 연못을 만들려고 합니다.

여1：좋네요. 연못이 생기면 또 보여 주세요.

중요표현

1. もう「이미, 벌써」라는 뜻 이외에 「더, 그 위에 또」라는 뜻이 있다.
   もう一本(いっぽん)(한 그루 더), もう一つ(하나 더), もう1年(いちねん)(1년 더)
2. 동사의 의지형+と思(おも)っています는 「~하려고 생각합니다」라는 의지 표현이다. 예정이나 계획을 말할 때 주로 사용한다. 作(つく)ろうと思っています(만들려고 합니다), 行(い)こうと思っています(가려고 합니다)
3. できる 중요한 세 가지 뜻이 있다. ① 할 수 있다 ② 생기다 ③ 다~되다

N4

뉴 일본어 능력시험

Part 13

문자/어휘 chapter 01
필수 1자 한자/필수 명사

문법/독해 chapter 02
필수 문형 ~ 동사의 て형 주요문형

청해 chapter 03
일의 진행순서 파악 문제

chapter 01 문자/어휘

N4 1교시

필수 1자 한자

姉 あね 누나, 언니	手 て 손	冬 ふゆ 겨울
目 め 눈	顔 かお 얼굴	川 かわ 강
～屋 や ～가게	歯 は 이	毛 け 털
足 あし 발, 다리	口 くち 입	夜 よる 밤
音 おと 소리	弟 おとうと 남동생	味 あじ 맛
首 くび 목	体 からだ 몸, 신체	声 こえ 목소리
県 けん 현, 일본 행정구역의 하나 (한국의 "도"에 해당)		米 こめ 쌀

필수 명사

深さ ふかさ 깊이	お礼 れい 답례	来月 らいげつ 다음달
ひきだし 서랍	しすぎ 지나치게 함	約束 やくそく 약속
おつり 잔돈	運動 うんどう 운동	お祝い いわい 축하선물
再来週 さらいしゅう 다다음주	眼鏡 めがね 안경	意見 いけん 의견
床屋 とこや 이발소	引っ越し ひっこし 이사	以上 いじょう 이상
すり 소매치기	店員 てんいん 점원	病院 びょういん 병원
校長 こうちょう 교장	髭 ひげ 수염	

PRACTICE TEST

もんだい1　_____の　ことばは　どう　よみますか。1・2・3・4から
　　　　　　　いちばん　いい　ものを　ひとつ　えらんで　ください。

1　わたしの　姉は　だいがくいんせいです。
　　1　おとうと　　2　いもうと　　3　あに　　　　4　あね

2　しつもんが　ある　人は　手を　あげて　ください。
　　1　あし　　　　2　て　　　　　3　くび　　　　4　くち

3　スキーが　できるので、冬が　だいすきです。
　　1　ふゆ　　　　2　あき　　　　3　はる　　　　4　なつ

4　しかの　目が　とても　きれいですね。
　　1　は　　　　　2　みみ　　　　3　て　　　　　4　め

5　今日は　しちじに　顔を　あらいました。
　　1　かお　　　　2　はな　　　　3　め　　　　　4　ほお

6　むかし、川で　およいだ　ことが　あります。
　　1　みずうみ　　2　きし　　　　3　うみ　　　　4　かわ

7　本屋へ　じしょを　かいに　いきましょうか。
　　1　みせ　　　　2　や　　　　　3　おく　　　　4　いえ

315

8 あかちゃんの 歯が ふたつ はえて います。
　　1 つめ　　　2 かみ　　　3 くち　　　4 は

9 かみの毛が ながく なりました。
　　1 け　　　2 げ　　　3 も　　　4 ぼ

10 足の ほそい ひとが うらやましいです。
　　1 ひざ　　　2 ひじ　　　3 うで　　　4 あし

もんだい2　＿＿＿の ことばは どう かきますか。1・2・3・4から いちばん いい ものを ひとつ えらんで ください。

1 私の ともだちは めは 大きいですが、くちは ちいさいです。
　　1 耳　　　2 口　　　3 喉　　　4 眉

2 よるは 食べない ことに しました。
　　1 夕方　　　2 朝　　　3 夜　　　4 昼

3 日本人は そばを 食べる 時 おとを たてて 食べます。
　　1 声　　　2 音　　　3 歌　　　4 動

4 しょうがくせいの おとうとが います。
　　1 妹　　　2 弟　　　3 姉　　　4 兄

PRACTICE TEST

5 かぜを ひいて 食べ物の あじが よく わかりません。
 1 味 2 来 3 指 4 手首

6 のどが いたい ときは くびに マフラーを まいて ください。
 1 喉 2 首 3 海 4 池

7 からだが だるいです。
 1 体 2 腹 3 頭 4 顔

8 大阪は けんですか。それとも、ふですか。
 1 道 2 都 3 県 4 府

9 もう 時間が 遅いから こえを ちいさく して ください。
 1 音 2 声 3 話 4 口

10 最近は こめが あまる そうです。
 1 雨 2 雪 3 米 4 風

もんだい3 （　　　）に なにを いれますか。1・2・3・4から いちばん いい ものを ひとつ えらんで ください。

1 この みずうみの（　　　）は 何メートルですか。
 1 ふかさ 2 さむさ 3 あつさ 4 おもさ

2 みちを おしえて もらったので、(　　　)を いいました。
　　1 おみやげ　　2 おみまい　　3 おれい　　4 おいわい

3 こんげつの つぎは (　　　)です。
　　1 せんせんげつ　2 さらいげつ　3 せんげつ　4 らいげつ

4 しょるいは つくえの (　　　)に いれて あります。
　　1 おしいれ　　2 ひきだし　　3 ほんばこ　　4 たんす

5 さいきん、仕事の (　　　)で からだを こわしました。
　　1 あそびすぎ　2 のみすぎ　　3 しすぎ　　4 たべすぎ

6 あしたの ゆうがた かれしと あう (　　　)を しました。
　　1 やくそく　　2 よやく　　3 よほう　　4 じかん

7 1,000円の とんかつを たべたので 5,000円 出すと (　　　)は 4,000円です。
　　1 おかね　　2 おつり　　3 おさいふ　　4 おさつ

8 ははは (　　　)が すきで、ゴルフも すいえいも して います。
　　1 りょこう　　2 しゅみ　　3 うんどう　　4 うんてん

9 先週 けっこんした ともだちに (　　　)を おくりました。
　　1 おまつり　　2 おみあい　　3 おみまい　　4 おいわい

PRACTICE TEST

10 らいしゅうの　つぎは　（　　　　）です。

1　こんしゅう　　　　　　　2　せんせんしゅう

3　さらいしゅう　　　　　　4　せんしゅう

もんだい４　　＿＿＿の　ぶんと　だいたい　おなじいみの　ぶんが　あります。1・2・3・4から　いちばん　いい　ものを　ひとつ　えらんで　ください。

1　おとうさんは　めがねを　かけて　います。

1　あたまが　いたい　ときに　のむ　もの
2　めが　わるい　ときに　つかう　もの
3　てんきが　わるい　ときに　つける　もの
4　つかれた　ときに　たべる　もの

2　みなさんの　ごいけんを　はなして　ください。

1　むかし　やった　しごと
2　きのう　した　こと
3　いま　かんがえて　いる　こと
4　これからの　ゆめの　こと

3　さいきんは　とこやが　少なく　なりました。

1　かみを　きる　ところ　　　2　パンを　うる　ところ
3　やさいを　かう　ところ　　4　コーヒーを　のむ　ところ

4 子供の ときから ひっこしを ごかいも して います。
　1　いろいろな ひとに あった ことが ある
　2　いろいろな ほんを よんだ ことが ある
　3　いろいろな ものを たべた ことが ある
　4　いろいろな ところに すんだ ことが ある

5 本を 3さつ いじょう もって きて ください。
　1　3さつより すくない
　2　3さつより おおい
　3　2さつより すくない
　4　2さつより おおい

もんだい 5　つぎの ことばの つかいかたで いちばん いい ものを 1・2・3・4から ひとつ えらんで ください。

1　すり
　1　電車の なかで すりに さいふを とられました。
　2　こどもが すりで 遊んで いました。
　3　きのう 家で すりを 食べました。
　4　よる おそくまで すりを 飲みました。

PRACTICE TEST

2 てんいん

1 たんじょうびの <u>てんいん</u>を します。
2 イギリスの ともだちに <u>てんいん</u>を おくりました。
3 あの レストランは <u>てんいん</u>が おおいです
4 さいふの なかに <u>てんいん</u>が おおいです。

3 びよういん

1 かぜを ひいて <u>びよういん</u>へ いきます。
2 運動(うんどう)を しに <u>びよういん</u>へ いきます。
3 英語(えいご)の べんきょうの ために <u>びよういん</u>へ いきます。
4 かみを きる ために <u>びよういん</u>へ いきます。

4 こうちょう

1 いえで いちばん えらい ひとは <u>こうちょう</u>です。
2 くにで いちばん えらい ひとは <u>こうちょう</u>です。
3 がっこうで いちばん えらい ひとは <u>こうちょう</u>です。
4 せかいで いちばん えらい ひとは <u>こうちょう</u>です。

5 ひげ

1 ちちは 去年(きょねん)から <u>ひげ</u>を のばして います。
2 ながい 時間 たって いるので <u>ひげ</u>が いたいです。
3 机(つくえ)に <u>ひげ</u>を ついたら だめです。
4 へやの 中では <u>ひげ</u>を ぬいで ください。

chapter 02 문법/독해

N4 2교시

01 〜ていく 〜하고 가다/〜해 가다

단순히 「〜하고 가다」는 뜻 이외에 현재시점에서 앞으로의 상태변화 「〜해 가다/〜해 나가다」의 뜻으로도 사용된다.

戦争で 多くの 人が 死んで いきます。 전쟁으로 많은 사람들이 죽어갑니다.
これからも この 仕事を つづけて いく つもりです。
앞으로도 이 일을 계속 해 나갈 생각입니다.

02 〜てくる 〜하고 오다/〜해 오다/〜하기 시작하다

단순히 「〜하고 오다」는 뜻 이외에 과거의 시점에서 지금까지의 상태변화 「〜해지다/〜하기 시작하다」는 뜻으로도 사용된다.

ずいぶん あつく なって きましたね。 꽤 더워졌네요.
日本語の 勉強が だんだん おもしろく なって きました。
일본어 공부가 점점 재미있어 지기 시작했습니다.

03 〜ておく 〜해 두다/〜해 놓다

飲み物は もう 買って おきました。 음료수는 벌써 사 놓았습니다.
友達に 頼んで おきました。 친구에게 부탁해 두었습니다.

04 〜てみる 〜해 보다

「〜てみる」는 시도를 나타내는 표현으로 「시험삼아〜해 보다」는 뜻이다.

おいしいか どうか 食べて みて ください。 맛있는지 어떤지 먹어 보세요.
一緒に 探して みましょう。 함께 찾아봅시다!

문법 필수 문형 – 동사의 て형 주요문형

05 〜てしまう 〜해 버리다

「〜てしまう」는「〜해 버리다」「(하면 안 되는데) 〜하고 말다」라는 뜻이다. 축약형은 ちゃう이다.

おいしくて 全部 食べて しまいました。 맛있어서 전부 먹어버렸습니다.
勉強しないで はやく 寝ちゃった。 공부하지 않고 빨리 자버렸다.

06 〜てもいい 〜해도 좋다/〜해도 된다

窓を 閉めても いいですか。 창문을 닫아도 됩니까?
ここに 座っても いいです。 여기에 앉아도 됩니다.

07 〜てもかまわない 〜해도 상관없다/〜해도 괜찮다

この 水は 飲んでも かまわない(かまいません)。 이 물은 마셔도 괜찮다(괜찮습니다).

08 〜てはいけない 〜해서는 안 된다

「〜てはいけない」는 강한금지를 나타내는 표현이다.

映画館の 中では 写真を 撮っては いけない(いけません)。
영화관 안에서는 사진을 찍으면 안 된다(안 됩니다).

09 〜ちゃ 〜해서는

「〜ちゃ」는「〜ては」의 축약형이다.「〜では」는「〜じゃ」로 축약된다.

たばこを 吸っちゃ だめだよ。 담배를 피우면 안 돼.
この 薬は 飲んじゃ だめだよ。 이 약은 먹으면 안 돼.

もんだい1　（　　　）に　何を　入れますか。1・2・3・4から　いちばん　いい　ものを　一つ　えらんで　ください。

1　テープは　後で　使いますから、ここに　（　　　）　おいて　ください。
　　1　ならんで　　2　ならんだ　　3　ならべる　　4　ならべて

2　道が　こんで　いたので　おくれて　（　　　）。
　　1　しまいました　2　おきました　3　しました　4　みました

3　秋に　なると、だんだん　木の　はの　色が　かわって　（　　　）。
　　1　みる　　2　おく　　3　いく　　4　いれた

4　すみません、この　ぼうし　かぶって　（　　　）　いいですか。
　　1　しても　　2　みても　　3　くれても　　4　あっても

5　「ここで　サッカーを　しても　かまいませんか。」「（　　　）。」
　　1　はい、しては　いけません　　2　はい、しても　いいです
　　3　いいえ、しても　いいです　　4　いいえ、しても　かまいません

6　くつを　買う　ときは、買う　前に　一度　はいて　（　　　）。
　　1　はじめます　　2　あります　　3　します　　4　みます

7　これからも　世界の　人口は　（　　　）　いくでしょう。
　　1　ふえる　　2　ふえて　　3　ふえた　　4　ふえよう

PRACTICE TEST

8 あとで すてるから、ごみを （　　　） おいて ください。
1 集(あつ)まる　　2 集(あつ)める　　3 集(あつ)まって　　4 集(あつ)めて

9 このごろ さむく なって （　　　）ね。
1 おきました　　2 いきました　　3 なりました　　4 きました

10 ここでは なにを （　　　） いいです。
1 話せば　　2 話しても　　3 話さないと　　4 話さなければ

11 ここで 写真(しゃしん)を （　　　） だめだよ。
1 とって　　2 とっちゃ　　3 とるは　　4 とっちゃう

12 この 服(ふく)は もう 古(ふる)いですから、よごれても （　　　）。
1 かまいます　　　　　　2 かまいました
3 かまいません　　　　　4 かまっていません

13 まだ そうじが 終(お)わっていないから 教室(きょうしつ)へ （　　　） だめだよ。
1 入(はい)って　　2 入(はい)った　　3 入(はい)るは　　4 入(はい)っちゃ

14 国(くに)に 帰っても 日本語の 勉強(べんきょう)を 続(つづ)け（　　　） つもりです。
1 てくる　　2 ていく　　3 てしまう　　4 にくる

15 食べた ことが ないので 一度(いちど) 食べて （　　　）。
1 みたいです　　2 いけません　　3 います　　4 しまいます

325

もんだい 2　　___★___に 入（はい）る ものは どれですか。1・2・3・4から いちばん いい ものを 一（ひと）つ えらんで ください。

1　最近（さいきん）　日本に ____★____ _____ _____ _____。

　　1　きた　　　　2　くる　　　　3　留学生（りゅうがくせい）が　　　4　減（へ）って

2　こどもたちは　これから _____ _____ ___★___ _____だろう。

　　1　けいけんして　　　　　　2　いろいろな
　　3　ことを　　　　　　　　　4　いく

3　今日は _____、___★___ _____ _____ そうです。

　　1　ひいて　　　2　しまい　　　3　かぜを　　　4　さむいので

4　テーブルは _____ _____ _____ ___★___ ください。

　　1　そのまま　　2　おいて　　　3　して　　　　4　に

5　「_____ ___★___ _____ _____。」
　「ええ、いいですよ。」

　　1　を　　　　　2　開（あ）けても　　3　窓（まど）　　　4　かまいませんか

326

PRACTICE TEST

もんだい 3　　1から 5に 何を 入れますか。1・2・3・4から いちばん いい ものを 一つ えらんで ください。

(1)

パソコン室には パソコンが あるので ここで 飲み物を ［１］。飲み物は ゴミ箱が ある 場所で 飲んで ください。ゴミ箱は ［２］の 休憩室に あります。

(2)

今日は、朝から 雨だった。いつもと 同じ 時間に 家を 出たが、会社に 40分も 遅れて ［３］。駅から 一度 家に もどったのだ。さいふを 忘れたと 思ったからだ。雨が ひどく なって いて たいへんだった。家の中を ［４］ みたが さいふは どこにも なかった。着て いた コートのポケットに ［５］。

［１］　1　飲んでも いいです
　　　2　飲んでは いけません
　　　3　飲んでは かまいません
　　　4　飲んで しまいました

［２］　1　3階（がい）　　2　3階（かい）　　3　3回（がい）　　4　3回（かい）

［３］　1　しまった　　2　みた　　3　した　　4　おいた

327

4   1　さがした　　2　さがす　　3　さがし　　4　さがして

5   1　はいりましたのだ
　　2　はいらなかったのだ
　　3　なかったのだ
　　4　はいっていたのだ

PRACTICE TEST

もんだい 4　つぎの 文章を 読んで、質問に こたえて ください。こたえは 1・2・3・4から、いちばん いい ものを 一つ えらんで ください。

さんまの 塩焼

さんまは 秋が しゅんの 魚で、10月から 11月までに かけてが 一番 おいしい ころです。

まず、さんまを よく 洗います。二つに 切って、上から 塩を ふります。火を 強く して、すぐ 焼きます。そのとき 火から はなして 焼く ことが 重要です。また、焼く 前に あみを じゅうぶん あたためて おくのを 忘れないで ください。

---

1 さんまが 一番 おいしいのは いつごろですか。

　1 はる　　　2 なつ　　　3 あき　　　4 ふゆ

2 どのように 料理しますか。

　1 塩を ふって 火を つよく して 焼きます。
　2 塩を ふって 火を よわく して 焼きます。
　3 塩を ふらないで 火を つよく して 焼きます。
　4 塩を ふらないで 火を よわく して 焼きます。

もんだい 5　つぎの 文章を 読んで、質問に こたえて ください。こたえは 1・2・3・4から、いちばん いい ものを 一つ えらんで ください。

山登り

今、私が 山に 登る 一番 大きな 理由は、自分に 勝つ ためです。私は子供の 頃、体が 弱かったので、それを 克服しようと 思って 山登りを 始めました。だんだん 登れる 山が 高く なるにつれて、「もっと高く、もっと速く」と、欲が 出て きました。
何の ために こんなに 苦しい 思いを して 登って いるのかと、自分に 聞き、何度も やめたいと 思いました。しかし、途中の 苦しさを 克服して、山の 頂上で 見る 青空は 最高です。
もちろん 山登りの おかげで 体も 元気に なって、病気に なりやすかった 体も とても 丈夫に なって、今は 元気な 生活を して います。

1　この 人が 山登りを する 一番 大きな 理由は 何ですか。
1　山が 好きな ためです。
2　自分に 勝つ ためです。
3　青空が 見たいからです。
4　病気だからです。

PRACTICE TEST

2 子供の ときは どんな 人でしたか。

1　とても　元気な　人でした。
2　優しい　人でした。
3　体が　弱い　人でした。
4　明るい　人でした。

3 どうして 山登りを「何度も やめたいと 思いました」か。

1　山を　登るのが　苦しかったので
2　山が　あまり　きれいじゃなかったので
3　体が　病気に　なったので
4　頂上で　見る　空が　青かったので

4 山登りの おかげで 今は どう なりましたか。

1　体が　弱く　なりました。
2　息が　苦しく　なりました。
3　体重が　減りました。
4　体が　元気に　なりました。

もんだい6　つぎの「ホテルの　パンフレット」を　見ながら　質問に　こたえて　ください。こたえは　1・2・3・4から、いちばん　いい　ものを　一つ　えらんで　ください。

1　朝ごはんと　夕はんが　ついて　いる　ホテルは　どこですか。
　　1　さくら　ホテル　　　　　　2　グランド　ホテル
　　3　みやこ　ホテル　　　　　　4　ビーズ　ホテル

2　宿泊料金が　安くて、タバコが　吸える　ホテルは　どこですか。
　　1　さくら　ホテル　　　　　　2　グランド　ホテル
　　3　みやこ　ホテル　　　　　　4　ビーズ　ホテル

さくら　ホテル

ツインルーム
一泊（大人2名様　ご利用）
5,000円

朝食あり
夕食あり
禁煙
レディースプラン

グランド　ホテル

ツインルーム
一泊（大人2名様　ご利用）
4,500円

朝食あり
禁煙
レディースプラン

みやこ　ホテル

ツインルーム
一泊（大人2名様　ご利用）
4,000円

朝食なし
レディースプラン

ビーズ　ホテル

ツインルーム
一泊（大人2名様　ご利用）
4,150円

朝食なし
禁煙
レディースプラン

chapter 03 청해

N4 3교시

일의 진행순서 파악 문제

어떤 행동이나 일의 진행순서를 파악하는 문제는 비교적 순서를 순차적으로 쉽게 기술하는 것이 일반적이다. 하지만 가끔 돌발 변수를 등장시켜 앞 뒤 순서를 혼란시키는 경우도 있으니 주의하자. 문제를 푸는 요령은 대화문을 들으면서 보기에 나온 그림위에 순서를 매기면서 푸는 것이 중요하다. 자주 나오는 표현으로는 まず(우선), そのあと(그 후), 前(まえ)に(전에), はじめに(처음에), 最初(さいしょ)に(제일 먼저), 最後(さいご)に(마지막으로), それから(그리고 나서), そして(그리고), ～てから(~하고나서), ～た後(あと)で(~한 후에) 등이 있다.

대화를 잘 듣고 맞는 답을 하나 고르시오.

1 ばん

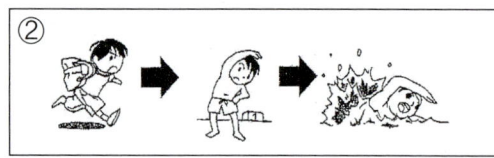

2 ばん

PRACTICE TEST

3 ばん

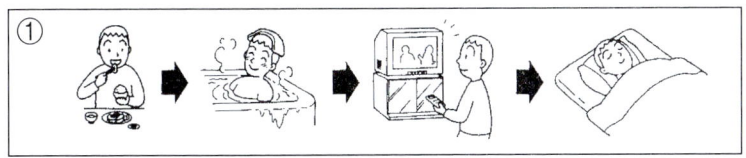

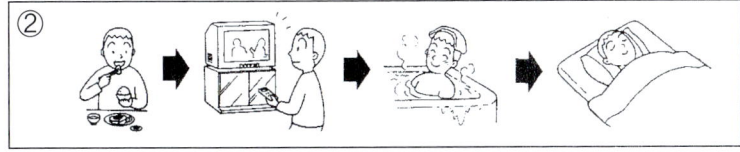

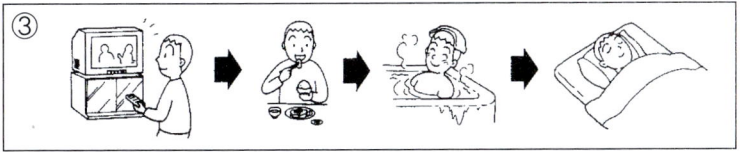

4 ばん

①

②

③

④

えなどは　ありません。

스크립트

문제 1

質問 女(おんな)の子(こ)と男(おとこ)の子(こ)がプールで話(はな)しています。男の子は何をどの順番(じゅんばん)にしましたか。

女：あれ、たかし君(くん)、もう泳(およ)いでいるの？
男：うん。
女：プール入(はい)る前(まえ)に、シャワーを浴(あ)びたの？
男：浴びたよ。
女：準備(じゅんび)運動(うんどう)は？
男：したした。うちからプールまで走(はし)ってきたから。
女：それじゃ準備運動にならないよ。
男：大丈夫(だいじょうぶ)。大丈夫。

질문 여자아이와 남자아이가 수영장에서 이야기를 하고 있습니다. 남자아이는 무엇을 어떤 순서로 했습니까?

여：어머. 다카시군, 벌써 수영하고 있어?
남：응.
여：수영장 들어오기 전에 샤워 했어?
남：했어.
여：준비운동은?
남：했어했어. 집에서 수영장까지 뛰어왔으니까.
여：그것으로는 준비운동이 안 돼.
남：괜찮아. 괜찮아.

> **중요표현**
> 1. シャワーを浴(あ)びる 샤워를 하다.

문제 2

質問 男(おとこ)の人(ひと)と女(おんな)の人(ひと)が話(はな)しています。男の人は朝(あさ)どのようにしますか。

男：みんなでなんの話(はなし)をしているんですか。
女：あ、鈴木(すずき)さん。朝(あさ)起(お)きたら何をするか話(はな)していたんですけど、みんないろいろなんですよ。鈴木さんは。
男：僕(ぼく)はまずシャワーを浴(あ)びます。
女：へー、どうしてですか、
男：気持(きも)ちいいし、シャワーを浴びるとお腹(なか)も空(す)きますから。そのあと、朝ごはんを食べて　歯(は)を磨(みが)きます。いつも、ご飯(はん)を食べてから歯を磨くのが僕の習慣(しゅうかん)なんです。

질문 남자와 여자가 이야기를 하고 있습니다. 남자는 아침에 어떻게 합니까?

남：다들 무슨 이야기를 하고 있습니까?
여：아. 스즈키씨. 아침에 일어나면 무엇을 하는지 이야기 하고 있었는데요, 다들 다양해요. 스즈키씨는?
남：저는 먼저 샤워를 합니다.
여：허. 왜요?
남：기분도 좋고, 샤워를 하면 배가 고프니까. 그런 후에 아침을 먹고 이를 닦습니다. 늘 아침을 먹고 나서 이를 닦는 것이 저의 습관입니다.

해설 &

> **중요표현**
> 1. **まず** 우선, 먼저. 일의 순서를 파악하는 문제의 키포인트가 되는 단어이다.
> 2. **~し** 열거를 할 때 쓰임. 보통 「~し, ~し(~이고,~이고)」처럼 두 가지 이상의 사실을 열거할 때 쓰이거나 「~し, ~から(~이고, ~ 때문에)」 형태로 원인과 이유를 나타내는 문장에서도 자주 쓰인다.
> 3. **~てから** 동사의 연결형인 て형+から의 형태로 「~하고나서」 라는 뜻. 이런 표현 또한 일의 순서를 파악하는 데 중요한 표현이니까 꼭 체크하도록 하자.

문제 3

質問　男(おとこ)の人(ひと)が話(はな)しています。体(からだ)のためにはどんな順番(じゅんばん)がいいですか。

男：体(からだ)のためには寝(ね)る5.6時間(じかん)前(まえ)に晩(ばん)ごはんを食べましょう。晩ごはんを食(た)べた後(あと)で、テレビを見(み)たり、新聞(しんぶん)を読(よ)んだりゆっくりしてください。そしてお風呂(ふろ)に入(はい)って寝るとよく眠(ねむ)れます。

질문　남자가 이야기를 하고 있습니다. 몸을 위해서 어떤 순서가 좋습니까?

남 : 몸을 위해서는 자기 5,6시간 전에 저녁밥을 먹읍시다. 저녁을 먹은 후에는 텔레비전을 보거나 신문을 보거나 하며 편안하게 계세요. 그리고 목욕을 하고 자면 잘 잘 수 있습니다.

> **중요표현**
> 1. **명사のために** ~를 위해서. 형식명사 ため 앞에 명사가 올 경우 **夢(ゆめ)のために**(꿈을 위해서), **家族のために**(가족을 위해서) 처럼 조사 **を**가 아닌 **の**를 써야 한다.
> 2. **동사현재형+前に** ~하기 전에. 일의 순서를 묻는 문제에서 자주 등장하는 표현. 시제가 현재형인 점에 주의하자.
> 3. **た+後(あと)で** ~한 다음에. 일의 순서를 묻는 문제에서 자주 등장하는 표현. 흔히 ~て後で와 같이 て형에 붙여 틀리는 경우가 많다. 반드시 た형(과거형)+後で이므로 주의하자.

문제 4

質問 男(おとこ)の人(ひと)と女(おんな)の人(ひと)が会社(かいしゃ)の中(なか)で、電話(でんわ)で話(はな)しています。女の人はこのあとすぐ、何(なに)をしなければなりませんか。

男：もしもし、山田(やまだ)だけど…。
女：あ、課長(かちょう)。
男：僕(ぼく)の机(つくえ)の上に青(あお)いノートある？
女：青いノートですか。いいえ、ありませんが。
男：あ、やっぱり。コピー室(しつ)に置(お)いたままだ。悪(わる)いけど、コピー室に行って、ノート、あるかどうか見てきてくれる？
女：はい。
男：で、あったら、すぐ会議室(かいぎしつ)に持(も)ってきてください。
女：はい。わかりました。
男：もしなかったら、会議室に電話してくれる？急(いそ)いでね。

1. 電話(でんわ)をします。
2. 会議室(かいぎしつ)に行(い)きます。
3. ノートを買(か)います。
4. コピー室(しつ)に行(い)きます。

질문 남자와 여자가 회사 안에서 전화로 이야기를 하고 있습니다. 여자는 이후에 곧바로 무엇을 해야 합니까?

남 : 여보세요. 야마다입니다만….
여 : 아, 과장님.
남 : 내 책상위에 파란 노트 있어?
여 : 파란 노트 말입니까? 아니요, 없는데요….
남 : 아, 역시 복사실에 놓아둔 채다. 미안하지만, 복사실에 가서 노트 있는 지 없는지 보고 와 줄래요?
여 : 예.
남 : 그리고, 있으면 곧장 회의실로 가지고와 주세요.
여 : 예, 알았습니다.
남 : 만약 없으면 회의실로 전화해 줄래요? 서둘러요.

1. 전화를 합니다.
2. 회의실에 갑니다.
3. 노트를 삽니다.
4. 복사실에 갑니다.

중요표현

1. **~たまま** 동사의 た형+まま「~한 채로」라는 뜻. 窓(まど)を開(あ)けたまま(창문을 연 채로), 電気(でんき)をつけたまま(불을 켠 채로).
2. **~かどうか**「~지 어떤지, ~지 어찌할지」라는 뜻이다.
3. **~てくれる** 상대방이 나에게「~해주다」. 내가 상대방에게 해주다는 ~てあげる이다.

N4

뉴 일본어 능력시험

Part 14

문자/어휘 chapter 01
필수 2자 한자/필수 명사

문법/독해 chapter 02
필수 문형 - 동사의 た형 주요문형

청해 chapter 03
그림, 사진 파악 문제

chapter 01 문자/어휘

N4 1교시

필수 2자 한자

台風 たいふう 태풍	店員 てんいん 점원	勉強 べんきょう 공부
会話 かいわ 회화	去年 きょねん 작년	西洋 せいよう 서양
品物 しなもの 물건	花見 はなみ 꽃구경	来週 らいしゅう 다음주
世界 せかい 세계	医者 いしゃ 의사	意見 いけん 의견
銀行 ぎんこう 은행	急行 きゅうこう 급행	映画 えいが 영화
仕事 しごと 일	質問 しつもん 질문	洋服 ようふく 옷
空気 くうき 공기	入院 にゅういん 입원	

필수 명사

壁 かべ 벽	理由 りゆう 이유	三本 さんぼん 세 그루, 세 자루 등
祭 まつり 축제	運転 うんてん 운전	間 あいだ 사이
警官 けいかん 경관 경찰관	一個 いっこ 한 개	三冊 さんさつ 세 권
冷房 れいぼう 냉방	日本製 にほんせい 일본제	将来 しょうらい 장래
専攻 せんこう 전공	住所 じゅうしょ 주소	駐車場 ちゅうしゃじょう 주차장
お腹 なか 배	指輪 ゆびわ 반지	飛行機 ひこうき 비행기
教会 きょうかい 교회	屋上 おくじょう 옥상	

PRACTICE TEST

もんだい1 　_____の　ことばは　どう　よみますか。1・2・3・4から
　　　　　　いちばん　いい　ものを　ひとつ　えらんで　ください。

1　日本には　台風が　たくさん　やって　きます。
　　1　だいふん　　2　たいふん　　3　たいふ　　4　たいふう

2　親切で　まじめな　店員が　いいです。
　　1　てんいん　　2　でんいん　　3　ていん　　4　でいん

3　日本語の　勉強は　かんじが　むずかしいです。
　　1　めんきょう　2　めんきょ　　3　べんきょう　4　べんきょ

4　会話の　れんしゅうは　どうすれば　いいですか。
　　1　かいが　　　2　かいわ　　　3　かいしゃ　　4　かいぎ

5　去年までは　大学生でした。
　　1　さくねん　　2　きょねん　　3　らいねん　　4　ことし

6　西洋では　13が　あくまの　かずだ　そうです。
　　1　さいよ　　　2　さいよう　　3　せいよう　　4　せいよ

7　店で　売って　いる　品物を　かって　きました。
　　1　ひんもの　　2　ひんぶつ　　3　しなぶつ　　4　しなもの

341

8 さくらが　さきはじめると　花見で　にぎやかに　なります。
　　1　かみ　　　　2　かけん　　　　3　はなみ　　　　4　はなけん

9 来週から　レポートで　忙しく　なりそうです。
　　1　らいしゅう　2　こんしゅう　　3　せんしゅう　　4　さらいしゅう

10 わかいうちに　世界いっしゅうが　したいです。
　　1　しかい　　　2　せがい　　　　3　よかい　　　　4　せかい

もんだい2　＿＿＿の　ことばは　どう　かきますか。1・2・3・4から　いちばん　いい　ものを　ひとつ　えらんで　ください。

1 日本で　いしゃの　しごとは　人気が　ありますか。
　　1　朱者　　　　2　匹者　　　　　3　区者　　　　　4　医者

2 子供の　いけんも　ちゃんと　きいて　ください。
　　1　意犬　　　　2　意元　　　　　3　意見　　　　　4　意研

3 ぎんこうは　となりの　ビルの　1階に　あります。
　　1　銀行　　　　2　銀交　　　　　3　銀庫　　　　　4　銀口

4 学校から　家まで　きゅうこうで　1時間ぐらい　かかります。
　　1　快速　　　　2　急行　　　　　3　特急　　　　　4　快行

342

PRACTICE TEST

5 私の　しゅみは　えいがを　見る　ことです。
　　1　栄画　　　　2　影画　　　　3　英語　　　　4　映画

6 日本語を　べんきょうして　ぼうえきの　しごとを　したいです。
　　1　会社　　　　2　生活　　　　3　仕事　　　　4　貿易

7 日本語で　しつもんして　ください。
　　1　質問　　　　2　質門　　　　3　質聞　　　　4　質間

8 ようふくが　安い　ところは　どこですか。
　　1　洋物　　　　2　着物　　　　3　洋服　　　　4　制服

9 部屋の　くうきが　わるいから、窓を　あけましょうか。
　　1　気持ち　　　2　元気　　　　3　気分　　　　4　空気

10 彼女は　病気で　にゅういんしました。
　　1　退院　　　　2　入院　　　　3　引退　　　　4　入浴

もんだい3　（　　　）に　なにを　いれますか。1・2・3・4から　いちばん　いい　ものを　ひとつ　えらんで　ください。

1 プレゼントで　もらった　時計を　へやの　（　　　）に　かけました。
　　1　しゃしん　　2　ゆか　　　　3　かべ　　　　4　てんじょう

343

2 なぜ 昨日 来なかったのか （　　　）を せつめいして ください。
　1 りゆう　　2 ばあい　　3 きかい　　4 きそく

3 いえの 庭に 木が （　　　） あります。
　1 さんにん　2 さんばい　3 さんまい　4 さんぼん

4 まいとし 2月に 北海道で 雪（　　　）が おこなわれます。
　1 おいわい　2 まつり　　3 あいさつ　4 おみまい

5 車の （　　　）が 上手ですか。
　1 ドライブ　2 さんぽ　　3 うんてん　4 うんどう

6 島と 島の （　　　）を およいで わたる ことが できますか。
　1 あいだ　　2 なか　　　3 となり　　4 うしろ

7 ビルの 入り口に （　　　）が たって いました。
　1 ふくしゅう　2 はんたい　3 よしゅう　4 けいかん

8 みかんが （　　　） 60円でした。
　1 いっぽん　2 いっこ　　3 いっさつ　4 いっかい

9 としょかんで 本を （　　　）も 借りました。
　1 さんびき　2 さんけん　3 さんさつ　4 さんまい

PRACTICE TEST

[10] この 教室(きょうしつ)は あついのに (　　　)が きいて いません。
　　1　れいぼう　　2　だんぼう　　3　まど　　　4　かぎ

もんだい 4 ＿＿＿の ぶんと だいたい おなじいみの ぶんが あります。1・2・3・4から いちばん いい ものを ひとつ えらんで ください。

[1] むかしは <u>にほんせい</u>の ものが 人気(にんき)が ありましたけど。
　　1　日本で いわれた もの
　　2　日本で よまれた もの
　　3　日本で かかれた もの
　　4　日本で つくられた もの

[2] <u>しょうらい</u> どんな 仕事(しごと)に つきたいですか。
　　1　むかしの こと
　　2　これからの こと
　　3　2年前の こと
　　4　今日(きょう)の こと

[3] だいがくでは 何を <u>せんこう</u> して いますか。
　　1　だいがくで かいて いる こと
　　2　だいがくで のんで いる こと
　　3　だいがくで べんきょうして いる こと
　　4　だいがくで はなして いる こと

4 あなたの じゅうしょを かいて ください。

   1 いま すんで いる ところ
   2 いま あそんで いる ところ
   3 いま じゅぎょうを うけて いる ところ
   4 いま あって いる ところ

5 ちゅうしゃじょうは 地下(ちか)2階に あります。

   1 くるまに のる ところ
   2 くるまを かう ところ
   3 くるまを うる ところ
   4 くるまを とめる ところ

もんだい 5　　つぎの ことばの つかいかたで いちばん いい ものを 1・2・3・4から ひとつ えらんで ください。

1 おなか

   1 くつの サイズが あわないから おなかが いたいです。
   2 ごはんを たくさん たべて おなかが いっぱいです。
   3 ネクタイを ずっと しめて いるので おなかが くるしいです。
   4 ぼうしを かぶって いるから おなかが きついです。

PRACTICE TEST

2 ゆびわ

1 きのう ほんやで かった ゆびわです。
2 たべものの 中では ゆびわが いちばん 好きです。
3 それが けっこん ゆびわですか。
4 きょうは 会社の ひとたちと ゆびわが あります。

3 ひこうき

1 バーで ひこうきを 飲みました。
2 まいにち ひこうきで にほんの ドラマを みます。
3 がっこうへ いく ときは ひこうきで いきます。
4 にほんへ いく ときは ひこうきが はやいです。

4 きょうかい

1 がっこうの きょうかいで サッカーを します。
2 毎週(まいしゅう) にちようびは きょうかいへ いきます。
3 あしたは かぞくと きょうかいで ドライブを する つもりです。
4 二日(ふつか)おきに きょうかいで 合(ごう)コンを します。

5 おくじょう

1 いもとは 毎日(まいにち) おくじょうで シャワーを 浴(あ)びます。
2 夏は ホテルの おくじょうに ビアーガーデンを つくります。
3 ははは おくじょうで 料理(りょうり)を します。
4 サラリーマンたちは おくじょうで しごとを します。

chapter 02 문법/독해

N4 2교시

01 ～たことがある ～한 적이 있다

과거의 경험을 나타내는 표현이다. 반드시 た형(과거형)에 접속되므로 주의하자.
과거형이 아니 현재형에 접속했을 경우에는 과거 경험이 아니라「때때로 가끔 ～하다」는 뜻이다.

日本語で 日記を 書いた ことが あります。
일본어로 일기를 쓴 적이 있습니다.

北海道に 遊びに 行った ことが あります。
홋카이도에 놀러간 적이 있습니다.

彼は ときどき 学校を 休む ことが あります。
그는 가끔 학교를 쉬는 일이 있습니다.

02 ～たことがない ～한 적이 없다

山田さんと 話した ことが ありません。
야마다씨와 이야기해본 적이 없습니다.

私は 一度も たばこを 吸った ことが ないです。
나는 한 번도 담배를 피운 적이 없습니다.

문법 필수 문형 – 동사의 た형 주요문형

03 ～たほうがいい ～하는 편이 좋다

「～たほうがいい」는 「～하는 편이 좋다」라는 뜻으로 상대방에게 권유나 조언을 할 때 주로 쓰인다. 이렇게 조언이나 권유의 뜻으로 쓰일 경우 반드시 た형(과거형)에 접속해야 한다. 반대로 「～하지 않는 편이 좋다」는 「～ないほうがいい」이다. 그리고 비교를 할 때는 현재형에 접속되는 경우도 있다.

健康のために、朝ごはんは 食べた ほうが いい。
건강을 위해서 아침은 먹는 편이 좋다.

風邪を ひいたので 薬を 飲んだ ほうが いいんですよ。
감기에 걸렸으니까 약을 먹는 편이 좋습니다.

タバコは 吸わない ほうが いいです。
담배는 피우지 않는 편이 좋습니다.

電車で 行く より バスで 行く ほうが 便利で いい。
전철로 가기보다 버스로 가는 것이 편리하고 좋다.

04 ～たまま ～한 채로

상태의 방치와 유지를 나타내는 표현이다. 반드시 た형(과거형)에 접속되므로 주의하자.

夕べ コートを 着たまま、寝て しまいました。
어젯밤 코트를 입은 채로 자버렸습니다.

窓を 開けたまま、出かけて しまいました。
창문을 열어놓은 채로 외출했습니다.

もんだい1 （　　）に 何を 入れますか。1・2・3・4から いちばん いい ものを 一つ えらんで ください。

1　私は まだ 一度も ひこうきに （　　　） ことが ありません。
　　1　のる　　　2　のった　　　3　のるの　　　4　のったの

2　車は （　　　）まま、動かない。
　　1　とまる　　2　とまり　　　3　とまった　　4　とまって

3　たばこは やめた ほう（　　　） いいんですよ。
　　1　で　　　　2　に　　　　　3　を　　　　　4　が

4　今まで 3回 （　　　） ことが あります。
　　1　ひっこす　2　ひっこし　　3　ひっこした　4　ひっこして

5　もう少し （　　　） ほうが いいですよ。
　　1　待つの　　2　待ちの　　　3　待って　　　4　待った

6　風が とても 強いので、外に 出ない （　　　） あんぜんだ。
　　1　ほうが　　2　までに　　　3　ながら　　　4　だから

7　きのうは めがねを （　　　）まま 寝て しまいました。
　　1　かける　　2　かけた　　　3　かけるの　　4　かけたの

350

PRACTICE TEST

8 ねつが 高い ときは むりを（　　　）ほうが いいですよ。
　　1　しない　　　2　しなくて　　　3　しないで　　　4　せずに

9 ときどき りょうりを（　　　）ことが あります。
　　1　作って　　　2　作ろう　　　3　作る　　　4　作っている

10 わたしは こどもの とき けがを して 入院（にゅういん）（　　　）ことが あります。
　　1　する　　　2　しない　　　3　して　　　4　した

11 「あしたまでに これを ぜんぶ しなければ いけませんか。」
　　「（　　　）、なるべく はやく して くださいね。」
　　1　しては いけませんが　　　2　しなければ いけませんが
　　3　しない ほうがいいですが　　　4　しなくても いいですが

12 山田さんほど ねっしんに しごとを する ひとを（　　　）ことが
　　ありません。
　　1　みた　　　2　みて　　　3　みる　　　4　みよう

13 メールを 日本語で 書いた ほう（　　　）いいですよ。
　　1　に　　　2　が　　　3　と　　　4　へ

14 ときどき 日本の 歌（うた）を（　　　）ことが あります。
　　1　歌うの　　　2　歌い　　　3　歌う　　　4　歌います

15 日本では　くつを　（　　　）まま　へやに　入っては　いけません。
1　はく　　　2　はいた　　　3　はいて　　　4　はき

もんだい2　＿＿＿★＿＿＿に　入る　ものは　どれですか。1・2・3・4から　いちばん　いい　ものを　一つ　えらんで　ください。

1 バスは　いつも　こみますから　＿＿＿＿　＿＿＿＿　＿★＿＿　＿＿＿＿よ。
1　行った　　2　でんしゃで　　3　いいです　　4　ほうが

2 雨の　＿＿＿＿　＿★＿＿　＿＿＿＿　＿＿＿＿いいですよ。
1　行かない　　2　日は　　3　ほうが　　4　山に

3 食事のあと、＿＿＿＿　＿★＿＿　＿＿＿＿　＿＿＿＿。
1　ほうが　　2　いいですよ　　3　やすんだ　　4　すこし

4 田中さんは　＿＿＿＿　＿＿＿＿　＿★＿＿、＿＿＿＿きません。
1　まま　　2　入った　　3　出て　　4　へやに

5 こんな　＿★＿＿　＿＿＿＿　＿＿＿＿　＿＿＿＿ありません。
1　おおきい　　2　じしんは　　3　ことが　　4　けいけんした

PRACTICE TEST

もんだい 3 1から 5に 何を 入れますか。1・2・3・4から いちばん いい ものを 一つ えらんで ください。

(1)

今日 私と 田中さんは ちゃわんを つつむ 仕事と それを 箱に 入れる 仕事を ┃1┃。田中さんに「どちらの 仕事が いいですか。」と 聞くと 田中さんは「私は ┃2┃ ほうが いいですけど。」と 言いました。

(2)

田中さんは 病院で 薬を もらって 家へ 帰って きました。その 薬の ふくろには 「今日から 5日間、┃3┃ 朝晩 飲んで ください。食後 30分 以内に 飲んだ ┃4┃ いいです。お茶と いっしょに ┃5┃ ください。」と 書いて ありました。

┃1┃　1　しなければ なりません
　　　2　したことが あります
　　　3　したほうが いいです
　　　4　したことが ありません

┃2┃　1　つつむ　　2　つつんだ　　3　つつみたい　　4　つつまない

3　1　わすれないずに
　　2　わすれなくて
　　3　わすれない
　　4　わすれずに

4　1　ことが　　　2　まま　　　3　ものが　　　4　ほうが

5　1　飲みないで　2　飲まないで　3　飲んだまま　4　飲まなくて

PRACTICE TEST

もんだい 4　つぎの 文章を 読んで、質問に こたえて ください。こたえは 1・2・3・4から いちばん いい ものを 一つ えらんで ください。

寮の 規則

夜は 10時30分までに 帰って きて ください。朝ごはんは 7時から 9時半の あいだに 食べて ください。朝ごはんの 要らない 人は その 前の日、よる 9時までに 連絡して ください。
部屋の 中で 料理を したり、煙草を 吸ったり、友達を 泊めたり しては いけません。でも、テレビは 見ても いいです。

1 朝ごはんは どう すれば いいですか。

1　食べたい 人は あさ 9時までに 起きる。
2　食べたくない 人は 前の日の 午後 9時までに 連絡する。
3　食べたい 人は 前のばんの 9時までに 予約する。
4　食べたい 人は 11時までに 帰って くる。

2 寮で しても いい ことは 何ですか。

1　テレビを 見る こと
2　友達を 泊める こと
3　料理を する こと
4　煙草を 吸う こと

もんだい5　つぎの　文章を　読んで、質問に　こたえて　ください。こたえは　1・2・3・4から　いちばん　いい　ものを　一つ　えらんで　ください。

祭り

私の　町は、秋の　おまつりで　有名だ。この　おまつりは、米や　野菜がたくさん　できた　ことを　喜ぶ　もので、毎年　10月に　行われる。

この　日、町の　男の人は　水を　あびて　白い　服を　着る。そして、山の上の　神社まで　走る。一番に　なろうとして、みんな　一生けんめい　走る。最後の　人が　神社に　着いたら、みんなで　お酒を　飲んで、特別な　野菜料理を　食べる。みんな　たくさん　食べるから、女の人は　前の　夜から　寝ないで　野菜料理を　作る。

おまつりの　日には　町じゅうの　子供たちが　神社に　集まって、大人と　一緒に　楽しむ。歌や　おどりが　上手な　子供が、みんなの　前で　歌ったり、おどったりする。この　子供たちは　二ヶ月前に　えらばれて、毎日　練習するので、歌も　おどりも　とても　立派だ。

PRACTICE TEST

1. この 町では 秋に どんな おまつりを しますか。
   1. この 町の 女の人を 強く する おまつり
   2. 米や 野菜が できた ことを 喜ぶ おまつり
   3. 子供の 歌や おどりを 上手に する ための おまつり
   4. みんなで 特別な 野菜料理を 食べる ための おまつり

2. 女の人たちは 何を しますか。
   1. 前の 日から 野菜料理を 作る。
   2. 白い 服を 着る。
   3. 歌の 練習を する。
   4. おどりの 練習を する。

3. どうして 子供たちは「歌も おどりも とても 立派」ですか。
   1. ほかの 町から きたので
   2. 神社で うまれて たくさん 練習したので
   3. 二ヶ月前から 毎日 練習したので
   4. 小さい 時から 練習したので

4. まつりが 終わった あとで、みんなで 何を しますか。
   1. 野菜料理を つくります。
   2. 水を あびて、白い 服を 着ます。
   3. お酒を 飲んだり、とくべつな 野菜料理を 食べたり します。
   4. 山の 上の 神社まで 走ったり、おどったり します。

もんだい6　運賃を 見ながら 質問に こたえて ください。1・2・3・4から いちばん いい ものを 一つ えらんで ください。

① 一番 高い 交通手段は どれですか。
1　JR線
2　地下鉄
3　私鉄
4　バス

② 一番 安い 交通手段は いくらですか。
1　290円です。
2　300円です。
3　310円です。
4　390円です。

運賃

JR線	地下鉄	私鉄	バス
３００円	３１０円	３９０円	２９０円

chapter 03 청해

N4 3교시

그림, 사진 파악 문제

N4 청해에서는 그림이나 사진을 찾는 문제가 출제될 수 있다.
주로 사진이나 그림을 보면서 특정한 인물이나 풍경을 찾는 문제가 나올 수 있다. 인물의 외향이나 동작이나 자세를 나타내는 표현을 잘 익혀두는 것이 중요하다. 대화문이나 설명을 들으면서 사진이나 그림위에 꼼꼼히 메모나 체크를 하면서 듣는 것이 좋다.

대화를 잘 듣고 맞는 답을 하나 고르시오.

1 ばん

2 ばん

PRACTICE TEST

3 ばん

4 ばん

스크립트

문제 1

質問 女(おんな)の人(ひと)と男(おとこ)の人(ひと)が絵(え)を見(み)ながら話(はな)しています。二人(ふたり)が見ている絵はどれですか。

女：見て、この絵(え)、おかしい！
男：ほんとだ。犬と猫がけんかをしてる。ねえ、どっちが勝(か)ってると思(おも)う？
女：猫じゃない？犬の耳(みみ)をかんでるから。
男：でも、犬に足(あし)をかまれてるよ。
女：そうだね。

질문 여자와 남자가 그림을 보면서 이야기를 하고 있습니다. 두 사람이 보고 있는 그림은 어느 것입니까?

여 : 이거 봐. 이 그림, 이상해!
남 : 정말이네! 개랑 고양이가 싸우고 있어. 저기, 어느 쪽이 이기고 있다고 생각해?
여 : 고양이 아냐? 개의 귀를 물고 있으니까.
남 : 하지만 개에게 다리를 물렸어.
여 : 그러네.

> **중요표현**
> 1. ほんと는 本当(ほんとう)의 회화체 축약형이다.
> 2. してる=している(하고 있다), 勝(か)ってる=勝(か)っている(이기고 있다), かんでる=かんでいる(물고 있다), かまれてる=かまれている(물려있다) 모두 회화체에서 い탈락된 형태이다.

문제 2

質問 お母(かあ)さんと子(こ)どもが写真(しゃしん)を見(み)ながら話(はな)しています。お父(とう)さんの学生(がくせい)の時(とき)の写真はどれですか。

男：お母(かあ)さん、この写真(しゃしん)の人(ひと)だれ？
女：やだ, けんちゃん。わからないの。これはパパの写真。パパの学生(がくせい)の時(とき)の写真。
男：え！うそだ。この写真の人、やせているし、眼鏡(めがね)もかけていないよ。
女：若(わか)いときは、太(ふと)っていなかったし、眼鏡もかけていなかったの。
男：ふーん。

질문 어머니와 아이가 사진을 보면서 이야기하고 있습니다. 아버지의 학생 때 사진은 어느 것입니까?

남 : 엄마, 이 사진에 있는 사람 누구?
여 : 어머, 켄짱. 모르겠니? 이것 아빠 사진. 아빠 학생 때 사진.
남 : 에이! 거짓말. 이 사진속의 사람은 말랐고, 안경도 안 쓰고 있잖아.
여 : 젊었을 때는 뚱뚱하지 않았고, 안경도 쓰지 않았었어.
남 : 아~

중요표현

1. の는 わからないの(몰랐니?)처럼 질문을 부드럽게 나타내거나, 眼鏡(めがね)もかけていなかったの(안경도 쓰지 않았었어) 처럼 가벼운 단정을 부드럽게 나타낼 때 사용된다. 주로 여성들이 많이 쓴다.
2. やせている는 말랐다, ふとっている는 뚱뚱하다.

문제 3

質問 男(おとこ)の人(ひと)と女(おんな)の人(ひと)が昨日(きのう)の散歩(さんぽ)について話(はな)しています。女の人の話(はなし)について正(ただ)しい絵(え)はどれですか。

女：昨日(きのう)山(やま)へ行ったの。とても楽(たの)しかった。
男：よかったね。お天気(てんき)もよかったし。
女：いいえ、山は雨(あめ)だったの。でも、私の犬(いぬ)は雨が好きだから、一緒(いっしょ)に散歩(さんぽ)したの。
男：友だちも一緒？
女：ううん。友だちは行かなかった。
男：あ、そう。

질문 남자와 여자가 어제 산책에 대해서 이야기하고 있습니다. 여자의 이야기에 대해 바른 그림은 어느 것입니까?

여 : 어제 산에 갔었어. 아주 즐거웠었어.
남 : 좋았겠네. 날씨도 좋았고.
여 : 아니. 산에는 비가 왔어. 하지만 우리 개는 비를 좋아하니까 같이 산책을 했어.
남 : 친구도 같이?
여 : 아니. 친구는 안 갔었어.
남 : 아. 그래.

중요표현

1. へ는 방향을 나타내는 조사로 ～으로, ～로 라는 뜻이다. 표기는 へ로 하고 발음은 え로 하니까 주의하자.

스크립트

문제 4

質問 お父(とう)さんとお母(かあ)さんが話(はな)しています。この人(ひと)たちの子(こ)どもが描(か)いた絵(え)はどれですか。

男：この絵(え)、何？
女：あ、それ？タカシが描(か)いたお父(とう)さんの顔(かお)。
男：ええ、僕？ どうして髪(かみ)が一本(いっぽん)だけなんだろう。僕は髪が多(おお)いのに。
女：一本もないよりいいでしょう。
男：この真(ま)ん中(なか)に描いてある長(なが)い横(よこ)の線(せん)は何？
女：ああ、それはひげよ。
男：ああ、ひげか。はは、鼻(はな)を描いてないからわからないんだよ。

질문 아버지와 어머니가 이야기하고 있습니다. 이 사람들의 아이가 그린 그림은 어느 것입니까?

남 : 이 그림, 뭐지?
여 : 아, 그것? 다카시가 그린 아버지의 얼굴.
남 : 아아, 나? 왜 머리카락이 한 가닥뿐이지. 나는 머리카락이 많은데.
여 : 한 가닥도 없는 것보다 낫잖아.
남 : 이 한 가운데 그려져 있는 긴 가로 선은 뭐지?
여 : 아~, 그거 수염이야.
남 : 아~, 수염이야? 하하 코를 그리지 않아서 모르겠어.

중요표현

1. だろう는「なに」「だれ」등 의문의 뜻을 지닌 말 또는 의문의 뜻을 지닌 조사와 함께 쓰여 강조·반어(反語) 등의 뜻을 나타낸다. どうして髪(かみ)が一本(いっぽん)だけなんだろう(왜 머리카락이 한 올 뿐일까)
2. のに 뒷말을 생략한 것으로 불만·원망·비난 등의 심정을 나타냄. …인데. …텐데. …련만, 僕(ぼく)は髪(かみ)が多(おお)いのに(나는 머리카락이 많은데…)

N4

뉴 일본어 능력시험

Part 15

문자/어휘 chapter 01
필수 2자 한자/필수 명사

문법/독해 chapter 02
필수 문형 ~ 비교표현

청해 chapter 03
스케줄 파악 문제

chapter 01 문자/어휘

필수 2자 한자

安心 あんしん 안심	毎週 まいしゅう 매주	教会 きょうかい 교회
夕飯 ゆうはん 저녁식사	旅館 りょかん 여관	出発 しゅっぱつ 출발
料理 りょうり 요리	天気 てんき 날씨	外国 がいこく 외국
午前 ごぜん 오전	家族 かぞく 가족	仕事 しごと 일
病院 びょういん 병원	旅行 りょこう 여행	医者 いしゃ 의사
教室 きょうしつ 교실	銀行 ぎんこう 은행	計画 けいかく 계획
研究 けんきゅう 연구	工場 こうじょう 공장	

필수 명사

暖房 だんぼう 난방	日記 にっき 일기	ごみ 쓰레기
季節 きせつ 계절	音 おと 소리	田舎 いなか 시골
寺 てら 절	手袋 てぶくろ 장갑	鏡 かがみ 거울
島 しま 섬	趣味 しゅみ 취미	港 みなと 항구
交番 こうばん 파출소 (지금의 지구대)		絵 え 그림
展覧会 てんらんかい 전람회	空港 くうこう 공항	看護婦 かんごふ 간호사
耳 みみ 귀	着物 きもの 기모노	動物園 どうぶつえん 동물원

PRACTICE TEST

もんだい 1　＿＿＿の ことばは どう よみますか。1・2・3・4から いちばん いい ものを ひとつ えらんで ください。

1　親に 電話を して 安心しました。
　　1　あんしん　　2　あんない　　3　あんぜん　　4　あんど

2　毎週 きんようびの よるは クラブへ いきます。
　　1　まいにち　　2　まいしゅう　　3　まいつき　　4　まいとし

3　にほんには 教会が あまり ありませんね。
　　1　きょうみ　　2　きょうと　　3　きょうかい　　4　きょうしつ

4　ダイエットの ために 夕飯は すこしだけ たべるように して います。
　　1　ゆうしょく　　2　あさごはん　　3　ひるごはん　　4　ゆうはん

5　にほんでは 旅館で とまる 予定です。
　　1　りゅかん　　2　りゅうかん　　3　りょかん　　4　りょうかん

6　出発の 日は きまりましたか。
　　1　しゅぱつ　　2　しゅっぱつ　　3　しゅっちょう　　4　しゅちょう

7　中国の おとこの ひとは 料理が じょうずですね。
　　1　りょうり　　2　ちょうり　　3　りょうきん　　4　そうじ

8 「今日の 天気は どうですか。」「とても あついです。」
　1 げんき　　2 てんこう　　3 でんき　　4 てんき

9 外国へは いちども 行った ことが ありません。
　1 かいこく　　2 がいこく　　3 かいかい　　4 かいがい

10 どようびの 午前中は 何を しますか。
　1 ごご　　2 ここ　　3 ごぜん　　4 こぜん

もんだい2　＿＿＿の ことばは どう かきますか。1・2・3・4から いちばん いい ものを ひとつ えらんで ください。

1 昨日 かぞくと がいしょくを しました。
　1 家族　　2 家俗　　3 家庭　　4 家足

2 しごとを する 姿は みんな かっこいいです。
　1 史事　　2 止事　　3 仕事　　4 私事

3 ねつが ある 時は びょういんへ 行った ほうが いいですよ。
　1 疾院　　2 病院　　3 疾園　　4 病園

4 最近 しごとが 忙しくて りょこうは 考えられません。
　1 旅館　　2 施行　　3 族行　　4 旅行

PRACTICE TEST

5 しょうらい 子供は <u>いしゃ</u>に なって ほしいです。

    1 医者   2 医社   3 区者   4 矢者

6 <u>きょうしつ</u>の 中では タバコを すっては いけません。

    1 教空   2 数客   3 教室   4 数室

7 <u>ぎんこう</u>に よってから ともだちに 会います。

    1 銅行   2 銀行   3 金行   4 釘行

8 ことしの <u>けいかく</u>は たてましたか。

    1 計画   2 計各   3 系画   4 京画

9 大学院では 日本の れきしを <u>けんきゅう</u>して います。

    1 県究   2 見究   3 研空   4 研究

10 <u>こうじょう</u>で しごとを したがる わかい ひとは 少ないです。

    1 工場   2 公場   3 工所   4 工常

もんだい3 （　　　）に なにを いれますか。1・2・3・4から いちばん いい ものを ひとつ えらんで ください。

1 寒いから （　　　）を つけましょうか。

    1 れいぼう   2 だんぼう   3 クーラー   4 せんぷうき

2　まいにち　（　　　）を　書くのが　夏休みの　しゅくだいです。
　　1　そうじ　　　2　おんがく　　　3　にっき　　　4　べんきょう

3　火曜日と　金曜日が　（　　　）を　捨てる　日です。
　　1　かみ　　　2　ふでばこ　　　3　ごみばこ　　　4　ごみ

4　わたしが　一番　すきな　（　　　）は　秋です。
　　1　きせつ　　　2　もみじ　　　3　おちば　　　4　はな

5　パソコンから　変な　（　　　）が　します。
　　1　うた　　　2　ジャズ　　　3　おと　　　4　こえ

6　そふと　そぼは　（　　　）に　住んで　います。
　　1　じゅく　　　2　がっこう　　　3　かいしゃ　　　4　いなか

7　京都には　ふるい　（　　　）が　たくさん　あります。
　　1　ごはん　　　2　てら　　　3　かばん　　　4　くだもの

8　雪が　ふって　いるから　（　　　）を　した　ほうが　あたたかいかも。
　　1　てぶくろ　　　2　スカート　　　3　はんズボン　　　4　はんそで

9　いもうとは　まいあさ　（　　　）の　まえで　1時間も　たって　います。
　　1　だいどころ　　　2　かがみ　　　3　かべ　　　4　おしいれ

PRACTICE TEST

[10] 日本（にほん）は 四（よっ）つの 大（おお）きい（　　　）で できて います。

　1 どう　　　2 けん　　　3 くに　　　4 しま

もんだい 4　＿＿＿の ぶんと だいたい おなじいみの ぶんが あります。1・2・3・4から いちばん いい ものを ひとつ えらんで ください。

[1] せんせいの しゅみは 何ですか。

　1 にがてな こと
　2 とくいな こと
　3 きらいな こと
　4 すきな こと

[2] 道（みち）に まよった ときは こうばんに 行った ほうが いいです。

　1 けいかんが いる ところ
　2 せんせいが いる ところ
　3 ぎんこういんが いる ところ
　4 せいとが いる ところ

[3] みなとは 何（なに）を する ところですか。

　1 ひこうきに のったり おりたり する ところです。
　2 バスに のったり おりたり する ところです。
　3 ふねに のったり おりたり する ところです。
　4 しんかんせんに のったり おりたり する ところです。

4 日曜日は 彼氏と えの てんらんかいに 行って きました。
1　ほんを　かう　ところ
2　えを　みる　ところ
3　ふくを　うる　ところ
4　コーヒーを　のむ　ところ

5 友達を むかえに くうこうへ 行かなければ なりません。
1　バスに　のる　ところ
2　ちかてつに　のる　ところ
3　ひこうきに　のる　ところ
4　じてんしゃに　のる　ところ

もんだい 5　　つぎの ことばの つかいかたで いちばん いい ものを
　　　　　　　1・2・3・4から ひとつ えらんで ください。

1 かんごふ
1　つまは　くやくしょの　かんごふです。
2　ちちは　こうばんの　かんごふです。
3　いもうとは　がっこうの　かんごふです。
4　あねは　びょういんの　かんごふです。

PRACTICE TEST

2 みみ

1 ピアスは みみに つける ものです。
2 とけいは みみに する ものです。
3 シャツは みみに きる ものです。
4 ブーツは みみに はく ものです。

3 きもの

1 うんどうを する ときは きものを きます。
2 成人式(せいじんしき)に 日本の 女(おんな)の人は きものを きます。
3 すもうを する ときは きものを きます。
4 うみへ いく ときは きものを きて いきます。

4 どうぶつえん

1 おもちゃは どうぶつえんに いけば みられます。
2 小説(しょうせつ)は どうぶつえんに いけば 見(み)られます。
3 キリンは どうぶつえんに いけば みられます。
4 くつは どうぶつえんに いけば みられます。

5 りょかん

1 バーで りょかんを さんばいも 飲みました。
2 あしたは ともだちと ほんやで りょかんを かう つもりです。
3 きのう りょかんを たくさん 食べました。
4 おんせんに いって りょかんに 泊(と)まりました。

chapter 02 문법/독해

N4 2교시

01 AはBより A는 B보다

私は 妹より 背が 高いです。
나는 여동생보다 키가 큽니다.

この かばんは あの かばんより 安いです。
이 가방은 저 가방보다 쌉니다.

02 AよりBのほう A보다 B쪽

コーヒーより 紅茶の ほうが 好きです。
커피7보다 홍차 쪽을 좋아합니다.

英語より 中国語の ほうが 難しいですか。
영어보다 중국어 쪽이 어렵습니까?

03 AとBとどちら A와 B중 어느 쪽

電車と 自転車と どちらが 速いですか。
전철과 자전거 중 어느 쪽이 빠릅니까?

木村さんと 田中さんと どちらが 成績が いいですか。
기무라씨와 타나카씨 중 어느 쪽이 성적이 좋습니까?

04 ~ほど~ない ~만큼 ~하지 않다

「AはBほど ~ない」는 「A는 B만큼 ~아니다」라는 뜻으로 비교문에서 주로 사용된다. 뒷문장에 부정표현이 오는 것에 주의하자. 「~ほどではない(~만큼은 아니다)」 「~ほどでもない(~할 정도는 아니다)」라는 표현도 함께 외워두자.

テストは 思って いたほど 難しく なかった。
테스트는 생각했던 것 보다 어렵지 않았다.

今年の 冬は 去年ほど 寒くない。
올 겨울은 작년만큼 춥지 않다.

문법 필수 문형 – 비교표현

姉も 料理が 上手ですけど、母ほどでは ない。
누나(언니)도 요리를 잘합니다만 어머니만큼은 아니다.

軽い けがなので 病院に 行くほどでも ないです。
가벼운 부상이므로 병원에 갈 정도는 아닙니다.

もんだい1　（　　　）に 何を 入れますか。1・2・3・4から いちばん いい ものを 一つ えらんで ください。

1　この くつは あの くつ（　　　）歩きやすいです。
　1　ほう　　　2　より　　　3　ほどは　　　4　ように

2　「ずいぶん えが お上手ですね。」
　「いいえ、それほどでも（　　　）。」
　1　ありました　　　　　　2　あります
　3　ありません　　　　　　4　ありませんでした

3　道が こんで いるので タクシー（　　　）地下鉄の ほうが はやいでしょう。
　1　より　　　2　ほう　　　3　と　　　4　ほど

4　A「ここは すみやすそうですね。」
　B「ええ、やさいも くだものも （　　　）。」
　1　A市ほど 高くないし　　　2　A市の ほうが 高くないし
　3　A市の ように 安くないし　4　A市より 安くないし

5　彼（　　　）いい 人は いないと 思って 結婚を けっしんしました。
　1　ため　　　2　ほど　　　3　だけ　　　4　ばかり

PRACTICE TEST

6 スポーツを するの(　　)、見るの(　　) どちらが 好きですか。
　　1　が/が　　　2　と/と　　　3　や/や　　　4　も/も

7 夏は やはり スカート(　　) ほうが ズボンより すずしいですね。
　　1　が　　　2　の　　　3　は　　　4　も

8 どちらが いいか、これと それ(　　) くらべて みて ください。
　　1　に　　　2　で　　　3　を　　　4　から

9 私の へやは 妹の へや(　　) 広くない。
　　1　だけ　　　2　けど　　　3　ほど　　　4　でも

10 りんごと みかんと (　　)の ほうが すっぱいですか。
　　1　どちら　　　2　どこ　　　3　なに　　　4　だれ

11 日本では さとうより 塩の ほう(　　) 安いです。
　　1　が　　　2　で　　　3　は　　　4　に

12 弟は、私(　　) 走るのが、はやくない。
　　1　ほど　　　2　ほう　　　3　まで　　　4　みたい

13 ここも 物価が 高いけど、日本(　　　　)。
　　1　ほどです　　　　　　　2　ほうです
　　3　ほどでは ないです　　　4　ほうでは ないです

14 今日は さむいですが、きのう（　　　）では ありません。

1　より　　　　2　ほど　　　　3　だけ　　　　4　ほう

15 「ケンさんは ほんとうに 日本語が 上手ですね。」

「いえ、（　　　　）でも ありません。」

1　それほど　　2　なるほど　　3　そんなに　　4　どちら

もんだい2　＿＿★＿＿に 入る ものは どれですか。1・2・3・4から いちばん いい ものを 一つ えらんで ください。

1 わたしも ＿＿＿＿ ＿＿＿＿、＿＿★＿＿ ＿＿＿＿ ありません。

1　山田さん　　2　食べますが　　3　ほどでは　　4　たくさん

2 けさは ＿＿＿＿ ＿＿＿＿ ＿＿＿＿ ＿＿★＿＿ さむいです。

1　より　　　　2　の　　　　　3　きのう　　　4　朝

3 大阪は ＿＿＿＿ ＿＿★＿＿ ＿＿＿＿ ＿＿＿＿。

1　ほど　　　　2　ありません　　3　大きく　　　4　東京

4 バイオリン ＿＿★＿＿ ＿＿＿＿ ＿＿＿＿ですか。

1　と　　　　　2　やさしい　　3　どちらが　　4　ギターと

PRACTICE TEST

5 この _____ ★_____ _____ _____。

1 より　　2 おいしいです　3 あの 店　　4 店は

もんだい 3 　1から 5に 何を 入れますか。1・2・3・4から いちばん いい ものを 一つ えらんで ください。

(1)

妻も 私も ゴルフが 大好きだ。ところが、私は デパート [1] つとめているので、休みは 水曜日だが、妻は 銀行員 [2] 、日曜日が 休みだ。そのため、いっしょに 行こうと 思ったら、妻か 私の どちらかが 休みを とる ことになる。私が 休む こと [3] 妻が 休む ことの ほうが 多い。水曜日に ゴルフを する [4] が 値段も 少し 安いし、コースを 予約するのも かんたんだからだ。[5] ほかの 人が 働く 日に あそぶのは いい 気分だ。

[1]　1 で　　　　2 に　　　　3 は　　　　4 へ

[2]　1 なので　　2 ので　　　3 だので　　4 だったので

[3]　1 が　　　　2 ほど　　　3 より　　　4 と

[4]　1 より　　　2 と　　　　3 ほど　　　4 ほう

[5]　1 でも　　　2 それに　　3 まず　　　4 それでも

379

もんだい4　つぎの 文章を 読んで、質問に こたえて ください。こたえは 1・2・3・4から いちばん いい ものを 一つ えらんで ください。

エレベーターの 定期検査

今月 10日、午前 9時より エレベーターの 定期検査が 行われます。
検査中は エレベーターが 使えませんので、階段を お使いください。
皆様に 安全に ご利用いただく ための 検査です。
皆様の ご協力を よろしく お願いいたします。

1　検査は なぜ 行われますか。

1　新しい エレベーターを 設置する ためです。
2　ビルを 安全に 利用する ためです。
3　階段を 安全に 利用する ためです。
4　エレベーターを 安全に 利用する ためです。

2　エレベーターは いつから 利用できなく なりますか。

1　今月 10日の 午前から
2　来月 10日の 朝から
3　今月 10日の 夜から
4　来月 10日の 午後から

PRACTICE TEST

もんだい 5 つぎの 文章を 読んで、質問に こたえて ください。こたえは 1・2・3・4から いちばん いい ものを 一つ えらんで ください。

日本では、雨が 降る 日は 天気が 悪い 日と いう。どうして 日本では 雨が 降る 日だけ 天気が 悪いと いうのだろうか。

もちろん、雨が 降ると かさを ささなければ ならない。靴が よごれるし、鞄も 濡れる。でも、私は 雨の 日が 好きだ。雨の 日は、木の 緑が 美しく 見える。雨が きたない 空気を 洗って いるようで、晴れの 日より きれいに 見える。また、デパートや 映画館は 雨の 日の ほうが すいて いる。それに、私が いつも 行く スーパーは 雨の 日の ほうが 値段が 安い。特に 野菜や 果物は とても 安く なるので 嬉しい。

私は 雨ではなく、風が 強い ほうが 天気が 悪いと 思う。風が 強い 日は、よく 目に ごみが 入って 困る。それに、家に 砂が 入ったり、洗濯物が とんだりして、大変だからだ。

雨が 降ると 天気が 悪いと 言われるけれど、私は 天気が いいか 悪いかは、雨だけでは 決められないと 思う。皆さんは どう 考えるだろう。

1 日本では ふつう「天気が 悪い 日」とは どんな 日ですか。

   1 雨が 降らない 日
   2 雨が 降る 日
   3 風が 弱い 日
   4 風が 強い 日

2 これを 書いた 人は どうして 雨の 日が 好きですか。

   1 でかける 人が 多いから
   2 野菜や 果物が 美味しいから
   3 くつや かばんが きれいに なるから
   4 いつもの 景色が きれいに 見えるから

3 この 人は どうして「風が 強い ほうが 天気が 悪いと 思う」のですか。

   1 くつが よごれるから
   2 かばんが 濡れるから
   3 目に ごみが 入ったり、家に 砂が 入ったり するから
   4 傘を ささなければ ならないから

4 この 人は 天気が いいか 悪いかは 何で 決めると 思いますか。

   1 雨だけでは きめられないと 思う。
   2 雨だけで きめられると 思う。
   3 風だけでは きめられないと 思う。
   4 風だけで きめられると 思う。

PRACTICE TEST

もんだい 6 　つぎの　A[アパートのみなさんへ]と　Bのカレンダーを　見ながら　質問に　こたえて　ください。こたえは　1・2・3・4から　いちばん　いい　ものを　一つ　えらんで　ください。

1　今日は　1日です。ビールの　瓶が　たくさん　あって、早く　捨てたいです。何日に　どこに　捨てますか。

1　1日に　ごみ箱A
2　2日に　ごみ箱C
3　6日に　ごみ箱D
4　7日に　ごみ箱B

2　今日は　1日です。古い　本棚と　カセットテープが　あって、早く　捨てたいです。何日に　どこに　捨てますか。

1　本棚を　1日に　ごみ箱A，カセットテープを　2日に　ごみ箱C
2　本棚を　1日に　ごみ箱A，カセットテープを　7日に　ごみ箱B
3　本棚を　6日に　ごみ箱D，カセットテープを　7日に　ごみ箱B
4　本棚を　6日に　ごみ箱D，カセットテープを　2日に　ごみ箱C

アパートの　みなさんへ

西山市の　ごみの　捨て方を　お知らせします。4つの　ごみ箱が　あります。そして、捨てる　日が　違います。また、捨てる　所も　決って　います。注意して　ください。

A

		捨てる所	捨てる日
燃えるごみ	瓶、台所のごみ、古い洋服、など	ごみ箱 A	毎週 月曜日と木曜日
燃えないごみ	プラスチック、カセットテープ、CD, ガラス、など	ゴミ箱 B	毎週水曜日
瓶、缶	ビールやジュースなどの瓶と缶、など	ゴミ箱 C	毎週金曜日
大きいごみ	机、テーブル、椅子、本棚、など	ゴミ箱 D	毎月最初の火曜日

アパート　　ゴミ箱A　　ゴミ箱B

ゴミ箱C　　ゴミ箱D

B

日	月	火	水	木	金	土
				1	2	3
4	5	6	7	8	9	10
11	12	13	14	15	16	17
18	19	20	21	22	23	24
25	26	27	28	29	30	31

chapter 03 청해

N4 3교시

스케줄 파악 문제

스케줄을 파악하는 문제는 N5뿐만 아니라 N4에서도 출제될 수 있다.
스케줄을 파악하는 문제는 과거 어느 시점, 예를 들면 어제, 지난 주, 주말, 여름방학과 같은 시점을 제시하고 무엇을 했는지, 어디에 갔는지 등과 같은 스케줄을 묻는다거나 앞으로의 일정을 물어보는 경우가 나올 수 있다. 또한 예약을 한다거나, 돌발변수로 인해 일정을 변경하는 문제라던가 스케줄에 맞는 달력을 찾는 식의 문제도 나올 수 있다.

대화를 잘 듣고 맞는 답을 하나 고르시오.

1 ばん

	月	火	水	木	金	土	日
①		プール	うた	プール	えいご	プール	
②	うた	プール	えいご	プール		プール	
③		プール	えいご	プール	うた	プール	
④	えいご	プール		プール	うた	プール	

2 ばん

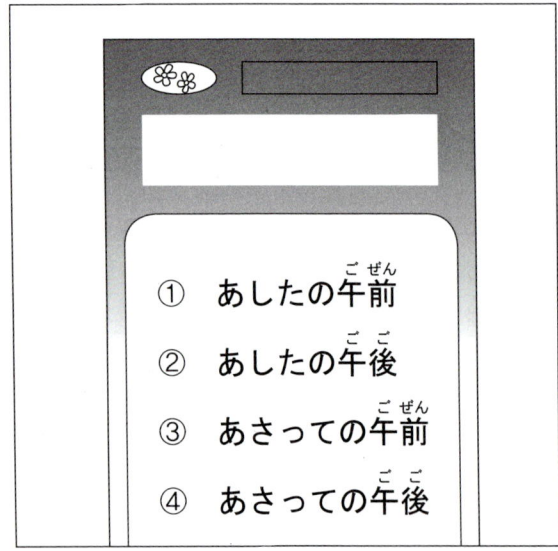

① あしたの午前
② あしたの午後
③ あさっての午前
④ あさっての午後

PRACTICE TEST

3 ばん

4 ばん

①

②

③

④

えなどは ありません。

스크립트

문제 1

質問 女(おんな)の子(こ)とおばあさんが話(はな)しています。女の子の一週間(いっしゅうかん)の予定(よてい)はどれですか。

女1：おばあさん、こんにちは。
女2：あら、ゆうこちゃん。いつも忙(いそが)しそうね。
女1：今(いま)からプールなんです。
女2：プールいいわね。
女1：うん。一週間(いっしゅうかん)に３回(かい) 行くんです。それから、水曜日(すいようび)は英語(えいご)で、金曜日(きんようび)は歌(うた)の練習(れんしゅう)なんです。
女2：そう。頑張(がんば)ってね。

질문 여자아이와 할머니가 이야기를 하고 있습니다. 여자아이의 일주일 일정은 어느 것입니까?

여1: 할머니, 안녕하세요.
여2: 어머, 유꼬짱. 늘 바빠 보이는구나.
여1: 지금부터 수영장가요.
여2: 수영, 좋지~
여1: 네. 일주일에 3번 가요. 그리고 수요일은 영어를 하고, 금요일은 노래 연습이에요.
여2: 그래. 열심히 해라~

> **중요표현**
> 1. 형용사어간+そうだ는 「~일 것 같다」는 뜻으로 추측성 표현이다.
>   **おいしそうだ**(맛있을 것 같다), **まじめそうだ**(성실할 것 같다)
> 2. 「~んです」는 「~です」 회화체 강조표현이다. い형용사와 동사는 「~んです」, 명사와 な형용사의 경우 「なんです」로 고친다. 명사 **友だちなんです**(친구에요), な형용사 **好きなんです**(좋아해요) い형용사 **いそがしいんです**(바빠요), 동사 **行くんです**(갑니다)

문제 2

質問 男(おとこ)の人(ひと)と女(おんな)の人(ひと)が電話(でんわ)で話(はな)しています。女の人はいつ荷物(にもつ)を持(も)ってきてもらいますか。

男：もしもし、今日(きょう)荷物(にもつ)をお持(も)ちしたんですが、お留守(るす)だったので持って帰ってるんですけど。
女：あ、すみません。ちょっと出(で)かけてて。
男：いつお持ちしたらいいでしょうか。
女：そうですね。明日(あした)の午前中(ごぜんちゅう)…。あ、明日(あした)は約束(やくそく)があったんだ。あさってにしてください。
男：大体(だいたい)何時ごろがご都合(つごう)よろしいですか。
女：午後(ごご)の早(はや)い時間にお願(ねが)いします。
男：はい、わかりました。

질문 남자와 여자가 전화로 이야기하고 있습니다. 여자는 언제 짐을 받습니까?

남 : 여보세요. 오늘 짐을 가지고 갔었는데요. 집에 안 계셔서 가지고 돌아왔습니다만.
여 : 아, 죄송합니다. 잠시 나가있어서.
남 : 언제 가지고 가면 좋을까요?
여 : 글쎄요. 내일 오전중…. 아, 내일은 약속이 있네. 모레로 해 주세요.
남 : 대체로 몇 시쯤이 좋으시겠습니까?
여 : 오후 빠른 시간에 부탁드릴게요.
남 : 예, 알겠습니다.

> **중요표현**
> 1. **お+ます형+する**는 겸양표현으로 내 행동을 겸손하게 낮춰 표현할 때 쓴다.
>   持(も)つ(들다) → **お持(も)ちする**(들다), 待(ま)つ(기다리다) → **お待(ま)ちする**(기다리다)
> 2. 명사+**にする**는 ~로 하다, 즉 결정하다는 뜻이다. **ビールにする**(맥주로 하다), **4時にする**(4시로 하다)

문제 3

質問　女(おんな)の人(ひと)が男(おとこ)の人(ひと)に電話(でんわ)をかけています。女の人は何日(なんにち)に予約(よやく)をしましたか。

女：すみません。
男：はい、
女：こちらは食事(しょくじ)の予約(よやく)はできますか。
男：はい、いつですか。
女：えっとー、今週(こんしゅう)の木曜(もくよう)なんですけど。
男：すみません、木曜はいっぱいです。
女：じゃあ、金曜(きんよう)はどうですか。
男：今週は明日(あした)の夜(よる)しか．．．。
女：そうですか。じゃあ、来週(らいしゅう)は？
男：来週でしたら、金曜日なら大丈夫です。
女：じゃあ、金曜にお願いします。
男：わかりました。

질문　여자가 남자에게 전화를 걸고 있습니다. 여자는 며칠에 예약을 했습니까?

여 : 실례합니다.
남 : 예.
여 : 여기 식사 예약은 가능합니까?
남 : 예. 언제입니까?
여 : 저기, 이번 주 목요일인데요.
남 : 죄송합니다. 목요일은 만석입니다.
여 : 그럼, 금요일은 어떻습니까?
남 : 이번 주는 내일 저녁 밖에….
여 : 그렇습니까? 그럼. 다음 주는?
남 : 다음 주라면 금요일이면 괜찮습니다.
여 : 그럼, 금요일로 부탁드립니다.
남 : 알겠습니다.

> **중요표현**
> 1. しか는 ~밖에 라는 뜻으로 항상 뒷 문장에 부정형을 수반하다. **ひとつしかない**(하나 밖에 없다), **肉(にく)しか食べません**(고기 밖에 안 먹습니다)
> 2. ~でしたら는 조건형 ~だったら(~이면)의 정중한 표현이다. あしただったら → あしたでしたら (내일이면), コーヒーだったら → コーヒーでしたら(커피면)

문제 4

質問 男(おとこ)の人(ひと)が電話(でんわ)で部長(ぶちょう)の奥(おく)さんと話(はな)しています。明日(あした)の会議(かいぎ)はいつ、どこで行(おこな)われることになりましたか。

男：もしもし、山本(やまもと)ですが、部長(ぶちょう)はいらっしゃいますか。
女：すみません、主人(しゅじん)は今(いま)出(で)かけております。何か伝(つた)えましょうか。
男：ええ、明日(あした)の会議(かいぎ)ですが、９時から工場(こうじょう)で行(おこな)われるはずでしたが、予定(よてい)が変(か)わりました。８時半から事務所(じむしょ)で行(おこな)うことになりました。
女：はい、では、時間(じかん)も場所(ばしょ)も変わったということですね。
男：はい、よろしくお願いします。それでは、失礼(しつれい)いたします。
女：ごめんください。

１．８時半から工場で行われます。
２．８時半から事務所で行われます。
３．９時から工場で行われます。
４．９時から事務所で行われます。

질문 남자가 전화로 부장의 부인과 이야기를 하고 있습니다. 내일 회의는 언제 어디에서 열리기로 되었습니까?

남 : 여보세요. 야마모토입니다만. 부장님 계십니까?
여 : 죄송합니다. 남편은 지금 외출했습니다. 뭐 전할 말씀 있으세요?
남 : 예. 내일 회의 말입니다만. 9시부터 공장에서 열릴 예정이었습니다만. 스케줄이 바뀌었습니다. 8시 반부터 사무실에서 하기로 되었습니다.
여 : 예. 그러면 시간도 장소도 바뀌었다는 말씀이시네요.
남 : 예. 잘 부탁드립니다. 그럼. 안녕히 계세요.
여 : 안녕히 계세요.

1. 8시 반부터 공장에서 열립니다.
2. 8시 반부터 사무실에서 열립니다.
3. 9시부터 공장에서 열립니다.
4. 9시부터 사무실에서 열립니다.

중요표현

1. ~ております는 ~ています(하고 있습니다)의 자기를 낮추는 겸양표현이다.
2. はずだ 그럴 예정임을 나타낸다. …할 예정. …할 것.
3. 동사+ことになる ~하게 되다(결정)

N4

뉴 일본어 능력시험

Part 16

문자/어휘 chapter 01
필수 2자 한자/필수 명사

문법/독해 chapter 02
필수 문형 – 가능표현

청해 chapter 03
교통수단 파악 문제

chapter 01 문자/어휘

N4 1교시

필수 2자 한자

発音 はつおん 발음	大学 だいがく 대학	駅前 えきまえ 역 앞
屋上 おくじょう 옥상	文学 ぶんがく 문학	地理 ちり 지리
食事 しょくじ 식사	社長 しゃちょう 사장	明日 あした 내일
用事 ようじ 일, 용무	料理 りょうり 요리	手紙 てがみ 편지
写真 しゃしん 사진	茶色 ちゃいろ 갈색	今度 こんど 이번
十分 じゅうぶん 충분	人口 じんこう 인구	世話 せわ 돌봄, 보살핌
建物 たてもの 건물	地図 ちず 지도	

필수 명사

火事 かじ 불	講義 こうぎ 강의	血 ち 피
小説 しょうせつ 소설	お礼 れい 답례	規則 きそく 규칙
食料品 しょくりょうひん 식료품		壁 かべ 벽
機会 きかい 기회	喧嘩 けんか 싸움	嘘 うそ 거짓말
原因 げんいん 원인	久 ひさしぶり 오래만	経験 けいけん 경험
感謝 かんしゃ 감사	気持 きもち 마음, 기분	準備 じゅんび 준비
熱心 ねっしん 열심	安全 あんぜん 안전	相談 そうだん 상담
洗濯 せんたく 세탁		

PRACTICE TEST

もんだい 1 　_____の　ことばは　どう　よみますか。1・2・3・4から　いちばん　いい　ものを　ひとつ　えらんで　ください。

1　発音は　やっぱり　むずかしいですね。
　　1　はつおと　　2　はついん　　3　はったつ　　4　はつおん

2　大学に　はいったら　合コンを　して　みたいです。
　　1　たいがく　　2　だいがく　　3　たいかく　　4　だいかく

3　パスタ料理は　駅前の　みせが　いちばん　おいしいです。
　　1　えきうら　　2　えきのまえ　　3　えきまえ　　4　えきぜん

4　ビルの　屋上から　みる　やけいも　わるくないと　思います。
　　1　おくじょう　　2　おくうえ　　3　やかみ　　4　やじょう

5　来週から　文学の　テストが　はじまる　そうです。
　　1　ぼんがく　　2　もんがく　　3　ぶんがく　　4　むんがく

6　高校の　時は　地理が　とても　とくいでした。
　　1　すうがく　　2　ぶつり　　3　こくご　　4　ちり

7　レストランは　食事を　する　ところです。
　　1　しょくどう　　2　しょくじ　　3　ごはん　　4　たべもの

395

8 社長を むかえに 車で くうこうまで 行きます。
　1 しゃちょう　　2 ぶちょう　　3 かちょう　　4 かかりちょう

9 明日は はれると いいですね。
　1 きょう　　2 きのう　　3 あした　　4 あさって

10 ちちは ちょっと 用事が あって でかけて おります。
　1 ようごと　　2 ようこと　　3 よじ　　4 ようじ

もんだい 2　＿＿＿の ことばは どう かきますか。1・2・3・4から いちばん いい ものを ひとつ えらんで ください。

1 日本りょうりの つくりかたを 教えて ください。
　1 料理　　2 科理　　3 料里　　4 料哩

2 最近は てがみより メールを よく おくります。
　1 手利　　2 手氏　　3 手糸　　4 手紙

3 先月から しゃしんの あつまりに 入って います。
　1 写信　　2 写真　　3 字真　　4 舎真

4 あの ちゃいろの スーツを きた ひとが 私の 彼女です。
　1 赤色　　2 茶色　　3 緑色　　4 白色

PRACTICE TEST

5 <u>こんど</u> また ビールでも 飲みましょう。
    1 今努　　2 今戸　　3 今土　　4 今度

6 今 家を でれば <u>じゅうぶん</u>に まにあいますよ。
    1 十分　　2 十文　　3 重分　　4 重文

7 しょうしかで 日本の <u>じんこう</u>は だんだん 減って いきます。
    1 人効　　2 人行　　3 人口　　4 人工

8 子供の <u>せわ</u>を するのは たいへんな ことです。
    1 世和　　2 世話　　3 世輪　　4 世羽

9 この レストランの <u>たてもの</u>は 古く なりました。
    1 立物　　2 建勿　　3 建易　　4 建物

10 旅行の 前に <u>ちず</u>を 買って おきます。
    1 地図　　2 値図　　3 血図　　4 千図

もんだい３　（　　　）に なにを いれますか。1・2・3・4から いちばん いい ものを ひとつ えらんで ください。

1 （　　　）で 家が ぜんぶ やけました。
    1 かぜ　　2 みず　　3 かじ　　4 かさ

2 きょうの （　　　）は　つまらなかったです。
　1　りょうり　　2　こうぎ　　　3　おちゃ　　　4　トンカツ

3 ゆびを　切(き)ったので　（　　　）が　でました。
　1　はなみず　　2　て　　　　　3　のど　　　　4　ち

4 音楽(おんがく)を　聞(き)きながら　（　　　）を　読(よ)むのが　だいすきです。
　1　しょうせつ　2　なまえ　　　3　ドラマ　　　4　えいが

5 おばあさんに　プレゼントの　（　　　）の　電話(でんわ)を　かけました。
　1　ごちそう　　2　あやまり　　3　おれい　　　4　おいわい

6 あの　スーパーには　（　　　）が　たくさん　あります。
　1　ごみ　　　　　　　　　　　2　しょくりょうひん
　3　スーツ　　　　　　　　　　4　ほん

7 ほうりつは　（　　　）ですから、かならず　まもって　ください。
　1　きかい　　2　あいさつ　　3　あんない　　4　きそく

8 はるですから、（　　　）紙(がみ)は　やっぱり　あかるい　いろが　いいですね。
　1　かべ　　　2　髪　　　　　3　スカート　　4　ぼうし

9 （　　　）が　あったら、ぜひ　もういちど　あって　みたいです。
　1　きじゅつ　2　しけん　　　3　きかい　　　4　ゆめ

PRACTICE TEST

10 ひとの 前で（　　　）を しないで ください。
　　1 けんか　　2 げんか　　3 げんき　　4 けんき

もんだい 4　＿＿＿の ぶんと だいたい おなじいみの ぶんが あります。1・2・3・4から いちばん いい ものを ひとつ えらんで ください。

1 あの おとこは うそばかり 言います。
　　1 ほんとうの ことを 言います。
　　2 へんな ことを 言います。
　　3 まじめな ことを 言います。
　　4 ほんとうの ことを 言いません。

2 けんかの げんいんは 何ですか。
　　1 けんかの ようじ
　　2 けんかの りゆう
　　3 けんかの きぶん
　　4 けんかの かんじ

3 いとこに あうのは ひさしぶりです。
　　1 いとこに あうのは はじめてです。
　　2 いとこには あまり あいたく ないです。
　　3 いとこに あったのは ずいぶん 前です。
　　4 いとこに あった ことが ありません。

4   わたしは ほんやくの けいけんが あります。

1 ほんやくを した ことが あります。
2 ほんやくを する よていです。
3 よんやくを したいと おもいます。
4 ほんやくの ために べんきょうします。

5   ほんとうに かんしゃの きもちで いっぱいです。

1 さびしい きもち
2 くやしい きもち
3 いやな きもち
4 ありがたい きもち

もんだい 5　　つぎの ことばの つかいかたで いちばん いい ものを 1・2・3・4から ひとつ えらんで ください。

1   じゅんび

1 うんてんしながら じゅんびを きいて います。
2 ほんを かって ベンチで じゅんびしました。
3 ねむい ときは じゅんびを して ください。
4 かいぎの じゅんびが できました。

PRACTICE TEST

2 ねっしん

1　ピザが　とても　ねっしんです。
2　さいきん　日本語の　べんきょうに　ねっしんです。
3　昨日(きのう)は　おさけを　ねっしんに　飲(の)みました。
4　ねっしんな　料理(りょうり)は　とても　おいしいです。

3 あんぜん

1　1年前(まえ)より　体(からだ)が　あんぜんに　なりました。
2　わたしは　うんどうが　あんぜんです。
3　この　まちでは　よなかでも　あんぜんです。
4　母は　料理(りょうり)が　とても　あんぜんです。

4 そうだん

1　せんぱいに　そうだんが　あります。
2　さいふに　そうだんが　はいって　います。
3　あきには　そうだんが　とても　きれいです。
4　ねぼうして　がっこうに　そうだんしました。

5 せんたく

1　かみを　せんたく　して　いきました。
2　あさ　おきてから　まず　顔(かお)を　せんたく　しました。
3　ごはんを　たべた　あとで　おさらを　せんたくしました。
4　よごれた　シャツの　せんたくを　しました。

chapter 02 문법/독해

N4 2교시

01 ~ことができる ~할 수 있다

「동사기본형+ことができる」는 「할 수 있다」라고 하는 가능 표현이 된다. 부정형은 「동사기본형+ことができない」이다.

> 一万円(いちまんえん) あったら、これを 買(か)う ことが できます。
> 만 엔 있으면 이것을 살 수가 있습니다.
>
> 難(むずか)しい 漢字(かんじ)は 読(よ)む ことが できません(できないです)。
> 어려운 한자는 읽을 수가 없습니다.

02 동사의 가능형 ~할 수 있다

동사의 가능형

1그룹 : う단 → え단+る (う단어미를 え단으로 고치고 る를 붙인다)

会(あ)う 만나다 → 会(あ)える 만날 수 있다
休(やす)む 쉬다 → 休(やす)める 쉴 수 있다
話(はな)す 말하다 → 話(はな)せる 말할 수 있다

2그룹 : る → る+られる 어미 る를 떼고 られる를 붙인다

食(た)べる 먹다 → 食(た)べられる 먹을 수 있다
見(み)る 보다 → 見(み)られる 볼 수 있다
寝(ね)る 자다 → 寝(ね)られる 잘 수 있다

3그룹

する 하다 → できる 할 수 있다
くる 오다 → こられる 올 수 있다

※ 聞(き)こえる(들리다), 見(み)える(보이다)와 같이 자신의 의지와 관계없이 들리거나 보인다고 하는 동사들은 가능형으로 활용하지 않는다.

법 필수 문형 – 동사의 가능표현

03 동사의 가능형+ようになる ~할 수 있게 되다

보통「동사기본형+ようになる」는 변화를 나타내는 표현으로「(안 하다가)~하게 되다」는 뜻이고,「가능형+ようになる」역시 변화를 나타내는 표현으로「(못 하다가)~할 수 있게 되다」는 뜻이다.

3年前は　運転が　できなかったけど、今は　できるように　なりました。
3년 전에는 운전을 못했지만 지금은 할 수 있게 되었습니다.

日本語で　メールが　書けるように　なった。
일본어로 메일을 쓸 수 있게 되었다.

もんだい1　（　　　）に　何を　入れますか。1・2・3・4から　いちばん　いい　ものを　一つ　えらんで　ください。

1　私は　一年前には　ぜんぜん　日本語が　話せませんでしたが、先生の　おかげで　ずいぶん　話せる（　　　）。
1　ことに　しました　　　　2　ように　しました
3　ことに　なりました　　　4　ように　なりました

2　字が　うすすぎて　（　　　）。
1　よみません　2　よめません　3　よみます　4　よめます

3　子どもの　ころ　きらいだった　やさいが　最近　（　　　）ように　なりました。
1　食べる　　2　食べた　　3　食べられる　　4　食べられた

4　図書館で　この　町の　れきしを　（　　　）ことが　できます。
1　しらべた　2　しらべられる　3　しらべる　4　しらべて

5　あの　美術館へ　行けば　日本の　古い　絵を　見る　（　　　）が　できます。
1　こと　　2　もの　　3　よう　　4　ところ

6　「コンピューターの　こと、わかりますか。」
「もちろん。どんな　コンピューターでも　（　　　）。」
1　つかえりますよ　　　　　　2　つかえることができますよ
3　つかいますよ　　　　　　　4　つかえますよ

PRACTICE TEST

7 三日 れんしゅうして すこし 運転（　　　）なりました。

1　できるようで　　　　　　2　できたようで
3　できるように　　　　　　4　できたように

8 一度だけ ケーキを 作った ことが ありますが、うまく（　　　）。

1　つくられません　　　　　2　つくられませんでした
3　つくりません　　　　　　4　つくれませんでした

9 あなたは はしが（　　　）か。

1　使えます　　2　使います　　3　使わせます　　4　使わされます

10 かばんを 買いに 行ったが、高くて（　　　）。

1　買わらなかった　　　　　2　買いなかった
3　買えなかった　　　　　　4　買えらなかった

11 お金も ないし、一緒に 行く 人も いないから 遊びに（　　　）。

1　行けられない　　　　　　2　行けことができない
3　行けない　　　　　　　　4　行けらない

12 漢字で 名前が（　　　）か。

1　かけます　　2　かけります　　3　かきられます　　4　かけられます

13 日本語の 雑誌を 読む こと（　　　）できますか。

1　が　　　　2　に　　　　3　と　　　　4　を

405

14 上手に（　　　）ように 何度も れんしゅうします。

1　話し　　　　2　話せる　　　　3　話そう　　　　4　話される

15 毎日 れんしゅうしたので、（　　　）ように なりました。

1　およいで　　2　およいだ　　　3　およげる　　　4　およぎ

もんだい 2　＿＿★＿＿に 入る ものは どれですか。1・2・3・4から いちばん いい ものを 一つ えらんで ください。

1 明日 ＿＿＿＿ ＿＿＿＿ ＿★＿ ＿＿＿＿ できますか。

1　ことが　　　2　3時　　　　　3　までに　　　　4　来る

2 この ＿＿＿＿ ＿★＿ ＿＿＿＿ ＿＿＿＿。

1　いすは　　　2　座れません　　3　すぎて　　　　4　小さ

3 大学生に なって、＿＿＿＿ ＿＿＿＿ ＿★＿ ＿＿＿＿ なりました。

1　お酒　　　　2　が　　　　　　3　ように　　　　4　飲める

4 ＿＿＿＿ ＿＿＿＿ ＿★＿ ＿＿＿＿か。

1　何時　　　　2　会えます　　　3　に　　　　　　4　行ったら

PRACTICE TEST

5 教室 _____ ★ _____ _____ なった。

　1　ように　　　　　　　　2　使える

　3　インターネットが　　　4　でも

もんだい3　1から5に 何を 入れますか。1・2・3・4から いちばん いい ものを 一つ えらんで ください。

(1)

東京は いつも うるさいと いう。でも 朝の 早い 時間 [1] は とても しずかだ。車は [2] 走って ないし、店は 閉って いる。そして 昔の ように 鳥の 声だけが [3] 。

(2)

このごろ 少し ふとって きた。去年 買った ズボンを [4] ことが できない。新しいのを 買う ためには お金が 必要だ。でも お金の ために いっしょうけんめい はたらけば つかれて やせるだろう。すると 去年の ズボンが [5] 。新しいのを 買う 必要は なくなる。

[1]　1　しか　　　2　だけ　　　3　から　　　4　ため

[2]　1　ほとんど　2　ほんとうに　3　しばらく　4　少し

| 3 | 1 聞_きこえた | 2 聞_きこえられる | 3 聞_きく | 4 聞_きこえる |

| 4 | 1 　きる | 2 　はく | 3 　はける | 4 　きられる |

| 5 | 1 　はく | 2 　はけられる | 3 　はける | 4 　はけれる |

PRACTICE TEST

もんだい 4　つぎの 文章を 読んで、質問に こたえて ください。こたえは 1・2・3・4から いちばん いい ものを 一つ えらんで ください。

コーヒーが 好きな 人に、便利な お店を 紹介します。
「野村コーヒー」は、インターネットで コーヒーを 買う ことが できる 店です。送料は、普通 150円 かかりますが、500グラム 以上 頼むと、ただになります。
そして、500グラム 以上 買うと、150円 安く なります。
お店で コーヒーを 選ぶのも 楽しいですが、忙しい ときには、一度 利用して みませんか。

1 インターネットで、「野村コーヒー」から 100グラム 400円の コーヒーを 500グラム 買いました。いくらに なりますか。

   1　1,700円
   2　1,850円
   3　2,000円
   4　2,200円

2 インターネットで コーヒーを 頼むと 送料は いくらですか。

   1　150円
   2　200円
   3　250円
   4　300円

もんだい 5　つぎの　文章を　読んで、質問に　こたえて　ください。こたえは　1・2・3・4から　いちばん　いい　ものを　一つ　えらんで　ください。

引っ越しの　習慣

日本では、むかしから　引っ越しを　した　とき、近所の　家へ　あいさつに　行く　習慣が　あります。「これから　いろいろ　お世話に　なります。どうぞ　よろしく　お願いします。」と　いう　意味です。

アパートや　マンションでは、自分の　部屋の　隣に　住んで　いる　人や、上の　部屋と　下の　部屋に　住んでいる　人などに　あいさつを　します。引っ越しを　したら、すぐに　あいさつに　行きましょう。あいさつに　行く　ときは、小さな　品物を　持って　行く　ことが　多いです。例えば、タオルや　せっけん、おかしなどです。

しかし、大事なのは　あいさつを　する　ことなのですから、どんな　物を　持って　行くかは　あまり　心配しなくても　いいです。あいさつに　行ったけれども、留守だった　ときは、あいさつの　ことばを　書いた　手紙などを　玄関の　ポストに　入れて　おくのが　いいです。

最近は、「引っ越しの　あいさつ」を　しない　人も　多く　なって　います。特に、一人で　住む　ときは、あいさつを　しない　人が　たくさん　います。しかし、私は「引っ越しの　あいさつ」は、やはり　いい　習慣だと　思います。

PRACTICE TEST

1. 日本では、引っ越しを した とき、どんな 習慣が ありますか。
   1. 小さな 物を 持って 近所に あいさつする。
   2. 隣の人に 何か 小さな 物を 渡す。
   3. 隣の人に あいさつの 手紙を 書いて 出す。
   4. あいさつの 手紙を 自分の 家の 玄関に 貼る。

2. どうして「引っ越しの あいさつ」を しますか。
   1. アパートなどに 住む ときは、ほとんどの 人が して いるから
   2. 引っ越しを したら、かならず しなければ ならないから
   3. 「これから ここに 住みます」と 知らせないと、失礼だから
   4. 「よろしく お願いします」と いう 気持ちを 伝えたいから

3. 「手紙などを 玄関の ポストに 入れて おく」のは どうして ですか。
   1. あいさつに 来た ことを 知らせたいから
   2. あとで 品物を 取りに 来て ほしいから
   3. 暇な ときに 遊びに 来て ほしいから
   4. あとで 連絡して もらいたいから

4. 最近は、どんな 人が 増えて いますか。
   1. 一人で 住む 人
   2. ほかの 人と 住む 人
   3. 「引っ越しの あいさつ」を する 人
   4. 「引っ越しの あいさつ」を しない 人

もんだい6　インターネットの　本の　説明を　見ながら　質問に　こたえてください。こたえは　1・2・3・4から　いちばん　いい　ものを　一つ　えらんで　ください。

1 この　本の　作家は　男の人です。映画では　見た　ことが　ありますが、本は　まだ　読んで　いません。値段は　いちばん　高いですが、とても　読みたいから、これに　します。この人は　どの　本を　選びましたか。

1　A　東京タワー
2　B　キッチン
3　C　いま　会いにゆきます。
4　D　女性の品格

2 私は　だいぶ　前に　読んだ　ことが　ありますが、とても　おもしろかったですよ。日本語では「だいどころ」と　いう　意味です。値段も　一番　安くて、そんなに　負担に　ならないし、これを　おすすめします。この　ひとが　おすすめした　本は　いくらですか。

1　420円
2　620円
3　756円
4　1575円

PRACTICE TEST

A	B	C	D
東京(とうきょう)タワー	キッチン	いま、会(あ)いにゆきます。	女性(じょせい)の品格(ひんかく)
作家(さっか)/江国香り	作家/吉本バナナ	作家/市川拓司	作家/板東真理子
値段(ねだん)/620円	値段/420円	値段/1575円	値段/756円
送料(そうりょう)/0円	送料/0円	送料/0円	送料/0円

chapter 03 청해

N4 3교시

교통수단 파악 문제

교통수단을 묻는 문제는 목적지까지 가기 위해 이용되는 여러 가지 교통수단들을 열거한 다음, 돌발 변수나 이유를 들어 교통수단을 변경하는 문제가 나올 수 있다. 교통수단 변경 이유가 되는 **道がこむ**(길이 막히다), **乗(の)り換(か)える**(갈아타다), **遅い**(늦다, 느리다), **遠い**(멀다), **遅(おく)れる**(늦다, 지각하다), **時間がない**(시간이 없다), **高い**(비싸다), **時間がかかる**(시간이 걸리다), **間(ま)に合(あ)う**(제 시간에 맞추다), **大変(たいへん)だ**(힘들다, 큰일이다)와 같은 단어에 주의하면서 문제를 풀도록 하자.

대화를 잘 듣고 맞는 답을 하나 고르시오.

1ばん

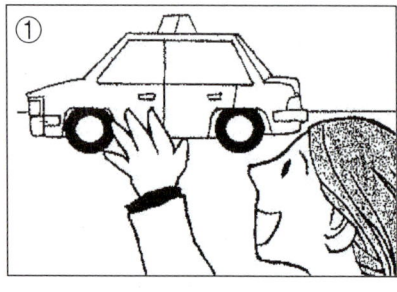 

2ばん

 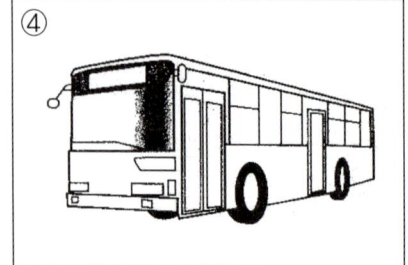

PRACTICE TEST

3 ばん

①

②

③

④

えなどは ありません。

4 ばん

①

②

③

④

えなどは ありません。

스크립트

문제 1

質問 女(おんな)の人(ひと)と男(おとこ)の人(ひと)が話(はな)しています。女の人はどうやって渋谷(しぶや)に行(い)くと言(い)いましたか。

女：今から渋谷(しぶや)へ行くんですが、何(なに)で行くのがいちばん早(はや)いですか。
男：うーん、タクシーがいちばん早いですけど、この辺(へん)はバスも便利(べんり)ですよ。
女：バスですか。
男：あ、でも今日(きょう)は日曜日で道(みち)が込(こ)んでいるから、歩(ある)いたほうが早いかもしれませんね。
女：ええっ？でも、歩くのは大変(たいへん)ですよ。
男：そうですね。じゃあ、自転車(じてんしゃ)はどうですか。わたしのを貸(か)しますよ。
女：ありがとうございます。お借(か)りします。

질문 여자와 남자가 이야기하고 있습니다. 여자는 어떻게 시부야에 간다고 했습니까?

여：지금부터 시부야에 가는데요, 무엇으로 가는 것이 제일 빠릅니까?
남：음..택시가 제일 빠른데요. 이 근방은 버스도 편리해요.
여：버스말입니까?
남：아, 하지만 오늘은 일요일이라 길이 막히니까 걷는 편이 빠를지도 모르겠어요.
여：예? 하지만 걷는 것은 힘들어요.
남：그러네요. 그럼, 자전거는 어때요? 제 것을 빌려드릴게요.
여：고맙습니다. 빌릴게요.

중요표현

1. 何(なに)で는 보통 수단이나 도구를 묻는 표현이며, 何(なん)で는 이유나 원인을 묻는 표현이다. 따라서 何(なに)で行(い)く는 무엇으로 가니? 즉 교통수단을 묻는 것이고, 何(なん)で行(い)く는 왜 가니? 이유를 묻는 것이다.
2. 동사 た형+ほうが ~하는 편이, 어드바이스문장에서는 현재시제가 아닌 과거시제에 方(ほう)를 붙인다. 歩(ある)いたほうが早(はや)い(걷는 편이 빠르다), ちょっと休(やす)んだほうがいい(조금 쉬는 편이 좋다)
3. ~かもしれない 불확실한 추측성 표현으로 ~일지도 모른다.

문제 2

質問　男(おとこ)の学生(がくせい)と女(おんな)の学生(がくせい)が駅(えき)で話(はな)しています。男の学生は今日、どうやって駅まで来(き)ましたか。

男：おはよう。すごい雨だね、今日は。
女：うん。田中(たなか)君(くん)バスで来(き)た？
男：ううん。車。母(はは)に駅(えき)まで送(おく)ってもらったんだ。
女：いいなあ。いつも車？
男：今日は特別(とくべつ)。いつもは自転車かバスなんだ。本当(ほんとう)は歩(ある)きたいんだけど時間がなくて。
女：ふーん。私は毎日(まいにち)歩くんだ。
男：歩くのは気持(きも)ちいいね。
女：うん。でもこんな天気(てんき)の日(ひ)はね。

질문　남학생과 여학생이 역에서 이야기하고 있습니다. 남학생은 오늘 어떻게 역까지 왔습니까?

남 : 안녕. 굉장한 비네. 오늘은.
여 : 응. 타나카군 버스로 왔어?
남 : 아니. 차. 엄마가 역까지 바래다줬어.
여 : 좋겠다. 늘 차로 다녀?
남 : 오늘은 특별히. 늘 자전거 아니면 버스야. 사실은 걷고 싶은데 시간이 없어서.
여 : 응~. 나는 매일 걸어.
남 : 걷는 것은 기분 좋지?
여 : 응. 그렇지만 이런 날씨는….

> **중요표현**
> 1. ~てもらう는 직역하면 ~해 받다, 즉 상대방이 나에게 ~해주다는 뜻이다. **母(はは)に駅(えき)まで送(おく)ってもらった**는 엄마에게 역까지 바래다 받았다. 즉 엄마가 역까지 바래다줬다.

스크립트

문제 3

質問 女(おんな)の人(ひと)とお母(かあ)さんがうちで話(はな)しています。女の人は、どうやって学校(がっこう)へ行きますか。

女1：まさこ、学校(がっこう)間(ま)に合(あ)うの？今から自転車で行っても、次(つぎ)の急行(きゅうこう)には間に合わないわよ。

女2：しまった。今日はテストだから遅(おく)れたら大変(たいへん)なの。ねえ、車で送(おく)って。

女1：無理(むり)よ。この時間は道(みち)が込(こ)んで、時間がかかるから。

女2：そうか。じゃ、学校まで自分(じぶん)で運転(うんてん)していくか。

女1：え、オートバイ、スカートで乗(の)るの？危(あぶ)ないからやめなさい。

女2：大丈夫よ。行ってきます。

1．電車で行きます。
2．自動車で行きます。
3．オートバイで行きます。
4．自転車で行きます。

질문 여자와 어머니가 집에서 이야기를 하고 있습니다. 여자는 어떻게 학교에 갑니까?

여1 : 마사꼬, 학교 안 늦어? 지금부터 자전거로 가도, 다음 급행은 늦어서 못 타.
여2 : 큰일 났다. 학교 테스트라서 지각하면 큰일나. 저기 차로 데려다줘.
여1 : 무리야. 이 시간에는 길이 막혀서 시간 걸려서.
여2 : 그래? 그럼 학교까지 내가 운전해서 갈까?
여1 : 에, 오토바이? 치마입고 탈거야? 위험하니까 하지마.
여2 : 괜찮아. 다녀올게요.

1. 전철로 갑니다.
2. 자전거로 갑니다.
3. 오토바이로 갑니다.
4. 자전거로 갑니다.

중요표현

1. **間(ま)に合(あ)う** 시간에 늦지 않게 대다. **間(ま)に合(あ)わない** 제시간에 맞추지 못하다.
2. **しまった** 어떤 일에 실수하였을 때 저도 모르게 내는 말. 아차. 아뿔싸.
3. 동사 **ます형+なさい**는 부드러운 명령형으로 ～하세요. **やめなさい**(그만두세요), **おきなさい**(일어나세요), **勉強しなさい**(공부하세요) 윗사람이나 아랫사람에게 지시할 때 주로 사용한다.

문제 4

質問 男(おとこ)の人(ひと)と女(おんな)の人(ひと)が話(はな)しています。二人(ふたり)は何時にどの 乗(の)り物(もの)で行きますか。

男：今、何時？
女：ええと、今2時10分で、次(つぎ)の電車(でんしゃ)は、あ、3時10分だ。
男：ええっ、あと一時間も待(ま)つのか。
女：うーん、どうしようか。バスなら2時半(はん)だけど、バスは時々(ときどき)、すごく遅(おく)れることがあるからね。今日は道(みち)が込(こ)んでいるし。
男：それじゃ、やっぱり電車かな。
女：あと一時間ね、仕方(しかた)ないわね。

1．2時半のバスで行きます。
2．2時半の電車で行きます。
3．3時１０分のバスで行きます。
4．3時１０分の電車で行きます。

질문 남자와 여자가 이야기하고 있습니다. 두 사람은 몇 시에 어떤 교통수단으로 갑니까?

남 : 지금 몇 시?
여 : 음…. 지금 2시 10분이고, 다음 전철은…. 아, 3시 10분이다.
남 : 뭐? 앞으로 1시간이나 기다려야한다니….
여 : 응. 어떻게 하지? 버스라면 2시 반이지만 버스는 가끔 엄청 늦게 올 때가 있으니까. 오늘은 길도 막히고.
남 : 그럼. 역시 전철이네.
여 : 앞으로 1시간이네. 방법이 없네.

1. 2시 반 버스로 갑니다.
2. 2시 반 전철로 갑니다.
3. 3시 10분 버스로 갑니다.
4. 3시 10분 전철로 갑니다.

중요표현
1. あと+시간적 표현은 앞으로라는 뜻이다. あと一時間(いちじかん)(앞으로 1시간), あと一分(いっぷん)(앞으로 1분)
2. 仕方(しかた)ない 어쩔 수 없다. 할 방법이 없다.

뉴 일본어 능력시험

정답 & 독해해석

정답

Part 01

문자, 어휘

문제 1
| [1] 2 | [2] 4 | [3] 2 | [4] 3 |
| [5] 2 | [6] 2 | [7] 4 | [8] 2 |

문제 2
| [1] 4 | [2] 2 | [3] 2 | [4] 2 |
| [5] 3 | [6] 3 | [7] 4 | [8] 1 |

문제 3
| [1] 3 | [2] 2 | [3] 2 | [4] 1 |
| [5] 1 | [6] 4 | [7] 4 | [8] 2 |

문제 4
| [1] 3 | [2] 2 | [3] 4 |

문법, 독해

문제 1
[1] 3	[2] 3	[3] 4	[4] 2
[5] 1	[6] 3	[7] 3	[8] 3
[9] 1	[10] 4	[11] 4	[12] 3
[13] 1	[14] 2	[15] 1

문제 2
| [1] 3 | [2] 4 | [3] 4 | [4] 3 |
| [5] 2 |

문제 3
| [1] 4 | [2] 3 | [3] 1 | [4] 1 |
| [5] 2 |

문제 4
| [1] 3 |

문제 5
| [1] 3 | [2] 3 |

문제 6
| [1] 1 |

청해

1번 ② 2번 ② 3번 ① 4번 ①

Part 02

문자, 어휘

문제 1
| [1] 1 | [2] 1 | [3] 3 | [4] 4 |
| [5] 2 | [6] 4 | [7] 3 | [8] 4 |

문제 2
| [1] 2 | [2] 1 | [3] 3 | [4] 4 |
| [5] 2 | [6] 3 | [7] 4 | [8] 1 |

문제 3
| [1] 4 | [2] 2 | [3] 3 | [4] 3 |
| [5] 3 | [6] 3 | [7] 4 | [8] 3 |

문제 4
| [1] 4 | [2] 1 | [3] 2 |

문법, 독해

문제 1
[1] 4	[2] 1	[3] 2	[4] 2
[5] 1	[6] 1	[7] 4	[8] 1
[9] 4	[10] 2	[11] 1	[12] 3
[13] 4	[14] 2	[15] 2

문제 2
| [1] 4 | [2] 3 | [3] 4 | [4] 3 |
| [5] 1 |

문제 3
| [1] 2 | [2] 3 | [3] 3 | [4] 3 |
| [5] 2 |

문제 4
| [1] 2 | [2] 1 |

문제 5
| [1] 2 | [2] 4 |

문제 6
| [1] 2 |

청해

1번 ④ 2번 ④ 3번 ② 4번 ④

Part 03

문자, 어휘

문제 1	1 4	2 2	3 1	4 3
	5 4	6 1	7 2	8 1
문제 2	1 4	2 1	3 1	4 4
	5 1	6 3	7 1	8 4
문제 3	1 2	2 3	3 3	4 1
	5 2	6 3	7 4	8 1
문제 4	1 4	2 2	3 1	

문법, 독해

문제 1	1 3	2 2	3 1	4 1
	5 4	6 4	7 2	8 1
	9 2	10 3	11 1	12 4
	13 1	14 2	15 2	
문제 2	1 2	2 3	3 1	4 1
	5 2			
문제 3	1 1	2 2	3 1	4 3
	5 2			
문제 4	1 2	2 4		
문제 5	1 4	2 2		
문제 6	1 2			

청해

1번 ② 2번 ① 3번 ④ 4번 ③

Part 04

문자, 어휘

문제 1	1 1	2 3	3 4	4 4
	5 1	6 3	7 2	8 4
문제 2	1 2	2 3	3 1	4 2
	5 4	6 4	7 2	8 1
문제 3	1 1	2 3	3 2	4 4
	5 3	6 2	7 4	8 3
문제 4	1 4	2 3	3 4	

문법, 독해

문제 1	1 1	2 2	3 4	4 3
	5 1	6 4	7 3	8 4
	9 3	10 1	11 3	12 2
	13 3	14 1	15 2	
문제 2	1 1	2 3	3 1	4 2
	5 1			
문제 3	1 2	2 1	3 4	4 1
	5 1			
문제 4	1 4	2 2		
문제 5	1 2	2 4		
문제 6	1 3			

청해

1번 ③ 2번 ② 3번 ② 4번 ④

Part 05

문자, 어휘

문제 1 [1] 1 [2] 1 [3] 3 [4] 4
       [5] 2 [6] 3 [7] 4 [8] 2

문제 2 [1] 1 [2] 2 [3] 4 [4] 3
       [5] 2 [6] 4 [7] 2 [8] 3

문제 3 [1] 1 [2] 4 [3] 2 [4] 3
       [5] 4 [6] 1 [7] 3 [8] 4

문제 4 [1] 4 [2] 1 [3] 2

문법, 독해

문제 1 [1] 2 [2] 1 [3] 2 [4] 3
       [5] 2 [6] 2 [7] 2 [8] 4
       [9] 1 [10] 1 [11] 2 [12] 4
       [13] 4 [14] 2 [15] 3

문제 2 [1] 3 [2] 4 [3] 4 [4] 1
       [5] 3

문제 3 [1] 1 [2] 2 [3] 4 [4] 3
       [5] 3

문제 4 [1] 4 [2] 2

문제 5 [1] 4 [2] 3

문제 6 [1] 4

청해

1번 ④   2번 ②   3번 ④   4번 ③

Part 06

문자, 어휘

문제 1 [1] 4 [2] 4 [3] 2 [4] 1
       [5] 3 [6] 4 [7] 2 [8] 1

문제 2 [1] 2 [2] 1 [3] 4 [4] 2
       [5] 3 [6] 4 [7] 2 [8] 4

문제 3 [1] 1 [2] 2 [3] 2 [4] 4
       [5] 2 [6] 1 [7] 3 [8] 1

문제 4 [1] 4 [2] 2 [3] 4

문법, 독해

문제 1 [1] 4 [2] 1 [3] 1 [4] 2
       [5] 3 [6] 3 [7] 2 [8] 3
       [9] 3 [10] 2 [11] 2 [12] 4
       [13] 1 [14] 1 [15] 1

문제 2 [1] 1 [2] 1 [3] 1 [4] 4
       [5] 3

문제 3 [1] 1 [2] 4 [3] 4 [4] 2
       [5] 3

문제 4 [1] 4 [2] 2

문제 5 [1] 3 [2] 2

문제 6 [1] 1

청해

1번 ③   2번 ④   3번 ②   4번 ④

Part 07

문자, 어휘

문제 1	[1] 1	[2] 3	[3] 1	[4] 4
	[5] 2	[6] 4	[7] 2	[8] 3
문제 2	[1] 1	[2] 3	[3] 2	[4] 4
	[5] 1	[6] 4	[7] 3	[8] 2
문제 3	[1] 2	[2] 1	[3] 3	[4] 4
	[5] 1	[6] 1	[7] 3	[8] 2
문제 4	[1] 4	[2] 2	[3] 4	

문법, 독해

문제 1	[1] 3	[2] 2	[3] 1	[4] 4
	[5] 1	[6] 4	[7] 4	[8] 3
	[9] 4	[10] 3	[11] 3	[12] 2
	[13] 3	[14] 3	[15] 3	
문제 2	[1] 4	[2] 4	[3] 3	[4] 1
	[5] 2			
문제 3	[1] 1	[2] 4	[3] 2	[4] 2
	[5] 1			
문제 4	[1] 1	[2] 3		
문제 5	[1] 2	[2] 1		
문제 6	[1] 2			

청해

1번 ②   2번 ①   3번 ②   4번 ①

Part 08

문자, 어휘

문제 1	[1] 1	[2] 2	[3] 1	[4] 3
	[5] 2	[6] 4	[7] 3	[8] 2
문제 2	[1] 2	[2] 4	[3] 1	[4] 2
	[5] 3	[6] 2	[7] 2	[8] 1
문제 3	[1] 4	[2] 2	[3] 3	[4] 1
	[5] 2	[6] 1	[7] 4	[8] 1
문제 4	[1] 3	[2] 2	[3] 4	

문법, 독해

문제 1	[1] 3	[2] 3	[3] 4	[4] 1
	[5] 2	[6] 4	[7] 3	[8] 4
	[9] 1	[10] 2	[11] 2	[12] 2
	[13] 1	[14] 3	[15] 1	
문제 2	[1] 3	[2] 4	[3] 3	[4] 1
	[5] 3			
문제 3	[1] 2	[2] 1	[3] 4	[4] 4
	[5] 2			
문제 4	[1] 3	[2] 4		
문제 5	[1] 2	[2] 4		
문제 6	[1] 1			

청해

1번 ①   2번 ④   3번 ④   4번 ①

Part 09

문자, 어휘

문제 1 [1] 3 [2] 4 [3] 3 [4] 4
       [5] 2 [6] 4 [7] 3 [8] 2

문제 2 [1] 1 [2] 2 [3] 2 [4] 3
       [5] 4 [6] 1 [7] 4 [8] 1

문제 3 [1] 1 [2] 3 [3] 2 [4] 4
       [5] 1 [6] 1 [7] 3 [8] 4

문제 4 [1] 3 [2] 2 [3] 1

문법, 독해

문제 1 [1] 4 [2] 1 [3] 3 [4] 1
       [5] 1 [6] 2 [7] 3 [8] 1
       [9] 2 [10] 3 [11] 4 [12] 4
       [13] 2 [14] 2 [15] 1

문제 2 [1] 2 [2] 3 [3] 1 [4] 4
       [5] 2

문제 3 [1] 1 [2] 4 [3] 1 [4] 4
       [5] 2

문제 4 [1] 4 [2] 4

문제 5 [1] 4 [2] 4

문제 6 [1] 4

청해

1번 ① 2번 ② 3번 ① 4번 ③

Part 10

문자, 어휘

문제 1 [1] 2 [2] 4 [3] 3 [4] 3
       [5] 1 [6] 4 [7] 2 [8] 2

문제 2 [1] 4 [2] 4 [3] 3 [4] 2
       [5] 1 [6] 4 [7] 3

문제 3 [1] 1 [2] 4 [3] 1 [4] 2
       [5] 1 [6] 2 [7] 3

문제 4 [1] 3 [2] 4 [3] 3

문법, 독해

문제 1 [1] 4 [2] 2 [3] 3 [4] 1
       [5] 4 [6] 4 [7] 2 [8] 3
       [9] 4 [10] 1 [11] 1 [12] 3
       [13] 2 [14] 2 [15] 3 [16] 2
       [17] 4 [18] 1

문제 2 [1] 1 [2] 1 [3] 4 [4] 4
       [5] 3 [6] 1 [7] 3 [8] 3
       [9] 4 [10] 4

문제 3 [1] 2 [2] 1 [3] 3 [4] 1
       [5] 3 [6] 3 [7] 2 [8] 1
       [9] 2 [10] 4

문제 4 [1] 3 [2] 4

문제 5 [1] 1 [2] 1

문제 6 [1] 2

청해

1번 ② 2번 ③ 3번 ③ 4번 ①

Part 11

문자, 어휘

문제 1 [1] 2   [2] 3   [3] 1   [4] 4
        [5] 3   [6] 1   [7] 3   [8] 4
        [9] 1   [10] 3

문제 2 [1] 4   [2] 1   [3] 2   [4] 3
        [5] 3   [6] 4   [7] 1   [8] 3
        [9] 2   [10] 1

문제 3 [1] 2   [2] 4   [3] 4   [4] 2
        [5] 2   [6] 1   [7] 3   [8] 4
        [9] 1   [10] 2

문제 4 [1] 1   [2] 3   [3] 2   [4] 4
        [5] 1

문제 5 [1] 1   [2] 4   [3] 2   [4] 1
        [5] 4

문법, 독해

문제 1 [1] 2   [2] 4   [3] 4   [4] 1
        [5] 1   [6] 1   [7] 4   [8] 2
        [9] 2   [10] 1 [11] 1 [12] 3
        [13] 2 [14] 1 [15] 2

문제 2 [1] 1   [2] 1   [3] 1   [4] 2
        [5] 1

문제 3 [1] 3   [2] 1   [3] 1   [4] 4
        [5] 2

문제 4 [1] 2   [2] 4

문제 5 [1] 3   [2] 4   [3] 2   [4] 1

문제 6 [1] 4   [2] 2

청해

1번 ②   2번 ④   3번 ④   4번 ②

Part 12

문자, 어휘

문제 1 [1] 2   [2] 1   [3] 3   [4] 4
        [5] 4   [6] 3   [7] 2   [8] 1
        [9] 3   [10] 4

문제 2 [1] 1   [2] 3   [3] 2   [4] 1
        [5] 2   [6] 4   [7] 2   [8] 3
        [9] 1   [10] 4

문제 3 [1] 2   [2] 4   [3] 1   [4] 3
        [5] 4   [6] 1   [7] 3   [8] 2
        [9] 3   [10] 4

문제 4 [1] 1   [2] 3   [3] 2   [4] 4
        [5] 1

문제 5 [1] 4   [2] 3   [3] 1   [4] 4
        [5] 3

문법, 독해

문제 1 [1] 4   [2] 1   [3] 4   [4] 3
        [5] 3   [6] 4   [7] 3   [8] 2
        [9] 2   [10] 4 [11] 4 [12] 1
        [13] 1 [14] 2 [15] 2

문제 2 [1] 3   [2] 4   [3] 4   [4] 2
        [5] 3

문제 3 [1] 1   [2] 3   [3] 3   [4] 2
        [5] 4

문제 4 [1] 3   [2] 2

문제 5 [1] 2   [2] 3   [3] 2   [4] 2

문제 6 [1] 2   [2] 4

청해

1번 ④   2번 ①   3번 ③   4번 ①

Part 13

문자, 어휘

문제 1   [1] 4   [2] 2   [3] 1   [4] 4
         [5] 1   [6] 4   [7] 2   [8] 4
         [9] 1   [10] 4

문제 2   [1] 2   [2] 3   [3] 2   [4] 2
         [5] 1   [6] 2   [7] 1   [8] 3
         [9] 2   [10] 3

문제 3   [1] 1   [2] 3   [3] 4   [4] 2
         [5] 3   [6] 1   [7] 2   [8] 3
         [9] 4   [10] 3

문제 4   [1] 2   [2] 3   [3] 1   [4] 4
         [5] 2

문제 5   [1] 1   [2] 3   [3] 4   [4] 3
         [5] 1

문법, 독해

문제 1   [1] 4   [2] 1   [3] 3   [4] 2
         [5] 2   [6] 4   [7] 2   [8] 4
         [9] 4   [10] 2   [11] 2   [12] 3
         [13] 4   [14] 2   [15] 1

문제 2   [1] 2   [2] 1   [3] 3   [4] 2
         [5] 1

문제 3   [1] 2   [2] 1   [3] 1   [4] 4
         [5] 4

문제 4   [1] 3   [2] 1

문제 5   [1] 2   [2] 3   [3] 1   [4] 4

문제 6   [1] 1   [2] 3

청해

1번 ①   2번 ③   3번 ②   4번 ④

Part 14

문자, 어휘

문제 1   [1] 4   [2] 1   [3] 3   [4] 2
         [5] 2   [6] 3   [7] 4   [8] 3
         [9] 1   [10] 4

문제 2   [1] 4   [2] 3   [3] 1   [4] 2
         [5] 4   [6] 3   [7] 1   [8] 3
         [9] 4   [10] 2

문제 3   [1] 3   [2] 1   [3] 4   [4] 2
         [5] 1   [6] 1   [7] 4   [8] 2
         [9] 3   [10] 1

문제 4   [1] 4   [2] 2   [3] 3   [4] 1
         [5] 4

문제 5   [1] 2   [2] 3   [3] 4   [4] 2
         [5] 2

문법, 독해

문제 1   [1] 2   [2] 3   [3] 4   [4] 3
         [5] 4   [6] 1   [7] 2   [8] 1
         [9] 3   [10] 4   [11] 4   [12] 1
         [13] 2   [14] 3   [15] 2

문제 2   [1] 4   [2] 4   [3] 3   [4] 1
         [5] 1

문제 3   [1] 1   [2] 1   [3] 4   [4] 4
         [5] 2

문제 4   [1] 2   [2] 1

문제 5   [1] 2   [2] 1   [3] 3   [4] 3

문제 6   [1] 3   [2] 1

청해

1번 ②   2번 ④   3번 ②   4번 ②

Part 15

문자, 어휘

문제 1 [1] 1   [2] 2   [3] 3   [4] 4
　　　　[5] 3   [6] 2   [7] 1   [8] 4
　　　　[9] 2   [10] 3

문제 2 [1] 1   [2] 3   [3] 2   [4] 4
　　　　[5] 1   [6] 3   [7] 2   [8] 1
　　　　[9] 4   [10] 1

문제 3 [1] 2   [2] 3   [3] 4   [4] 1
　　　　[5] 3   [6] 4   [7] 2   [8] 1
　　　　[9] 2   [10] 4

문제 4 [1] 4   [2] 1   [3] 3   [4] 2
　　　　[5] 3

문제 5 [1] 4   [2] 1   [3] 2   [4] 3
　　　　[5] 4

문법, 독해

문제 1 [1] 2   [2] 3   [3] 1   [4] 1
　　　　[5] 2   [6] 2   [7] 2   [8] 3
　　　　[9] 3   [10] 1 [11] 1 [12] 1
　　　　[13] 3 [14] 2 [15] 1

문제 2 [1] 1   [2] 1   [3] 1   [4] 1
　　　　[5] 3

문제 3 [1] 2   [2] 1   [3] 3   [4] 4
　　　　[5] 2

문제 4 [1] 4   [2] 1

문제 5 [1] 2   [2] 4   [3] 3   [4] 1

문제 6 [1] 2   [2] 3

청해

1번 ③   2번 ④   3번 ④   4번 ②

Part 16

문자, 어휘

문제 1 [1] 4   [2] 2   [3] 3   [4] 1
　　　　[5] 3   [6] 4   [7] 2   [8] 1
　　　　[9] 3   [10] 4

문제 2 [1] 1   [2] 4   [3] 2   [4] 2
　　　　[5] 4   [6] 1   [7] 3   [8] 2
　　　　[9] 4   [10] 1

문제 3 [1] 3   [2] 3   [3] 4   [4] 1
　　　　[5] 3   [6] 2   [7] 4   [8] 1
　　　　[9] 3   [10] 1

문제 4 [1] 4   [2] 2   [3] 3   [4] 1
　　　　[5] 4

문제 5 [1] 4   [2] 2   [3] 3   [4] 1
　　　　[5] 4

문법, 독해

문제 1 [1] 4   [2] 2   [3] 3   [4] 3
　　　　[5] 1   [6] 4   [7] 3   [8] 4
　　　　[9] 1   [10] 3 [11] 3 [12] 1
　　　　[13] 1 [14] 2 [15] 3

문제 2 [1] 4   [2] 4   [3] 4   [4] 4
　　　　[5] 3

문제 3 [1] 2   [2] 1   [3] 4   [4] 2
　　　　[5] 3

문제 4 [1] 2   [2] 1

문제 5 [1] 1   [2] 4   [3] 1   [4] 4

문제 6 [1] 3   [2] 1

청해

1번 ④   2번 ①   3번 ③   4번 ④

독해해석

Part 01

문제 4

리사씨의 편지

오오타씨에게

어제는 정말 고마웠어요. 비가 많이 내렸는데 가미야마씨에게서 우산을 빌려서 다행이었습니다. 빌린 우산은 문 앞에 놓고 가겠습니다.
그리고, 오늘 아침 만든 과자도 두고 갑니다. 드셔보세요. 그럼 또….

12월 3일 오후 일곱 시 리사가

문제 5

학교생활

4월부터 학교가 시작되었습니다. 일본어 수업은 매일 9시부터 시작됩니다. 점심시간은 12시부터입니다. 우리는 가까운 레스토랑에서 점심을 먹습니다. 때로는 교실에서 먹습니다. 오후 수업은 3시까지 있습니다.
수업 후에는 도서관에서 자주 책을 읽습니다. 저는 항상 6시쯤 집에 돌아갑니다. 친구는 밤늦게까지 공부합니다만, 저는 별로 공부를 하지 않습니다.
학교는 7월 21일까지입니다. 그리고 여름방학이 됩니다. 앞으로 한 달이면 여름방학이 시작됩니다. 여름방학에는 친구 칭씨랑 양씨와 함께 홋카이도에 갈 겁니다.

문제 6

전철과 버스 시각표

내일은 이치고산에 갈 겁니다. 동경 역에서 나까가와 역까지 전철로 가서, 나까가와 역에서 이치고산까지는 버스로 갈 겁니다.
이치고산에 오전 11시쯤 도착하고 싶습니다. 그리고 전철은 가격이 저렴한 것이 좋습니다.

Part 02

문제 4

어머니의 편지

타로에게

잘 다녀왔니? 엄마는 슈퍼에 간단다. 세시쯤 돌아올 거야. 과자는 냉장고에 들어있단다. 위험하니까 가스레인지는 사용하지 말거라.
부탁한다.

엄마가

문제 5

나의 하루

저는 항상 초등학교 1학년인 여동생과 함께 집으로 돌아갑니다. 그리고 4시 반까지 집에서 공부합니다.
4시 반에 유치원으로 남동생을 데리러 갑니다. 엄마는 슈퍼에서 일하십니다. 그래서 동생을 데리러 갈수가 없습니다. 아버지는 월요일부터 금요일까지 회사에서 일하십니다. 아버지가 일하시는 시간은 오전 10시부터 오후 8시까지 입니다. 집에는 늦게 돌아오십니다. 일요일에는 때때로 아버지와 함께 공원에 놀러 갑니다.

문제 6

내일 시험에 대해서

내일 시험에 대해서 말씀드리겠습니다. 장소는 여기 310번 교실이 아니라 410번 교실입니다. 반드시 지참해야 할 것은 노트하고 연필, 지우개입니다. 하지만, 사전은 필요하지 않습니다. 그리고 학생증도 잊지 않도록 해주세요.

Part 03

문제 4

샌드위치 만드는 방법

야채를 깨끗이 씻어서 얇게 자릅니다. 빵에 버터를 바릅니다. 빵 위에 좋아하는 야채를 올립니다. 그 위에 또 한 장의 빵을 올립니다. 야채와 함께 계란이랑 햄을 넣어도 맛있습니다.

문제 5

여행지에서의 해프닝

저는 3년 전 혼자서 유럽여행을 했습니다. 그때 가방을 잃어버려서 여권과 돈이 없어 고생했습니다. 그래서 대사관에 가서 여권을 만들었습니다. 돈은 부모님이 보내주셨습니다. 하지만 여행은 정말 재미있었습니다. 이탈리아에서는 맛있는 파스타를 먹었고, 프랑스에서는 박물관에도 갔습니다. 가방을 잃어버려서 힘들었지만 좋은 추억이 된 여행이었습니다.

문제 6

도쿄의 한 주간 날씨입니다. 목요일은 흐린 후 오후부터 맑겠습니다. 금요일은 맑겠으며, 토요일은 맑은 후에 흐리겠습니다. 일요일도 토요일과 같은 날씨로 맑은 후에 흐리겠습니다.

Part 04

문제 4

교실에 15명의 학생이 있었습니다. 수업이 끝나서 12명이 돌아갔었는데, 우산을 잊어버린 두 학생이 다시 교실로 되돌아왔습니다.

문제 5

학교 도서관에서

도서관에서 책을 빌릴 때는 종이에 이름과 주소를 씁니다. 사전을 빌릴 경우에는 도서관 내에서는 사용할 수 있으나 가지고 가서는 안 됩니다.
학생은 4권까지 빌릴 수 있습니다. 그리고 책은 일주일 안에, 잡지는 이주일 안에 반납하시기 바랍니다.

문제 6

미술관 입장료

어른이 세 명, 중학생이 한 명, 6세 아이가 한 명입니다. 중학생은 할인요금으로 입장할 수 있습니다.
아, 그리고 오늘은 어린이 날이라서 아이들은 무료입장입니다.

Part 05

문제 4

맛 집

이 근처의 맛 집을 소개하겠습니다. [카츠라]라는 곳인데, 오코노미야끼가 아주 맛있습니다. 하지만, 가격은 좀 비쌉니다. 1,600엔 정도입니다.
좀 더 저렴한 곳도 있긴 합니다만, 좀 거리가 떨어져 있습니다. 걸어서 15분 정도입니다.
맛은 카츠라가 더 괜찮지만, 가격도 저렴하고 가게가 깨끗해서 그 쪽도 나쁘지 않을 거라 생각합니다.

문제 5

생일파티

어제는 저의 생일이어서 저희 집에서 파티를 했습니다. 일본어 학교 친구들과 선생님도 와주셨습니다.
중국 친구인 양씨는 중국식 만두를 만들었고, 스페인 친구인 이그나시오씨는 레드와인을 가져왔고, 한국인 친구인 김씨는 예쁜 장미꽃을 가져왔습니다. 미얀마 친구인 왕씨는 과일을 사왔습니다.
모두 함께 와인을 마시면서 만두와 과일도 먹었습니다. 정말 맛있었습니다. 가족과 떨어져 있는 것은 조금 외롭지만 다정한 선생님들과 친구들이 많이 있어서 행복합니다.

문제 6

쇼핑

오늘은 옷을 사러 백화점에 갈 겁니다. 지금은 9월인데 아직 덥습니다. 하지만 반팔보다는 긴팔 쪽이 좋을 거라 생각합니다.
셔츠는 많이 가지고 있어서 블라우스를 갖고 싶습니다. 색상은 갈색으로 할 겁니다. 가격은 그다지 비싸지 않은 것이 좋겠네요.

Part 06

문제 4

집에 돌아오는 길에 귤을 8개 샀습니다. 밤에 여동생이랑 남동생이랑 셋이서 두 개 씩 먹었습니다. 나중에 아버지도 귤을 8개 사오셨습니다. 엄마는 하나만 드셨습니다. 아버지는 배가 부르다고 한 개도 안 드셨습니다.

문제 5

담배

담배는 몸에 안 좋다고 자주 말합니다. 하지만 담배를 좋아하는 사람들 중에는 담배를 끊지 않는 사람들도 많습니다. 담배를 피우는 것도 피우지 않는 것도 그 당사자가 결정할 일이라서, 주위 사람들이 피우지 않는 것이 좋을 거라고 아무리 말해도 소용이 없을 것입니다.
중요한 것은 그 당사자의 의지라고 나는 생각합니다.

문제 6

친구와 같이 살 방을 찾고 있습니다. 학교에서 가까운 곳이 좋습니다. 하지만, 이 방은 가까운 것은 좋은데 집값이 너무 비쌉니다.
좀 멀어지긴 하지만 자전거로 다녀도 상관없으니까 이거나 이걸로 해야겠네요! 역시 가장 저렴한 곳으로 하겠습니다.

Part 07

문제 4

날씨

오늘은 매우 덥다. 이런 더위는 예사롭지 않다. 아직 4월인데 오늘은 29도까지 올라갔다. 일기예보에 따르면 내일은 30도까지 오른다고 한다.
모두들 벌써 반팔을 입고 있다. 이대로 점점 더워진다면 올여름은 어떻게 될 것인지. 걱정이다.

문제 5

선생님 생일 파티

지난주 일본어 수업시간에 리씨가 "저는 요리하는 것을 좋아합니다. 선생님 생일에 제가 요리를 만들어 드리겠습니다."라고 했다. 그러자 선생님께서는 "내 생일은 이번 주 일요일인데요!"라고 말씀 하셨다.
리씨는 "그럼 일요일 날 선생님 댁에서 파티 안 하시겠어요? 요리는 제가 만들어 가겠습니다. 다른 분들은 음료만 가지고 오세요."라고 했다.

문제 6

런치 메뉴

아침에 토스트를 먹어서 점심은 고기로 하겠습니다. 돈가스로 할까? 함박스테이크도 먹고 싶지만, 좀 비싸서 저렴한 걸로 하겠습니다. 음료는 콜라로 하겠습니다. 그리고 어제 마유미가 콜라를 사줬으니까, 오늘은 내가 내겠습니다.

Part 08

문제 4

일기

아침 일찍부터 비가 내렸었는데 점심에는 개었다. 오후에 자전거로 멀리 있는 공원에 갔다. 공원에서 만화책을 읽었다. 따뜻해서 정말 좋았다.
하지만, 좀 흐려져서 4시쯤 집으로 돌아왔다. 내일도 쉬는 날이라 또 공원에 가고 싶다.

문제 5

선생님께 드리는 편지

마키선생님 안녕하세요? 저는 지금 홋카이도에 와있습니다. 여기는 아주 넓어서 깜짝 놀랐습니다.
하늘 색도 정말 파랗고 멀리 있는 산까지 선명하게 보인답니다. 선생님께서 가보신 적이 있다는 호수에도 갔었습니다.
내일은 섬에 갈 겁니다. 맛있는 생선을 먹을 수 있을 것 같아서 기대됩니다.
동경으로 돌아가면 바로 연락드리겠습니다. 선생님 선물도 샀으니까 기대하세요!

문제 6

저는 동경에서 살고 있습니다. 오후 2시부터는 아르바이트가 있어서 오후반은 힘듭니다. 아침에 일어나는 것이 힘들겠지만 방법이 없습니다. 일본어 수업은 월요일부터 금요일까지 다섯 번 있습니다.

Part 09

문제 4

치과

지난주에 치과에 갔다. 예약을 하지 않아서, 한 시간 이상 기다려야 했다.
오늘도 다시 갔는데, 전화로 예약을 해놓은 상태인데도 불구하고, 40분이나 기다려야 했다. 예약은 무엇을 위해 서 있는 건지 궁금했다.

문제 5

도서관

여러분은 도서관을 이용하시나요? 여러분께서 거주하고 있는 가까운 곳에는 반드시 도서관이 있을 겁니다.
요즘 도서관에는 책뿐만 아니라 비디오, CD등 도 있답니다. 물론 신문이나 사전도 있습니다. 도서관 안은 항상 책을 읽기에 적절한 온도가 유지되고 있습니다.
여름에는 시원하고 겨울에는 따뜻하답니다. 도서관 안에서는 책을 읽는 것 뿐만이 아니라. 공부를 하는 사람도 많이 있답니다.

문제 6

회사가 끝나고 영화를 보러 갈 겁니다. 보고 싶은 영화는 「당신은 나의 신랑이 되다」라는 영화입니다. 8시까지 일을 해야 해서 마지막영화를 볼 생각입니다.

Part 10

문제 4

겨울방학 아르바이트

저는 겨울방학에 두 개의 아르바이트를 했습니다. 여행 할 때 돈이 좀 필요하기 때문입니다. 하나는 이자까야(술집)에서 접시를 닦는 일 이었습니다. 시간 당 900엔 받았습니다. 또 하나는 빵집에서 케이크를 파는 일이었습니다. 시간 당 850엔 받았습니다. 접시를 닦는 일은 피곤해서 겨울방학에는 다른 일을 찾고 싶습니다.

문제 5

쌀을 먹지 않게 된 일본사람들

요즘 일본인들은 쌀을 그다지 먹지 않게 되었습니다. 1960년대에는 일본인 한 사람당 1년 간 115킬로그램의 쌀을 먹었었습니다. 하지만. 지금은 그때의 약 반 밖에 먹지 않게 되었습니다.
도대체 왜 이렇게 되었을까요? 이유는 여러 가지가 있습니다. 우선. 먹을 것이 늘어났기 때문입니다. 또한 생활이 바쁘다 보니 아침을 먹지 않는 사람이 늘어났습니다. 그리고 요즘은 밥보다는 빵을 더 좋아하는 사람도 많기 때문일 것입니다.

문제 6

플라워 기프트

선생님 생일입니다. 그래서 선생님에게 드릴 꽃을 고르고 있습니다. 어느 것이 좋을 까요?
가격은 둘이서 낼 거라서 8,000엔 정도면 딱 좋을 거라고 생각합니다. 하지만. 선생님은 장미꽃은 좋아하지 않습니다. 이것보다는 2,000엔 정도 저렴한 이것으로 하겠습니다.

Part 11

문제 4

감기약

이 약은 식사 후 30분 이내에 복용하십시오. 어른(15세 이상)은 1일 3회, 1회 두 알입니다. 7세부터 14세 까지의 어린이는, 어른 분량의 반 만 복용 하십시오. 또, 6세 이하의 어린이는 어린이용을 복용하십시오. 또한, 이 약을 드시면 졸릴 수가 있으니, 운전은 안하는 편이 좋습니다.

문제 5

매일 비가 계속내리는 안 좋은 날씨입니다만 건강하게 잘 지내시는지요?
저는 일주일 전에 감기가 들었답니다. 어제, 겨우 기침도 멈춰서 일을 나갈 수 있게 되었답니다. 독감이 유행하고 있으니, 타나까씨도 아무쪼록 감기에 걸리지 않도록 조심하시기 바랍니다.
그런데, 일전에 말씀하신 새 미술관에는 벌써 가 보셨는지요? 근대 일본 화가들의 그림을 중심으로 전시 되어있다고 들었습니다. 사이또씨도 보셨다는데 아주 괜찮았다고 했습니다. 저도 꼭 가보고 싶습니다. 괜찮으시다면 느낀 점을 들려주세요.
그럼 또 연락드리겠습니다.
건강 조심 하십시오.
안녕히 계세요.

도미타 마사꼬

문제 6

1 1시 비행기를 탈겁니다. 체크인을 하기 위해서는 늦어도 1시간 전까지는 가지 않으면 안 됩니다. 공항에 12시쯤 도착하고 싶다면 어느 것을 타면 좋을까요?

　1 특급 9호　　　2 특급 11호
　3 특급 13호　　4 특급 15호

2 신주쿠역에 정차하지 않는 것은 어느 것입니까?

　1 특급 9호　　　2 특급 11호
　3 특급 13호　　4 특급 15호

Part 12

문제 4

매일 깜짝 놀랄 대 바겐세일을 하고 있습니다. 이번 주는 정육코너가 대 바겐세일에 들어갑니다. 월요일과 화요일은 돼지고기를, 수요일과 목요일은 소고기, 금요일과 토요일은 닭고기를 10% 세일 합니다.
또한, 계란은 월요일부터 금요일까지 매일 반값으로 드립니다. 단, 계란은 하루 100 케이스만으로 제한하기 때문에, 빨리 오십시오. 방문 다리겠습니다.

문제 5

복사기 사용법

우선 예열버튼을 확인하십시오.
예열 버튼이 빨간색으로 되면 복사기 사용은 할 수 없으니 버튼을 눌러주십시오.
그다음에, 복사기의 뚜껑(덮개)을 열고 복사 할 원고를 놓아주십시오.
원고는 앞면을 밑으로 향하게 유리면에 놓아 주십시오.
그리고 원고가 움직이지 않도록 살짝 뚜껑을 덮어주십시오.
복사 하고 싶은 장수를 숫자 버튼을 이용해 선택하시고, 시작버튼을 누르십시오.
시작버튼이 파랗게 되면 복사가 시작됩니다.

문제 6

1 여자 친구와 바다에 가고 싶은데, 왕복 4시간정도 소요되는 곳입니다. 12시간정도라면 딱 적당하다고 생각합니다. 남자는 어느 차를 빌리기로 했습니까?

　1 A　　2 B　　3 C　　4 D

2 렌터카를 하루 종일 빌리면 얼마입니까?

　1 5,250円
　2 5,775円
　3 6,300円
　4 6,825円

Part 13

문제 4

꽁치 소금구이

꽁치는 가을이 제철인 생선으로, 10월에서 11월에 걸쳐서 가장 맛이 있습니다.
우선. 꽁치를 깨끗이 씻습니다. 두 도막으로 자른 다음 위에서 소금을 뿌립니다.
불을 세게 해서 바로 굽습니다. 그때 불에서 띄워서 굽는 것이 중요합니다. 또한 굽기 전에 생선 석쇠를 충분히 달궈 놓는 것을 잊지 마십시오.

문제 5

등산

지금 내가 산을 오르는 가장 큰 이유는 나 자신을 이기기 위해서입니다. 저는 어린 시절 몸이 약해서, 그것을 극복하려고 등산을 시작했습니다.
점점 올라갈 수 있는 산이 높아질수록 "더 높이, 더 멀리"라는 욕심이 생겼습니다.
무엇을 위해서 이렇게 힘들게 올라가는 것일까 자신에게 물으면서 몇 번이나 포기하고 싶었습니다. 그러나 힘든 걸 극복하고 정상에 올라서 바라보는 푸른 하늘은 정말 최고입니다.
물론 등산 덕분에 몸도 건강해졌고, 병에 잘 걸리던 몸이 매우 튼튼해져서 지금은 건강한 생활을 하고 있습니다.

문제 6

1. 아침식사와 저녁식사가 제공되는 호텔은 어느 곳인가요?

   1 사꾸라 호텔   2 그랜드 호텔
   3 미야꼬 호텔   4 비즈 호텔

2. 숙박요금이 저렴하고 담배를 피울 수 있는 호텔은 어느 곳인가요?

   1 사꾸라 호텔   2 그랜드 호텔
   3 미야꼬 호텔   4 비즈 호텔

Part 14

문제 4

기숙사 규칙

밤에는 10시 30분까지는 귀가해 주세요.
아침식사는 7시부터 9시30분 사이에 드십시오.
아침식사를 안하는 분들은 하루 전날 9시까지는 연락을 주십시오.
방 안에서는 요리를 하거나 담배를 피거나, 친구를 재우거나 해서는 안 됩니다.
하지만, TV시청은 해도 괜찮습니다.

문제 5

축제

우리 마을은 가을 축제로 유명하다.
이 축제는 쌀이나 야채를 많이 수확한 것을 기뻐하는 것으로, 매년 10월에 행해진다.
이날 마을 남자들은 물을 끼얹고 흰 옷을 입는다. 그리고 산 위에 있는 신사까지 달린다. 1등이 되기 위해 모두 열심히 달린다. 마지막 사람이 신사에 도착하면, 모두 술을 마시며 특별한 야채요리를 먹는다.
모두들 많이 먹어서 여자들은 전날 밤부터 잠을 안자고, 야채 요리를 만든다.
축제당일에는 온 마을 어린이들도 신사에 모여서, 어른들과 함께 축제를 즐긴다.
노래나 춤을 잘 추는 어린이들이 사람들 앞에서 노래를 부르거나, 춤을 추거나 한다.
그 어린들은 2개월 전에 뽑혀서, 매일 연습을 하기 때문에, 노래나 춤이 아주 훌륭하다.

문제 6

1. 가장 비싼 교통수단은 어느 것입니까?

   1 JR 선   2 지하철
   3 시테츠(민간 철도) 4 버스

2. 가장 저렴한 교통수단은 얼마입니까?

   1 290엔입니다.   2 300엔입니다.
   3 310엔입니다.   4 390엔입니다.

Part 15

문제 4

엘리베이터 정기검진

이번 달 10일 오전 9시부터 엘리베이터 정기점검을 실시합니다.
점검 중에는 엘리베이터를 사용 할 수 없으니, 계단을 사용하시기 바랍니다.
여러분들이 안전하게 이용하기 위한 검사입니다.
여러분들의 협력 부탁드립니다.

문제 5

일본에서는 비가 내리는 날씨를 안 좋은 날 이라고 말한다. 왜 일본에서는 비가 내리는 날만 날씨가 안 좋다고 말하는 것일까!
물론 비가 내리면 우산을 쓰지 않으면 안 된다. 신발이 더러워지고, 가방도 젖는다. 하지만, 나는 비가 내리는 날을 좋아한다. 비가 내리는 날은 나무의 초록이 아름답게 보인다. 비가 지저분한 공기를 씻어주는 것 같아서, 맑은 날 보다 깨끗해 보인다.
또한, 백화점이나 영화관은 비오는 날이 더 한산하다. 게다가 내가 항상 가는 슈퍼는 비오는 날이 가격이 저렴하다. 특히 야채나 과일은 매우 싸기 때문에 기쁘다.
나는 비오는 날보다 바람이 강하게 부는 날씨가 더 나쁘다고 생각한다. 바람이 강하게 부는 날에는 자주 눈에 먼지가 들어가서 괴롭다. 게다가, 집으로 모래가 들어오거나, 널어 놓은 빨래가 날려서 힘들기 때문이다.
비가 내리면 날씨가 나쁘다고들 하지만, 나는 날씨가 좋다 나쁘다는 비가 오는 것만으로는 결정할 수 없다고 본다. 다른 사람들은 어떻게 생각 할지!

문제 6

1 오늘은 1일입니다. 맥주병이 많아서 빨리 버리고 싶습니다. 며칠에 어디에 버려야 합니까?

   1 1일 날 쓰레기통 A
   2 2일 날 쓰레기통 C
   3 6일 날 쓰레기통 D
   4 7일 날 쓰레기통 B

2 오늘은 1일입니다. 오래된 책장과 카세트테이프가 있어서 빨리 버리고 싶습니다. 며칠에 어디에 버려야 합니까?

   1 책장은 1일 날 쓰레기통A, 카세트테이프는 2일 날 쓰레기통C
   2 책장은 1일 날 쓰레기통A, 카세트테이프는 7일 날 쓰레기통B
   3 책장은 6일 날 쓰레기통D, 카세트테이프는 7일 날 쓰레기통B
   4 책장은 6일 날 쓰레기통D, 카세트테이프는 2일 날 쓰레기통C

Part 16

문제 4

커피를 좋아하는 사람들에게 편리한 가게를 소개 하겠습니다. 「노무라 커피」는 인터넷으로 커피를 살 수 있는 곳입니다. 배송료는 보통 150엔 들지만, 500 그램 이상 주문하면 무료입니다.
그리고 500그램 이상 사면, 150엔 저렴해 집니다.
가게에서 커피를 고르는 것도 즐겁지만, 바쁠 때는 한 번 이용해 보시지 않으시겠습니까?

문제 5

이사습관

일본에서는 옛날부터 이사를 했을 때 이웃집에 인사를 가는 습관이 있습니다. "앞으로 여러 가지로 신세를 지겠습니다. 잘 부탁드립니다"라고 하는 의미입니다.
아파트나 맨션에서는 자기 옆집에 사는 사람들이나 위층, 아래층에 살고 있는 사람들에게 인사를 합니다. 이사를 하면 곧바로 인사를 하러 갑시다! 인사를 하러 갈 때는 작은 선물을 들고 가는 일이 많습니다. 예를 들면 타월이나 비누, 과자 등을 가지고 갑니다.
그러나 중요한 것은 인사를 하는 것이기 때문에 어떤 물건을 들고 가야 할지는 별로 걱정 안 해도 됩니다. 인사를 하러 갔는데 외출 중일 때는, 인사말을 쓴 편지를 현관 우편함에 넣어 놓는 것이 좋습니다.
요즘에는 「이사 인사」를 하지 않는 사람들이 많아졌습니다. 특히나 혼자 살 때는 인사를 하지 않는 사람들이 많습니다. 그러나 나는 「이사 인사」는 좋은 습관이라고 생각합니다.

문제 6

1　이 책의 작가는 남자입니다. 영화로는 본적이 있습니다만, 책은 아직 읽지 않았습니다. 가격은 가장 비싸지만, 정말 읽고 싶어서 이것으로 하겠습니다. 이 사람은 어떤 책을 골랐나요?

1　A 도쿄타워
2　B 키친
3　C 지금 당신을 만나러 갑니다.
4　D 여성의 품격

2　나는 오래 전에 읽어 본적이 있는데, 정말 재미있었어요. 일본어로는 [부엌]이라는 뜻입니다. 가격도 가장 저렴해서 그렇게 부담도 안 되는 이 책을 추천합니다. 이 사람이 추천한 책은 얼마입니까?

1　420엔
2　620엔
3　756엔
4　1575엔